牧野文化研究

牧野名士

申红星 —— 著

李景旺／主编

李金玉　聂好春／副主编

中国社会科学出版社

图书在版编目（CIP）数据

牧野名士 / 申红星著 . —北京：中国社会科学出版社，2023.3
（牧野文化研究）
ISBN 978 - 7 - 5227 - 1514 - 8

Ⅰ. ①牧…　Ⅱ. ①申…　Ⅲ. ①名人—生平事迹—新乡
Ⅳ. ①K820. 861. 3

中国国家版本馆 CIP 数据核字（2023）第 040855 号

出 版 人	赵剑英
责任编辑	安　芳
责任校对	张爱华
责任印制	李寡寡

出　　版	中国社会科学出版社
社　　址	北京鼓楼西大街甲 158 号
邮　　编	100720
网　　址	http://www.csspw.cn
发 行 部	010 - 84083685
门 市 部	010 - 84029450
经　　销	新华书店及其他书店

印　　刷	北京明恒达印务有限公司
装　　订	廊坊市广阳区广增装订厂
版　　次	2023 年 3 月第 1 版
印　　次	2023 年 3 月第 1 次印刷

开　　本	710 × 1000　1/16
印　　张	15.5
字　　数	263 千字
定　　价	89.00 元

新 乡 赋

——为《牧野文化研究》丛书代序

王国钦

新乡，是中华文明发祥地之一，新石器时期就有先民在此活动。新乡古称鄘国，春秋隶卫，战国属魏，汉为获嘉，自隋文帝开皇六年（586）置县，至今已1400余年。1949年5月7日和平解放，1949年8月至1952年11月曾为平原省省会。其建制、区划屡更，现辖二市、四区、六县。近年来，荣获了全国文明城市、国家卫生城市、国家园林城市、国家森林城市、中国最佳平安城市、中国优秀旅游城市、中国竞争力百强城市、中国十佳和谐可持续发展城市、《福布斯》中国大陆最佳商业城市、中国金融生态城市等光荣称号。2011年，新乡成为中原经济区中原城市群核心城市之一，2016年5月，新乡成为国家自主创新示范区。

新乡者，古来兵家必争之乡也。战鸣条而伐无道，终夏桀而起商汤；征牧野而绾恶纣，盟诸侯而成周武——其故事众所皆知也。围魏救赵，孙膑大败庞涓于桂陵；决战官渡，曹操以少巧胜于袁绍；赵匡胤黄袍加身，大宋文化陈桥始；岳鹏举精忠报国，义军抗金十八营……新中国之初，新乡曾为平原省会，当下乃十五项国家荣誉获得者、国家二级交通枢纽、河南之省辖市、豫北经济之重镇也。其北邻安邑而南望郑汴，古都鼎立于外而内获新生。登巍巍太行乎居高而临下，瞰滔滔黄河兮达古而通今。更东鲁西晋壤接两省者，鼓双翼正翩翩奋飞也。

新乡者，中华姓氏主要发源之乡也。周武王赐林姓于比干之子；姜太公庇祖荫兮尊享双姓；传黄帝之师建都封父，始为封姓；有周公之子被赐胙地，胙姓见称，辉县原乃共城，姓衍共洪龚恭段；伯倏被封延津，国开曾立南北燕，叔郑封毛，后有毛遂勇于自荐；司寇捐躯，封丘长留牛父英灵。知否季？食宁，始有宁氏双雄起；且看获嘉城外，长立蒙古族五姓碑……史载六十七姓源出新乡，乃海外游子问祖中原之主要热土也。

新乡者，名人荟萃辈出之乡也。英雄治水，共工怒触不周山；剖心尽忠，国神复封忠烈公。直钩垂钓，吕尚得遇文王；名士遁世，孙登长啸苏门，辅国理政，原阳一十六相；同门三宰，人杰更显地灵。张苍精通历算，《九章算术》校正功千载；邵雍发奋苦读，《梅花组诗》预言九百年，解道闲愁，古今一场梅子雨；报国歌头，北宋唯有贺方回。孙奇逢躬耕百泉，位列三大名儒；李敏修宣讲新学，力倡教育救国。嵇文甫堪称学界巨子；徐世昌保持气节暮年……知否杨贵，十春秋奋战悬崖绝壁，创造出人工天河，高扬起一面精神旗帜……古往今来，新乡人能不油然而生自豪之情乎？

新乡者，文化积淀厚重之乡也。青铜器商代铸双璧，国之最圆鼎号子龙。汲冢竹书为纪年之祖；孟庄遗址乃文化之尊。登杏坛则忆圣人风采，品《木瓜》得赏《诗经》名篇。鎏金兽头出土魏王墓；三晋贵族重现车马坑。祖辛提梁卣堪称国宝；战国铸铁窑陶范水平。竹林七贤、李白高适、苏轼岳飞、元好问、郭小川、刘知侠、刘震云等名流隐士、墨客文人，或生于斯或游于斯，皆留下千古佳话矣。成语如天作之合、脱颖而出、歃血为盟、善始善终、运筹帷幄、细柳屯兵，以及没心菜、孟姜女、相思树、香泉寺、柳毅传书、翟母进饭的传说等，亦典出新乡之地或新乡之人也。流连于仰韶文化遗址，吟咏于龙山文化遗存，可观原生之民歌民舞，可玩创新之民间剪纸，复可赏传统之民戏民居……八方来者，亦将因祥符调、二夹弦之美妙乐曲而陶然乐矣哉！

新乡者，文化名胜俊游之乡也。太公庙庇护牧野大地，君子尊崇；比干庙彰表谏臣极则，妈祖归根。武王伐纣盛会同盟山；张良椎秦名噪博浪锥。三善难尽蒲邑之美；奇兽见证潞王奢华。三石坊勒石两代；千佛塔雕佛千尊。魏长城宏伟当年，遗迹已存两千载；中药材百泉大会，海内交易六百秋。太极书院，理学渊薮成风景；关山地貌，雄深险峻叹奇观。彭了凡瓮葬饿夫墓；陈玉成铁骨傲英魂。破司马迷魂兮忆故城络丝，望鸿门夜月兮染五陵晓色；赏李台晚照兮思牧野春耕，观原庄夏景兮漾卫水金波。平原省委旧址，记录辉煌历史；文化步行新街，彰显古贤精神。天苍苍野茫茫，山顶草原跑马岭；林密密水淙淙，避暑胜境白云寺。大河安澜，六十载浩荡东流去；湿地隐秘，万只鸟栖息嬉客来。万仙山、八里沟，壮美太行秀色；七里营、京华园，韵飘人文风光……旅而游之者，能不因之而流连忘返乎？

新乡者，堪谓中原美食之乡也。农博会金奖双获，原阳米无愧第一；原产地认证独颁，金银花绽放中原。封丘芹菜石榴，明清享用宫廷；辉县山楂香稻，今已惠及百姓。黄河鲤鱼跳龙门，双须赤尾；新乡熏枣益健康，色泽鲜明。肥而不腻乎罗锅酱肉；酥香软烂者新乡烧鸡。松酥起层，缠丝烧饼牛忠喜；长垣尚厨，中国烹饪第一乡。他如红焖羊肉、延津菠菜等，均亦远近闻名也……海内愿饱口福之欲者，新乡岂非中州首选乎？

新乡者，创新更新鼎新之乡也。忆当年人民公社，曾领先时代，留几多思辨；看今日城乡统筹，再与时俱进，敢万里弄潮。刘庄群众感念史来贺，问其间几多历史传奇？无私奉献不忘郑永和，慨辉县精神敢为人先。让一段岁月流金，太行公仆碑树吴金印；造几多乡村都市，刘志华好个巾帼英雄……耿瑞先宏图大展领头雁，范海涛变废为宝担责任，裴春亮富而思源惠乡邻。电池回收换来新乡少污染，挂壁公路终使汽车进山来……尽为民服务兮感动中国，数风流人物兮还看新乡。仰先进群体兮群星灿烂，育英雄辈出兮雏凤高鸣。

新乡者，和谐奉献崇文常新之乡也。季候分明兮冬寒夏热，人民勤劳兮春早秋凉。矿藏丰富兮振兴经济，土地肥沃兮图画粮棉。人才战略兮持续强市，机械制造兮海内闻名。战略重组，产业升级，集群发展迈新步；铜管铜业，冰箱冰柜，金龙新飞两夺冠；白鹭化纤，华兰生物，产品崛起赖创新。能源汽车生物医药，数十产品领先同行列前五；神九神十蛟龙航母，核心部件与祖国同行，破茧催生新乡模式；让新乡常新，改革成就新乡精神。机遇和挑战并存兮，路漫漫其修远；牧野兼榴花火红兮，泪盈盈而沾襟。

原载 2009 年 4 月 20 日《光明日报》
2018 年 5 月 28 日修订于中州知时斋

目　　录

第一章　先秦时期的牧野名士

第一节　政治军事名士

一　治水英雄共工

共工，姜姓，是中国古代神话中的天神。传说共工是和黄帝生活在同一时期的部落首领。而共工统领的这个部族，其居住地就在现今的豫北平原，包括今天的辉县市、新乡县、获嘉县以及卫辉市等地。

据《左传·昭公十七年》引少昊氏后裔郯子记载："昔者黄帝氏以云纪，故为云师而云名。炎帝氏以火纪，故为火师而火名。共工氏以水纪，故为水师而水名。太皞氏以龙纪，故为龙师而龙名。我高祖少皞挚之立也，凤鸟适至，故纪于鸟，为鸟师而鸟名。……自颛顼以来，不能纪远，乃纪于近，为民师而命以民事，则不能故也。"从上文记载中可知，在中国远古时期，共有五位历史上著名的氏族部落首领。这五位部落首领分别是太昊氏、共工氏、炎帝氏、少昊氏、黄帝氏。而由上文可知，生活在远古时期的共工与太昊氏、炎帝氏、少昊氏等并列，他是一位"以水纪"的有德之君。

共工以善于治水著称，共工氏乃是治水世家。他治水的主要做法是将高的地方铲平，低的地方垫高，并在地势较为平缓的地方修筑堤坝，利用堤坝防水。他的治水方法对于防范洪水，起到了一定的作用，却"治标不治本"，只是一味防堵，没有疏通河流，没有从根本上解决洪水的泛滥。故此，共工治水，虽然也花费了大量的人力物力，效果却并不明显，依然会出现洪水泛滥成灾的情况。尽管如此，后人依然肯定他在治水中做出的贡献。他被人们尊称为"水神"。

共工不仅是一位治水专家，还非常善于水战。据《管子·揆度篇》记载："共工之王，水处十之七，陆处十之三，乘天势以隘制天下。"可知，当时的"天下"河流多而陆地面积少，共工凭借着自己对水性、水势的熟悉，很快在部族战争中占据了主动，"乘天势以隘制天下"，最终成就霸业。

共工氏和他的女儿后土都对农业很精通，对农业的发展做出了重要的贡献。他们父女俩尤其善于改善农田水利，以此促进农业生产。在对部落土地情况进行大量实地调研之后，他们总结出农田水利的规律。他们发现，地势较高的地方，因为水难以引入，故浇地困难，而地势较低的地方，又容易积水，形成积涝。他们采取的具体做法是，将地势较高地方的土铲平，运到地势低的地方，同时采取筑堤蓄水的方法，使得洼地填平，增加了耕地面积，而高地又挖平，易于灌溉。这样一举两得，农业生产得到了迅速提高。

共工称得上一位德才兼备的氏族首领。他不仅善于治水，而且在很大程度上提高了农业的生产。因此，共工受到了后人的爱戴与追思。同时共工在历史上又留有威名。据《山海经·大荒南经》记载："共工之台，射者不敢北向。"由此可见共工的威名远扬。

二　"赤胆忠心"关龙逄

关龙逄，也称豢龙，生卒年不详。据传关龙逄是古豢龙氏的后代，民间也认为他是关氏的始祖。关龙逄生活在夏朝末年，是夏朝最后一位君王夏桀当政时的相国。夏桀暴虐，史上闻名。据史料记载，夏桀宠爱妹喜，荒淫无道，民不聊生。夏桀将自己比作永远不落的太阳，希望能够得以永生。但其统治下的百姓皆咒骂夏桀，希望这个"太阳"早日走向灭亡。

关龙逄为人正直，赤胆忠心，以民为本。其生活在这样一个时代，可谓悲剧。关龙逄为了百姓和国家，多次向夏桀进谏，希望夏桀能够停止荒淫娱乐行为，专心朝政，以百姓为重。但夏桀对之置若罔闻，反而对关龙逄愈加看不顺眼。经过深思熟虑，关龙逄决定以向君王进献黄图的名义，再次向夏桀进谏。所谓黄图，就是一种关于地舆、明堂、陵庙、宫观等记载的图画。关龙逄希望以进献黄图的方式，说明当时朝政形势已经十分危急，夏桀应该珍惜大好河山。如果再不果断采取措施，夏朝就有亡国的危险。然而事与愿违，夏桀对进献的黄图丝毫不感兴趣，他看也没看就将其烧毁。不仅如此，对于扰乱自己兴致的关龙逄，夏桀反而更加怨恨。夏桀命令卫士将关龙逄囚禁，不久后下令将其杀害。

夏桀杀了敢于犯颜直谏的忠臣关龙逄之后，朝政愈加败坏，民不聊生。此时居住在东方的商部落逐渐兴盛强大起来。强大起来的商部落，遂顺应民意，起兵讨伐无道的夏桀。经过历史上著名的"鸣条之战"，商灭夏桀，夏朝最终灭亡，商朝建立。

关龙逄死后，据说就葬于今河南省新乡市长垣县城东南 10 公里处的龙相村。到了唐朝时，唐太宗东巡，曾专门祭祀关龙逄。唐开元十三年（725），朝廷还于关龙逄墓地立碑，并书"夏直臣关公之墓"，俗称"相国墓"。之后历代过往官员，必到墓前拜谒，遂沿为习俗。生活在明朝中期的文学家李梦阳，对关龙逄忠君直谏的精神亦深感敬佩。他特地为关龙逄陵墓撰写碑文，以此来表达自己的敬仰和哀悼之情。清末民初，关龙逄墓前还有陵庙，但年久湮没，现仅存一座一丈多高的土冢。

关龙逄是夏朝一位对君王赤胆忠心的耿直进谏之臣。他开创了在牧野大地忠君直言进谏的先河，以后当地代有仿效关龙逄之忠君大臣出现。

三　"忠心直谏"比干

比干（前 1110—前 1047），子姓之后，商朝沐邑人（今河南省卫辉市北），中国古代著名忠臣。国神比干也是林氏的祖先。比干是商王文丁的次子，名干。因为他为次子，所以未能继承王位，最终做了少师。比干兄长帝乙临终嘱托比干，要比干忠心辅佐侄儿纣王。

比干幼年聪慧，勤奋好学，20 岁就以太师高位辅佐帝乙，又受托孤重辅帝辛。比干从政 40 多年，主张减轻赋税徭役，鼓励发展农牧业生产，提倡冶炼铸造，富国强兵。

纣王的父亲在位时，有人主张立纣王的哥哥微子继承王位，但比干坚持立纣王。这是因为纣王是正妻所生（商朝继承制是传嫡不传庶）。此外，比干也认为纣王更加聪明、英勇。因此，比干对他钟爱有加。纣王的父亲病危时，比干向上天祈祷，愿代哥哥去死。这两件事，使纣王对比干格外感激和敬重。

纣王率军征服东夷，在战场上，纣王往来冲杀，无人能敌。在纣王出征期间，比干在朝廷上代理朝政，把国家治理得井井有条。纣王凯旋，比干步行几十公里前去迎接。那时，君臣团结，国力强盛。

但是，纣王不久就骄傲起来。他认为四方归顺，天下无敌，就大兴土木，建造豪华的宫殿，为此搞得劳民伤财，奴隶和平民苦不堪言。他喜欢喝酒吃肉，就建立了"酒池""肉林"，并让裸体男女互相追逐供他取乐。王宫里朝朝笙歌、夜夜曼舞，行宫沫邑因而改名"朝歌"，成了实际的国都。

纣王不仅生活腐化堕落，而且也越来越暴虐无道。一天，他和妃子妲己在摘星楼上饮酒取乐，远远看见一老一少涉水渡溪。老人行动迟缓，小孩儿很快就过去了。纣王说："小孩儿骨髓旺，不怕冷，老人骨髓空虚，怕冷。"妲己不信，纣王就命人砸断老人和小孩儿的腿验证他的话。他还听信妲己的话，制造了"炮烙"的刑罚，用来惩治反对他的人。炮烙就是把空心的铜柱涂上油，把人绑在柱子上，然后在柱子中间烧红炭火，把人烤烙而死。

纣王的残暴无道，遭到大臣们的反对。其兄微子劝他，他不听，微子只好离开他。他另一个叔父箕子批评他，他就把箕子囚禁起来。从此无人敢再劝谏，有人干脆投奔周武王去了。

纣王愈加暴虐荒淫，横征暴敛。比干眼看纣王越变越坏，十分痛心焦急。他苦苦相劝，无奈纣王不听。比干叹息道："观主过不谏非忠也，畏死不言非勇也，即谏不从，且死忠之至也。"[1] 意思是说，主上有过错不劝谏就是不忠，怕死不敢说真话就是不勇敢，即使劝谏不听被杀，也是尽到了忠臣的责任了。一天，纣王和妲己正在取乐，比干又来劝谏。纣王被责问得无言以对，就问比干："你为什么要这样坚持？"比干说："恃善行仁义所以自恃。君有诤臣，父有诤子，士有诤友。身为大臣，我为的是叫你痛改前非，保住江山。"比干遂至摘星楼，强谏三日不去。

纣王终于恼羞成怒，早忘记了叔父的恩情，咆哮着说："你不是非要当圣人吗？今天就成全你！吾闻圣人心有七窍，信有诸乎？"说完，就命人剖开比干的胸膛，挖出了比干的心，还向全国发布告："少师比干妖言惑众，赐死，摘其心。"比干终年 63 岁，死后葬在今卫辉市顿坊店乡。

---

[1]　参见林宪斋《比干文化研究》，河南人民出版社 2012 年版，第 89 页。

比干被剖心之后，他的妻子怀有身孕，跑到树林中躲了起来，生下一子。纣王派兵前去寻找，要"斩草除根"。他找到比干妻子藏身的地方，问她怀中婴儿姓什么。她急中生智说姓林，才躲过了灾难。周灭商之后，周武王赐比干之子姓林，名坚，比干就成了林氏始祖。

比干死后，他的精神感动了一代又一代人，对他的纪念也始终不断。周武王为其营建坟茔。之后，北魏孝文帝也曾亲来比干墓地吊唁，撰写了"吊殷比干文"，并为其修建了庙宇。现今所存的比干庙，乃明代重建，占地130余亩，气势恢宏，内有比干及后代子孙的画像，还有历朝皇帝和文人名士的墨宝。

比干凭借其对君王的忠贞，名垂千古。比干敢于直谏且不畏死的精神，对后世影响极大，无愧于"亘古第一忠臣"之称号。

四　忠心报国苌弘

苌弘（约前582—前492），字叔，又称苌叔，东周周景王、周敬王时期的著名政治家、天文学家、音乐家、阴阳家。他一生历经周灵王、周景王、周敬王三朝。苌弘是封丘人（一说为四川省资阳市人）。现今在封丘县的很多村落，如鲁岗乡苌寨村和苌留横村、章鹿乡水平郭村、城关乡中孟庄村等，还有苌弘的众多后裔生活于此。

周景王十四年（前521），苌弘为畿大夫。苌弘博学多闻，他对天文历数和易理医方等都颇有研究。他对时局的判断，有着惊人的预见性。据《左传》记载，昭公十一年（前531），周景王问苌弘："今兹诸侯，何实吉，何实凶？"苌弘回答说："蔡凶，此蔡侯般弑其君之岁也。岁在豕韦，弗过此矣。"此事后续的演变过程果然不出苌弘的预料，最终"楚子灭蔡"。公元前525年，晋侯曾经以治病为借口，想向景王借路祈福。当时苌弘就敏锐地预判到晋侯其中有诈。他告诉景王，晋侯祈福是假，其目的不仅是侵占陆浑，而且还有更大的野心。景王听从了苌弘的劝告，加强了戒备。三天之后，晋侯果然侵占了陆浑。但他看到周师对此有了充分的准备，最终没有轻举妄动。

苌弘在处理军国大事方面，同样很有才能。他凭借自己的政治才能，辅佐周敬王排除种种险阻，继承了王位。公元前520年，周景王驾崩。由于周景王生前偏爱幼子，不顾立嫡立长的宗法制度，想立王子朝为嗣君，引发了朝局混乱。苌弘协助刘文公，拥立王子姬匄与王子朝分庭抗礼。之后经过多年的博弈，姬匄最终取得了胜利，是为敬王。为了防止王子朝的进攻，苌弘又请敬王寻求晋国帮助，并扩大和加固了周王城，为建立和巩固周敬王的统治，立下了汗马功劳。公元前506年，周卿刘文公去世后，苌弘统管国家大权，执掌周王朝国政长达十四年。在东周国力衰退、诸侯纷争的复杂政局中，周敬王统治时期能够出现短暂的稳定局面，苌弘功不可没。

苌弘闻名于世，还在于他与孔子的密切关系。据《史记》《礼记》等典籍记载，孔子曾就"乐"，向苌弘求教学习。《孔子家语·观周》也曾记载："（孔子）至周，问礼于老聃，访乐于苌弘；历郊社之所，考明堂之则，察庙朝之度。"从这里可以看出，孔子曾经向道家始祖老聃学礼，向苌弘学乐。至于孔子向苌弘请教什么乐理知识，因为史籍不载，故我们不得而知。

春秋末年，赵国的权力逐渐集中到权臣手中，支持周敬王的晋国权臣赵氏与范氏、中行氏集团互相斗争了几十年，最后的结果是赵氏获胜。赵氏责备周王不该支持范氏，而此时亲范氏的刘文公早已去世了。懦弱昏庸的周敬王急于讨好赵氏，就将代替刘文公执政的苌弘当作替罪羊。苌弘遂死于敬王的刀下。

后人对苌弘赤胆忠心的风范，评价很高，并对其惨遭横祸、死非其罪，表示愤怒。《庄子》记载道："苌弘死于蜀，藏其血三年而化为碧。"成语"碧血丹心"，即源于此。唐代柳宗元在《吊苌弘文》和《古东周城铭》中言道："兴亡理乱，在德非运，罪之违天。"愤怒地批判了对苌弘不公正的待遇，对苌弘作出了很高的评价。

苌弘对待东周王朝，忠心耿耿。他为辅佐东周王朝，呕心沥血，贡献了自己的一切。这种一心为国的精神，感人肺腑，催人奋进。他激励着一代又一代中国仁人志士，为实现自己的抱负，为了社稷人民而不惧牺牲，奋勇前进。

五 "百家宗师"姜尚

姜尚（前1128—前1015），名望，字子牙，因是齐国始祖而被尊称"太公望"。西周时期，曾被周文王封为"太师"，故尊之号为"师尚父"，世称"姜太公"。姜尚是历史上赫赫有名的军事家、政治家以及谋略家。

姜尚为河内汲（今河南卫辉市）人，此在历代文献中皆有记述。据《吕氏春秋·首时》记载："太公望，河内人也。"西晋时期汲郡出土的《竹书纪年》中，也专载姜太公为"魏之汲邑人"。清乾隆二十年《汲县志》载："太公泉在县治西北二十五里，流十余里，伏流入地。太公泉东，太公之故居也。"《河南通志》中亦记载："吕尚墓，在府城（即卫辉府，今日卫辉市）西北太公泉，尚昔避纣居东海之滨，后徙渭滨，封国于齐，还葬于此。"

姜尚祖先在舜帝时期为官，被封为"四岳"之一。姜尚祖先还曾助大禹治水，并且成绩显著，立有功劳。姜氏因功被封在吕地，姜是其族姓。由此可见，姜尚乃是贵族出身。然而到了其出生之时，家庭逐渐衰落，姜尚也成为了贫民。姜尚在青年时期，为了维持生计，曾经尝试过多种职业。他曾经在商都朝歌（今河南淇县）做过宰牛卖肉的屠夫，也在孟津做过卖酒的生意。姜尚虽然贫苦，但人穷志不短，胸怀大志，勇于探索。他学习刻苦勤奋，举凡军事谋略、天文地理、人文历史以及治国兴邦之道等，无所不学。他希望有朝一日可以为国效力，实现自己的理想和抱负。姜尚可谓满腹经纶、才华出众，但在商朝却始终怀才不遇，不能施展自己的才能与抱负。直至暮年，姜尚已经满头白发，仍在寻找自己的机会。

姜尚前半生可谓颠沛流离，然而他却始终能淡泊明志，不急不躁，静待时机。幸运的是，他最终得遇明主，得以辅佐周文王、周武王两代明君，成功实现了抱负。在辅佐周文王期间，姜尚为其制定了一系列对内对外政策，从而打下了灭商的经济基础，并使得归附文王的诸侯国和部落越来越多，出现了"天下三分，其二归周"的局面。

周文王去世后，姜尚又辅佐周武王。武王拜姜尚为军师，并尊称其"尚父"。在姜尚的辅助之下，周王朝令行禁止，朝政愈加清明。而与之形成对比的是，殷商王朝无辜诛杀大臣，朝政愈加黑暗。武王十一年（约前1062）二月甲子，在姜尚的谋划下，武王汇合庸、羌、微、蜀、卢、彭等部落，陈师牧野，与纣王大军展开大战，并取得了最终的胜利。牧野之战，灭商盛周，姜尚英明指挥，无疑位居首功。

周朝建立之后，姜尚灭商有功，被封于齐。姜尚被封为齐国君主，都城营丘。被封至齐国之后，姜尚改革政治制度，移风易俗，大力发展工商业。在姜尚的治理之下，齐国成为当时富国之一。姜尚治理齐国卓有成效，俨然一派富强气象。姜尚后人也延续了其治国策略，并将其发扬光大。至齐桓公时期，齐国"九合诸侯，一匡天下"，开创了其称霸的局面。

周朝之后历朝历代统治者以及传统文人，又对姜尚进行了一系列册封以及重新塑造，使得姜尚身上笼罩了些许神秘的光环。唐肃宗时期，姜尚被册封为武成王。至宋朝真宗时期，姜尚复被加封为昭烈武成王。最晚至元朝时期，民间百姓中开始流传有关姜尚的神话传说，开始了姜尚神圣化塑造的过程。特别是到了明朝万历年间，随着许仲琳创作的《封神演义》小说逐渐在民间流行，姜尚开始由人演变为神灵，其神秘化、神圣化的色彩愈演愈烈，并日益深入人心。

姜尚是辅佐周文王、周武王的首席谋主，是灭商大战中的最高军事统帅，是西周的开国元勋。姜尚同时也是齐国的缔造者，齐文化的开创者。姜尚是中国上古时期杰出的军事家、政治家以及谋略家。因为其杰出的才能与贡献，春秋战国时期，道、法、兵等诸子百家都宣称与其有渊源关系。姜尚也因此被后世尊为"百家宗师"。

六　"慧眼识人"宁嬴

宁嬴，生卒年不详，春秋时期宁地（今河南获嘉县）人，当时是宁地大夫。宁嬴怀才不遇，一直渴望有人提携自己，给他施展才能的机会。成语"华而不实"的典故出自《左传·文公五年》，内容讲的就是宁嬴与同时代人阳处父的事情。

阳处父是春秋晋文公和晋襄公时期的人物，有一定才能。阳处父先是追随狐偃，希望得到其推荐而获晋文公重用。但结果等了三年，一直没有得到机会。于是他又转投到赵衰门下。这次改换门庭取得了效果，他很快就得到了晋文公的重用。待晋文公去世之后，他以太傅的身份辅佐晋襄公，一时位尊权重，天下闻名。

鲁文公五年（前622），阳处父奉命到卫国访问。在返回途中，路过宁地。宁嬴拜见了阳处父。宁嬴认为这是一个很好的机会，可以获得阳处父的提携。因此，宁嬴对阳处父热情招待，并尽诉衷肠。阳处父对宁嬴也十分欣赏。于是起程时，就同宁嬴一起上路。但是让人没有想到的是，宁嬴跟随阳处父没有走多远，行至温地后，就向阳处父告辞，又返回了宁地家中。

宁嬴的妻子见丈夫很快回来了，感到十分不解。就询问宁嬴，这么快就回来的具体原因。宁嬴向妻子解释到，阳处父为人过于刚强，且又刚愎自用，华而不实，恐怕是难以善终。如果跟着他，恐怕将来不仅得不到任何好处，还有可能成为政治斗争的牺牲品，所以就又回来了。

后来发生的事实证明，宁嬴的预判十分准确。阳处父返回晋国之后，断然否定了晋襄公原来定好的军事演习计划。其后又在重要的人事任命上，排斥了狐偃之子狐射姑（贾季），坚持力推赵衰之子赵盾。这直接造成了阳处父与狐射姑之间的矛盾激化。狐射姑本就看不惯阳处父的跋扈，现在对阳处父更是怀恨在心。于是狐射姑就指使续简伯，杀死了阳处父，他自己则远遁他方。

阳处父未得善终，主要有两方面的原因。一是其为人急躁冒进，急于表现。这一点从他之前的经历中就可以明显看出。他最初投奔狐偃，之后发现在狐偃身边难有作为，就立即转而追随赵衰。二是他分不清形势，阳处父认识不到狐、赵两家与晋国君主之间的亲密关系。正是这两个原因，令他最终遭致祸端。从阳处父的遭遇中，亦可以看出宁嬴的先见之明。

宁嬴处事机敏，有着敏锐的预见性和洞察力，遇人能够做到听其言而观其行，能够清醒地判断所处形势。这一点同阳处父有着鲜明的对比。

七 "脱颖而出"毛遂

毛遂（前285—前228），战国晚期人，故里在今河南原阳县师寨乡路庄村。一说其故里为河北巨鹿（今河北鸡泽）。谈到毛遂，便不能不提到世人皆知的"毛遂自荐"的典故。

毛遂为赵国公子平原君赵胜的门客，居平原君处三年，但一直没有机会展示其才华。然而，公元前257年，毛遂抓住了机会。当时秦国派兵围困了赵国都城邯郸。平原君奉赵王之命，计划从众多食客中挑选二十名智勇双全者，赴楚国求救，以达到联合楚国共同抗秦的目的。此时，毛遂觉得自己的机会来了，便向平原君力荐自己。最初平原君并不看好毛遂，挖苦毛遂道："我听闻有才能之人，不管在什么地方，都会像锥子放在口袋中，锥子会刺破口袋而出。今先生在我处三年，却未闻有什么才能。"毛遂对曰："我就是袋中之锥，一旦将我放于袋子，我就会显露出来的。"①平原君觉得毛遂讲的有一定道理，便将毛遂也带在身边，一起出使楚国。

至楚国，面见楚王时，先由平原君向楚王提出合纵抗秦之事。但平原君谈话总是不得要领，天已经至中午，但抗秦大计仍未有眉目。此时，毛遂挺身而出，凭借其出众的口才，最终成功说服楚王，完成联楚抗秦大计。楚王答应派春申君领兵去救赵国。事毕，毛遂不仅成功获得平原君的尊敬与重用，并且获得了"三寸之舌，强于百万之师"的美誉，遂声名大振。我们现在所熟知的成语"毛遂自荐""脱颖而出"，其成语典故均起源于此。

然而，凡事都是有两面性的。就在毛遂自荐成功的第二年，即公元前256年，毛遂的命运发生了根本性的变化。当时燕国趁赵国停战之际，派大将栗腹出兵，攻打赵国。赵王仍是命令平原君负责迎战。平原君自然而然想到了刚刚立功不久的毛遂，准备让毛遂担任迎敌的主将。但是毛遂获知此消息后，却异常焦虑。原因是毛遂很有自知之明。毛遂明白自己口才犀利，这是自己所长，但并不擅长带兵打仗，此为自己所短。于是，毛遂急忙面见平原君，向其坦陈自己的焦虑缘由，并向其力辞主将之位。平原君却认为此乃毛遂自我谦虚，仍然命令毛遂为此战主将。结果毛遂不得不带兵迎战来犯之敌。尽管毛遂竭尽全力，身先士卒，用尽全部精力谋划，但最终仍然兵败。毛遂羞愧难当，独身一人至树林之中，拔剑自刎，倒于血泊之中。

毛遂有才，并敢于向人们展示自己的才华，值得我们欣赏并称赞。但毛遂又是一个悲剧性人物。毛遂的悲剧人生，带给我们很多启示。就毛遂本人来说，并没有太多的错误。毛遂积极地证明自己，并且也有自知之明，十分难得。毛遂所奉之主平原君，却不能做到因材施用，没有按照手下的才能，发挥其能力。这不能不让我们深思。

---

① （西汉）司马迁：《史记》卷76《平原君虞卿列传》，中华书局1959年标点本，第2366页。

第二节　思想文化名士

一　"儒家前驱"箕子

箕子，名胥余，今河南卫辉市人。他身世显赫，是文丁的儿子，帝乙的弟弟，纣王的叔父，曾经官居太师，被封于箕，故名箕子。箕子是商周之际的文学家、政治家、思想家、哲学家、科学家，被后人称为"儒家前驱"。在《论语·微子》中，孔子曰："微子去之，箕子为之奴，比干谏而死，殷有三仁焉。"故人们将同处于殷商末年的箕子与微子、比干并称为"殷末三仁"。

殷商末年，纣王残暴无道，每日酗酒享乐而不理朝政。箕子为此数次向纣王进谏，但纣王皆不采纳。有人劝箕子道："如果一直是这样的话，可以离开了。"箕子回答道："为人臣谏不听而去，是彰君之恶而自说于民，吾不忍为也。"[①] 于是，箕子就散开头发，假装发狂，在山林之中隐居。他通过每日鼓琴，抒发自己的悲伤，并寄托自己对国事的忠贞，以及对纣王统治的无奈和不满。但是纣王得知箕子的消息后，以为箕子真的疯了，就派人把他抓获，并贬为奴隶，囚禁起来。

武王伐纣，通过牧野大战，最终灭商。箕子遂趁着战乱，出逃到了箕山（今山西省陵川县棋子山），并在箕山之中开始了隐居生活。在箕山隐居期间，箕子并未停止思考钻研。他曾借用黑白两种颜色的石子，摆卦观测天象，希望以此总结天地四时、星宿运行等变化发展的规律。

周朝建立之后，武王曾至太行山一带巡视。武王还专程到陵川箕子隐居处，拜访箕子，并且向他请教治理国家的策略。箕子并不藏私，将夏禹时期流传下来的《洪范九畴》，悉心陈述给武王。武王闻听之后，感到大有收获，受益匪浅，遂萌生了爱才之心。武王希望箕子能够出山，辅助自己治理国家。然而箕子却志不在此。他很早的时候，在与微子的谈话中就表明自己的选择。他在《尚书·微子》中谈道："商其沦丧，我罔为臣仆。"表明了自己不愿意做新王朝的顺民。最终，箕子还是拒绝的武王的邀请，没有出山。

---

① （西汉）司马迁：《史记》卷 38《宋微子世家》，中华书局 1959 年标点本，第 1609 页。

　　此后，由于箕子害怕武王武力逼迫，强迫自己出山，遂带领自己的弟子以及随自己一同隐居的殷商遗老故旧，离开了居住的箕山，向东方重新寻觅合适的隐居之所。

　　据称箕子及其随从人员，共同去往了与商朝颇有族缘关系的朝鲜。他们在当地还成立了箕氏侯国。到达目的地后，箕子带领众人，开垦荒地，建造房屋，烧制陶器，还一起养蚕织布，定居下来。为了稳定社会秩序，箕子还制定了八种简易的法律，规范人们的行为。箕子更大的贡献是，在朝鲜传播了故国的文化。现今在朝鲜等地流行的围棋，据说就是箕子传播进来的。朝鲜王朝《东史纲目》《三国遗事》《东国通鉴》等重要史书中，均对箕子有过较为详细的记载。

　　《史记·宋微子世家》则记载："武王既克殷，访问箕子……于是武王乃封箕子于朝鲜而不臣也。"此记载与上述稍有不同。但不管怎样，箕子最终是去了朝鲜。《竹书纪年》也记载，箕子受封于朝鲜后，非常感动。过了几年之后，箕子还主动来国都朝见周朝天子姬发。箕子在途经商故都殷商都城遗址，看到原来的宫室已经残破不堪，有些地方甚至种上了庄稼。他非常伤心，但又哭不得，一时之间，亡国之痛，涌上心头，于是便以诗当哭，乃作《麦秀之诗》，其诗曰："麦秀渐渐兮，禾黍油油。彼狡童兮，不与我好兮！"诗中"狡童"特指纣王，充满了对暴君纣王拒谏误国的愤懑和商朝亡国的无限忧伤。

　　箕子有大才，他精通易学、天文、音乐等，亦擅长治国理政，但却生不逢时，缺少了展现其才能的时机与平台。箕子的一生是悲剧性的，但他能够平安终老朝鲜，并在当地传播文化，进行文化交流活动，也是颇为幸运和值得称赞的。

二　"先贤"蘧伯玉

　　蘧伯玉（前585—前484），即蘧瑗，伯玉乃其字，谥成子，春秋时期卫国（今河南卫辉市）大夫。蘧伯玉被封为"先贤"，奉祀于孔庙东庑第一位。他是孔子的好友，是道家"无为而治"的开创者，同时也对儒家学说的诞生，有着较大的影响。

　　蘧伯玉生于仕宦之家。他的父亲无咎，也是卫国名大夫。在卫国，蘧姓俨然名门望族，族内杰出人物众多。蘧伯玉自幼便聪慧过人，饱读经书，性格耿直坦率。

　　早在卫献公初期，蘧伯玉就已经步入仕途。至献公中期，蘧伯玉业已名声大振，名扬卫国。蘧伯玉在其一生当中，曾经历仕献公、殇公、灵公三代卫国国君。在政治上，他主张以德治国，认为执政者应该以自己的德行去教化国民。他还主张"弗治之治"，认为最好的治理措施，是对民众的不加干预，这样反而能够更好地治理国家。他提出"弗治之治"的政治主张，开创了道家"无为而治"的先声。在他的倡导治理之下，卫国虽然多次遭受动乱，甚至一度沦为大国的属国，但卫国始终得以存在，国内民众还能安居乐业。这不得不让人赞叹。他的好友孔子，在周游列国途中，当进入卫国国境时，也曾经发出"庶已乎"的惊叹。

　　蘧伯玉与孔子，有着深厚的友谊。他们的友谊，可以追溯至两人分别在鲁国和卫国为官之时。当时两人惺惺相惜，曾互派使者，相互问候。在孔子周游列国的十四年中，其中有十年是卫国国内。而孔子在卫国时期，有两次就住在蘧伯玉家中。尤其值得一提的是，孔子第二次来到卫国之时，蘧伯玉年事已高，不再过问世事。但孔子却仍能够在蘧伯玉家中设帐授徒。他们两人无话不谈，充分交流了思想与学问。这些足能够看出两人友谊之深。

　　蘧伯玉学问精深，为人则外宽内直，生性忠恕。政治上，他主张体恤民生，无为而治。尤其令人赞叹的是，蘧伯玉对道家学说与儒家学说，均有着精深的研究与较大的贡献。

三　为人师表子夏

　　子夏（前 507—前 420），姓卜名商，字子夏，春秋末卫国（一说为晋国）人。子夏是孔子的得意弟子，"孔门十哲"之一，也被称为孔子门下"七十二贤"之一。他是"死生由命，富贵在天"的天命论的创始人，在治学上提出"学而优则仕，仕而优则学"等观点。卜子夏为孔子著作的传世人，他的《诗序》被后人视为不朽之作。

　　子夏还是闻名于世的教育学家，他一生致力于儒家学说的传播，并形成了独特的子夏学派。他成为孔子众多弟子中有重要地位和有重要影响的一员。子夏一生博学笃志，他曾协助孔子创立儒学，编订《诗》《书》《礼》《易》《春秋》等儒家典籍。子夏还主持了《论语》的编写与整理工作，成为继孔子以后全面传播儒学思想的重要人物。他亦对儒家典籍的传播与儒学思想的发展，起到了重要作用。

子夏学识过人。如上所言，他在收集、整理以及传播儒家文化典籍方面，贡献颇多。更为难能可贵的是，他还特别注重躬行实践。日常生活当中，他讲究为人师表，事必躬亲，以身作则。子夏在晚年时期，曾一度在魏国西河一带开展讲学活动。当时众多名士，如田子方、段干木、吴起等，均曾受教于子夏，足见子夏教育的影响力之大。子夏开创了"西河学派"，还做过崇尚儒学的魏文侯的老师，并培养了一大批治国经世的栋梁之才。

子夏不愿出仕，生活比较清苦，但也养成了其孤傲不逊和坚强勇敢的性格。子夏晚年过着离群索居的生活。子夏去世后，其所葬之处颇有争议，一说其葬于河南省新乡市获嘉县西关村。今获嘉尚有子夏后裔，编有《卜氏族谱》。

子夏学识渊博，是继他的老师孔子之后，又一位著名的教育家。他培养了大批经世致用的国家栋梁之才。同时，子夏还非常注重整理古代典籍。在学术传承方面，他亦做出了很大的贡献。

四　"蒲邑宰"子路

仲由（前542—前480），字子路，又字季路，鲁国卞人（今山东省泗水县泉林镇卞桥人）。子路同上文提到的子夏一样，同为孔子门下著名学生，亦是"孔门十哲"之一，孔门"七十二贤"之一。

子路以善于处理政事见长，其为人耿直，威猛有力。子路曾经追随他的老师孔子，一起周游列国。当孔子穷途末路之时，随从孔子的只有子路一人。他很尊敬师长，也常常直言进谏孔子。子路极重孝道，性格正直爽朗，并且能够虚心接受别人的建议，闻过即改。卫国"蒯聩之乱"过程中，子路不幸罹难。其师孔子闻讯之后，异常悲痛，甚至为此死前不吃肉酱，足见师徒感情之深厚。

周敬王三十三年（前487），卫国实际掌权者孔悝聘请子路担任"蒲邑（今河南长垣县）宰"的官职，相当于担任蒲邑的县令。子路是现今长垣县历史当中有文字记载的首位县令。子路在就任蒲邑县令之后，非常重视农业生产。他在其任内着重发展水利事业，亲率当地村民挖掘排水沟渠，并注重防范治理水涝灾害，取得了很大成效。子路在蒲邑的一系列政绩，受到了当时民众的一致称赞和拥护。至今子路的政绩，还受到长垣县父老乡亲们的称赞与传颂。

周敬王三十六年（前484），孔子周游列国客居卫国时，与弟子子贡从蒲邑经过，看到子路治理蒲三年，取得了累累政绩，从而改变了过去认为子路不拘小节的看法。子路在治理蒲邑过程中，当地人们表现了恭敬而自信的精神面貌，当地社会呈现出忠信而宽容的社会氛围，而子路本人则表现出明察以判断的从政能力。孔子对此表示了由衷地赞许。因为孔子至蒲邑，曾经"三称其善"，故此，后人就称现在的长垣县为"三善之地"。

孔子徒弟子路，为人性格耿直。他尊敬自己的老师，并讲求孝道，闻过即改。子路从政，治理蒲邑能力卓著，赢得了民众的一致赞誉。子路的老师孔子，也对他的表现赞赏有加。

第二章　秦汉魏晋南北朝时期的牧野名士

第一节　政治军事名士

一　博浪沙张良击秦

张良（约前 250—前 186），字子房，河南颍川城父（今河南宝丰，一说安徽亳城）人，西汉王朝的开创者之一，汉高祖刘邦的重要谋臣。西汉建立后，被封为留侯，去世后谥号曰"文成"。张良与西汉另外两位开国元勋萧何、韩信并称"西汉三杰"。汉高祖刘邦曾高度评价张良道："夫运筹策帷帐之中，决胜千里外，吾不如子房。"①

秦末汉初时期，张良亲身参与过众多重大历史事件，在历史上留下了深刻烙印，有着重要影响。张良早期亲自策划并实施的"博浪沙刺秦王"事件就是其中之一。而古博浪沙就位于今河南新乡市东南 30 公里的原阳县东郊。

张良在秦灭六国前，本是韩国人，家境优越，其祖、父都曾担任韩国相国之位。因此，张良可谓韩国高官贵族家庭之后。至秦始皇灭六国，统一天下之后，张良面临着国破家亡的惨境。秦始皇统一六国后，实施暴政，苛刑峻法，横征暴敛，并不得人心。故张良一心反秦，想方设法谋求刺杀秦始皇，以为韩国报仇。

为了达到目标，张良曾至东方拜见仓海君，并与其一起制定刺杀秦王的计划。张良克服种种困难，其兄弟去世，也顾不得埋葬，还不惜耗费万贯家资，找寻勇士参与此事。最终，张良寻觅到一位大力士，与其一起实

① （西汉）司马迁：《史记》卷 55《留侯世家》，中华书局 1959 年标点本，第 2049 页。

施此计划。为了能够成功，张良还为该勇士打制一只重达 120 斤（相当于现今的 60 多斤）的大铁锤，作为刺杀秦王的武器。接着张良又命人打探秦始皇的行踪，并准确探知了秦始皇东巡的路线。万事俱备后，张良开始实施其刺杀秦始皇的计划。

张良将伏击的地点定在了阳武县（即河南原阳县的东半部）的博浪沙。因为古博浪沙是统一后的秦王朝从国都咸阳经中原，通向山东、河北一带的必经之地。古博浪沙是一处丘陵地带，邙山余脉一直延续至此。古时博浪沙一带荆棘密布，沟壑不断，陡峭险恶，颇不好走。可以想见，如果秦始皇率领大队人马经过此地，速度一定不会太快。更重要的是，古博浪沙一带水系发达。秦时博浪沙，北临黄河，南接官渡河，另有蒲田泽、济水、鸿沟、萌荡渠等水系分布在周边。这里官道两旁沟渠河汊交错，沼泽坑塘密布，芦苇丛生，百草茂盛。[1] 行刺一旦失败，当地地貌复杂，也便于张良隐匿逃逸。故此，综合各方面考虑，张良选择此处为袭击之地。

公元前 218 年，秦始皇开始东巡。张良与力士潜伏在博浪沙，远远看到由三十六辆车组成的秦始皇东巡车队，由西边向博浪沙处浩浩荡荡地行走过来。按照秦朝当时律令对于君臣车辇规定：规天子六驾，大臣四驾，即秦始皇所乘车辇由六匹马拉车，其他大臣四匹马拉车。但此次行至博浪沙的车辇全为四驾。张良与大力士一时难辨，不知秦始皇究竟在哪座车辇之中。最终，大力士选择一豪华车辇，用大铁锤击出。虽然将该车击得粉碎，车中之人也当场毙命。但该车只是副车，秦始皇并不在其中。原来秦始皇为了防范被刺杀，出巡前做了周密的准备。其出巡车辇全部四驾，秦始皇还时常换乘座驾。故此次刺杀并没有成功。

事发之后，秦始皇大为恼怒，命令手下缉拿刺客，并大索天下十日，但终无所获。张良得知刺杀未成，当即趁乱钻入芦苇丛中，逃离现场（力士是否逃生则没有任何记载）。此后，张良遂隐姓埋名，逃往下邳，并拜黄石公为师，学习谋略兵法。后投奔刘邦，成为刘邦的重要谋士，并最终为西汉王朝的建立，立下了汗马功劳。

---

[1] 赵光岭：《原阳县历史文化系列丛书·文史研究篇》，河南人民出版社 2017 年版，第 29 页。

对于张良其人其事，后世权贵、文人、学者等评价赞叹者甚多。唐朝大诗人李白就曾为张良赋诗道："子房未虎啸，破产不为家。沧海得壮士，椎秦博浪沙。报韩虽不成，天地皆振动。潜匿游下邳，岂曰非智勇？我来圯桥上，怀古钦英风。唯见碧流水，曾无黄石公。叹息此人去，萧条徐泗空。"诗中李白重点提到了张良博浪沙刺杀秦始皇之勇，对其大加赞赏。除了李白之外，李商隐、刘知几、王安石、林则徐等历史著名人物，均在其诗文中，对于此次张良刺秦给予高度评价。

古博浪沙张良刺秦，是一次考虑周全、布置得当的刺秦事件。虽然张良刺秦没有成功，但是这次刺秦行动却在历史上留下了一定的影响。而张良刺秦之地——河南原阳县博浪沙，也成了当地难得的历史文化资源。

二 "计相"张苍

张苍（前256—前152），西汉阳武县（今河南原阳县）富宁集乡张大夫寨村人，西汉丞相，封北平侯。张苍爱好广泛，精通文章学问、数学、历法、音乐等，堪称汉朝一代名相。历史上著名的《九章算术》，就是张苍所校正。此外，张苍还主张采用《颛顼历》。

战国末期，张苍曾拜于荀子门下学习，与李斯、韩非子等人均是同门师兄弟。秦朝统一六国后，张苍曾经短暂担任过御史一职，掌管宫中的文书档案。但后来他获罪逃回了家乡阳武。此后刘邦举起反秦大旗，曾经略中原一带，路过阳武。因罪隐匿阳武的张苍，遂投奔了刘邦。西汉王朝建立后，张苍先后任代相、赵相等职位。之后张苍凭借帮助刘邦铲除燕王臧荼叛乱的功劳，被刘邦晋封为北平侯。此后他又被擢升为计相，负责财政相关事务。汉文帝时，丞相陈平去世。文帝便命张苍接任丞相一职。汉文帝后元元年（前163），因政见不同，张苍自动隐退。张苍高寿，在其104岁时去世。

张苍喜爱图书，尤其是音律和历法方面的书籍。《史记·张丞相列传》记载："苍尤好读书，无所不观，无所不通，尤邃律历。"从中可以看出，张苍学问渊博，涉猎广泛。张苍对中国古代学术做出的一大贡献，是他传承了《春秋左氏传》。由于秦始皇实施焚书坑儒政策，对天下图籍造成了难以估量的损失。西汉初年，汉朝曾经组织对历史典籍，进行过一次大规模的搜集整理工作。张苍在其中发挥了重要作用。他从秦朝的残章断简中，搜集整理出大量的珍贵典籍。这其中就包括对中国第一部编年体史书《春秋左氏传》的整理。张苍将其由先秦的篆书，修订为汉代通行的隶书。《春秋左氏传》由此得以传世。

大约从担任计相开始，张苍就因工作需要，开始致力于音乐、历法、算学等方面的研究工作。他在历法、算学等方面，均取得了很大的成就。著名的数学专著《九章算术》，就是由张苍等人，在先秦残缺遗文的基础上，删补而成的。不仅如此，张苍还在其中增补了大量新的内容。张苍勘定校正的《九章算术》，确立了中国古代数学的框架，奠定了中国古代数学发展的基础，是对中国及世界数学发展的重大贡献。《九章算术》总共收集 246 个数学问题，内容包括分数运算、比例问题、面积和体积计算、一次方程组解法等，具有很强的实用性。其中一些算法，较欧洲同类算法要早 1500 余年，在世界数学发展史上亦产生了极大影响。此外，张苍还提出了完整的关于度量衡的理论，并制定了科学的标准，将对算学的研究直接用于国计民生当中。

汉朝初年的历法也是由张苍推算和选定的。春秋战国时期，各国使用的立法就不尽相同，《黄帝历》《颛顼历》《夏历》《殷商历》《周历》等各种历法并存。历法不统一，会直接影响到农业生产。因此，汉朝建立后，历法的统一便提到了日程上来。张苍在历法的统一上也发挥了主要作用。他对当时流传的各种历法，进行了反复对比、考察，最终确立了《颛顼历》，并对其加以订正推广。《颛顼历》以立春为一年节气的起点，符合四季气候变化的规律，非常有利于农业生产以及民众生活。同时，《颛顼历》的推广，也对西汉经济的发展起到了积极的推动作用。

在西汉建立过程中，张苍虽不如萧何、陈平、韩信等功勋卓著。但在西汉建立之后，张苍凭借其卓越的聪明才能，传承图书，勘定《九章算术》，统一历法，制定度量衡标准等，对西汉社会经济的复苏和发展，做出了巨大贡献，为之后的"文景之治"奠定了基础。

三　足智多谋陈平

陈平（？—前 178），阳武（今河南原阳县）阳阿乡人，西汉丞相，封曲逆侯，西汉开国功臣，是"汉初三杰"之一。

陈平少时家中贫困，但却甚喜读书，尤其喜欢黄老之学。陈平年少就志向高远。青年时期，人们推举陈平为社庙里的社宰，主持祭社神，为乡民分肉。陈平将肉分配得十分均匀，大家都没有异议。此举赢得了乡民的普遍赞誉。陈平感叹道："使平得宰天下，亦如是肉矣！"① 意思是说，假使我陈平能有机会治理天下，也一定能像分肉一样恰当、称职，让大家都满意。从中可见，陈平年少即有大志。

秦二世继位之后，陈胜、吴广农民起义爆发，秦朝统一前原来的六国贵族们也陆续起兵反秦。陈平最先追随魏王咎反秦。然而，陈平在魏王咎麾下却屡次遭受谗言诬陷，并不受到重用。陈平遂又拜项羽为主，并且跟随项羽入关大破秦军。至刘邦平定三秦时，陈平审时度势又降汉。陈平历任都尉、使参乘、典护军、亚将、护军中尉等官职。他作为刘邦的重要谋士，先后参与了楚汉之争以及平定异姓王侯叛乱之战。特别是在刘邦被项羽围困，死守荥阳，形势危急之时，陈平积极谋划，建议通过捐献金数万斤，成功地离间了项羽君臣，化解了危机。之后不久，项羽重要的谋士范增因此忧愤而死。陈平在此次事件中立下大功。西汉王朝建立之后，汉高祖六年（前201），陈平又建议刘邦伪游云梦，逮捕韩信。陈平借此再立新功。

西汉王朝建立初期，汉高祖刘邦忙于维护国内统治，无暇顾及塞外。这时，位于长城北面的少数民族匈奴势力日渐壮大，觊觎中原，遂乘机挥军南下。汉高祖七年（前200）冬，边关告急。匈奴入侵的消息，不断报告于关中。汉高祖刘邦对此异常重视，亲自统率32万骑兵、步兵，反击匈奴。

然而由于轻敌冒进，当刘邦率军向北行进到平城（今山西大同市东北）白登山一带时，被匈奴冒顿单于率40万精锐骑兵包围。匈奴冒顿单于派兵分别驻扎于当地重要路口，截断汉军救援之路。此时天气日渐寒冷，且连日雨雪不断。汉高祖刘邦和将士们饥寒交迫，危在旦夕。

刘邦大军被围已经七天七夜，形势越来越危急。随行大臣陈平终于想到应对之策。陈平通过细致观察发现，冒顿单于与其新得的阏氏十分恩爱。两人经常外出骑马，且情意绵绵，朝夕不离。于是陈平想走冒顿夫人路线，想通过打动单于阏氏，进而影响到冒顿单于。

---

① （西汉）司马迁：《史记》卷56《陈丞相世家》，中华书局1959年标点本，第2052页。

陈平派遣使臣下山，以重金贿赂单于阏氏，并向阏氏出示一副美女图，劝谏阏氏。陈平言道，汉朝准备将美女献给单于，如果这样的话，肯定会对夫人不利，夫人将会受到冷落。阏氏当然不愿意看到这样的结局。于是，她竭力劝说匈奴单于撤兵。阏氏劝说单于道："汉朝马上会来援兵，届时匈奴会面临汉军内外夹击的险境，况且听说刘邦有神灵相助，现在他虽有危险，但最终会平安无事的。咱们又何必违背天命，非得将他赶尽杀绝呢？不如放其一条生路，以免以后有灾难降临到咱们头上。"单于最终被阏氏说动，传令将围兵撤走。如此，凭借陈平的妙计，白登山之围得解。① 此后，陈平因功先后受封为户牖侯和曲逆侯。

汉高祖驾崩之后，惠帝继位，吕后实际掌握朝政大权。吕后继续重用陈平，封其为郎中令，并令其传教惠帝。至汉惠帝六年（前189），陈平与朝臣王陵分别任左、右丞相。之后待王陵去相位后，陈平遂擢升为右丞相。然而因为吕后大封诸吕为王，故吕氏一门，一时兴盛擅权。陈平虽为丞相，但并未真正掌握朝政实权。直至吕后死后，陈平乃与太尉周勃共同谋划，最终平定诸吕之乱，并迎立代王刘恒为汉文帝。在此次平定诸吕之乱过程中，陈平在其中又起到重要作用。汉文帝继位之后，陈平让右丞相之位于周勃，自己继续担任左丞相。陈平因忠于职守，能力卓绝，屡次得到汉文帝的赞誉。此后不久，周勃罢相，陈平自此专为丞相。孝文二年（前178），陈平去世，结束了其传奇的一生。

陈平是西汉王朝建立的开国元勋之一。他足智多谋，作为汉高祖刘邦的重要谋士，辅佐刘邦建立了西汉。西汉建立后，他又凭借其卓越的政治才能，多次在关系西汉危亡之际，发挥重要作用，挽救西汉王朝。

四　功勋卓著周勃与周亚夫

周勃（？—前169），河南原阳县原武镇二郎庙村人，秦末汉初的军事家和政治家、西汉开国功臣、大将。

秦二世继位之初，周勃追随刘邦，共同起兵反秦。此后周勃以因军功，被封为将军，并赐武威侯爵位。在辅助刘邦经由汉中进攻关中之时，周勃军功卓著，先后击败赵贲、章平等秦朝大将，战功卓越。楚汉成皋大

---

① （西汉）司马迁：《史记》卷56《陈丞相世家》，中华书局1959年标点本，第2057页。

战过程中，周勃先驻守镇关（今陕西商县西北）要地，此后又率大军加入成皋（今河南荥阳汜水镇）主战场作战，与项羽展开正面对峙。此后又先后攻占曲逆（今河北完县东南）等地，并接连占领泗水、东海两郡（今皖北、苏北一带），共得领地22县。

汉朝成立后，汉高祖六年（前201），周勃因为战功被封为绛侯。身为武将，周勃骁勇善战，助刘邦打天下英勇无比，连攻下40余座城池。后他又因讨伐平定韩信叛乱之功，被擢升为太尉一职，深受刘邦的信任。刘邦临终之前曾有预言道："安刘氏者必勃也。"[1] 刘邦去世之后，吕后擅权。待到吕后死后，如上文所言，周勃遂与陈平等共同谋划，彻底铲除吕氏诸王等势力。此后周勃等人趁势拥立文帝继位。周勃因功官至右丞相，达到其人生顶峰。汉文帝十一年（前169），周勃去世，谥号为武侯。

周亚夫（前199—前143），周勃次子，亦为原阳县原武镇二郎庙村人，西汉时期的著名将领，丞相，封条侯。

周亚夫最初担任河内守，后因为亚夫兄绛侯胜之有罪，以贤被封为條侯。亚夫历仕文帝、景帝两朝，相继担任河内郡太守、中尉、太尉乃至丞相等职。周亚夫以善于治军、直言耿直闻名于世。但晚年时因得罪景帝，遭受牢狱之灾，最终绝食而亡，悲剧收场。周亚夫以"细柳屯军，治军严明"而闻名，且受命平定了"七国之乱"，在历史上留下了辉煌的一笔。

汉文帝后元六年（前158），汉朝边境受到匈奴的大规模侵入。为了抵御匈奴侵扰，汉朝廷采取积极措施应对。朝廷先后任命宗正刘礼为将军，于霸上驻军；任命祝兹侯徐厉为将军，于棘门驻军；委派河内郡太守周亚夫为将军，于细柳驻军。

为了振奋士气，汉文帝亲自至三路大军驻地，慰劳军队。文帝先后至霸上以及棘门军队驻地。及至上述军营，皆不用通传，文帝及其随从人员畅通无阻，可以长驱直入。并且在慰问结束之后，驻地将军及其属下都骑着马欢送文帝至营寨门口。

之后，文帝与随从大臣们又来到了细柳军营周亚夫驻军之处。但其境

---

① （西汉）司马迁：《史记》卷8《高祖本纪》，中华书局1959年标点本，第392页。

遇与之前慰问霸上、棘门二营截然不同。在细柳军营，只见周亚夫所统领的官兵们，精神饱满，士气旺盛，一个个盔甲整齐，兵器锐利，并且开弓搭箭，严阵以待。文帝的先行卫队行至军营前，并未获准进入。驻守军营的军官回答道："将军有令，将在外，君命有所不受。军中只听从将军的命令，不听从天子的诏令。"不久之后，文帝御驾亦至，但同样不获允许进入。文帝只得派遣使者持自己的符节，先行进入通禀此行目的。周亚夫闻知后，才传令士兵打开军营大门，迎接文帝驾到。虽然允许进入，守卫军营的士兵还不忘告诫文帝的随从道："将军有令，军营中不准车马急驰。"文帝随行车马遵循了军规，放松缰绳，让马匹缓慢而行。及至驻军大帐前，将军周亚夫手持兵器，向文帝行礼道："甲胄之士，不能跪拜，请允许我以军礼参见。"文帝见此情境，非但没有生气，反而为之动容，异常欣慰。文帝遂神情严肃地欠身靠在车前横木上，向驻地将士们行礼致意，表示慰问。劳军仪式结束后，文帝与随行官员们告辞离去。

　　待走出细柳军营的大门，随行大臣们皆深为折服，不住赞叹。文帝也赞赏道："这才是真正的将军啊。刚才霸上、棘门的军营，简直如同儿戏一般。如果敌军来偷袭，恐怕他们的将军是可能被俘虏的。至于周亚夫，岂是能够被敌军侵犯的吗？"之后很长的一段时间里，文帝对周亚夫一直印象深刻，赞誉不断。一个多月后，匈奴退兵而去，汉朝三地驻军也陆续撤防。周亚夫因为细柳屯军之严，被文帝升为中尉。①

　　汉文帝去世后，汉景帝继位，周亚夫担任骠骑将军。此时汉初所封藩国尾大不掉之势日趋严重。至汉景帝前元三年（前154），吴王刘濞打出"诛晁错、清君侧"的旗号，联合楚王刘戊、胶西王刘卬等发动了七国叛乱。汉景帝随即着手应对，升周亚夫为太尉，率军出征平叛。其时叛军势头正猛，正在猛攻梁国。周亚夫了解敌军情况后，并没有直接前往救援，而是向景帝提出了自己的战略计划。周亚夫认为叛军素来剽悍，骁勇善战。此时如果与叛军正面决战，则胜负一时难料。因此，周亚夫计划先搁置梁国战役，转而从敌军背后断其运粮通道，进而伺机击败叛军。此作战计划得到了景帝的高度赞扬。

---

　　①　参见（西汉）司马迁《史记》卷57《绛侯周勃世家》，中华书局1959年标点本，第2074、2075页。

周亚夫遂按照计划实施，率领大军绕道而行。行军至灞上时，亚夫遇到一位名为赵涉的读书人。此人精于谋略，向周亚夫献计，大军可往右绕道，以防备叛军于路途中袭击。周亚夫接受了赵涉的计策。大军先走蓝田，过武关，然后行军至雒阳。并于当地进行彻底搜查，力图搜寻到伏兵。最终顺利擒获了埋伏于此的叛军。

与此同时，梁国正遭受叛军的轮番侵袭，形势一度危急。梁王不断向周亚夫请求救援。周亚夫却依然坚持自己的战略部署，不为所动。周亚夫率军向东行至昌邑城（今山东巨野西南），坚守不出。梁王此时再派人请求支援，依然遭到周亚夫拒绝。最后梁王将此事上报至景帝。汉景帝面对此情境，也下诏命令周亚夫立即率军增援。周亚夫并未执行此命令。他坚持自己的部署，暗中派大军截断了叛军的粮道，并成功劫去叛军粮食。失去粮草的叛军难以为继，不得不转而攻打周亚夫部。但无论叛军如何叫阵，周亚夫都闭门不应战。

如此情况持续时间一长，周亚夫军中难免也出现不明真相之人，军心一度不稳。一天晚上，军营之中，甚至产生混乱，嘈杂声不绝于耳。但周亚夫始终不为所动。不久后，混乱嘈杂声也逐渐消失。几天之后，叛军采取"声东击西"之计，声势浩大地进攻周亚夫军营的东南，但实际上叛军的主力进攻的方向却是西北。周亚夫敏锐识破叛军的诡计，命令部下重点防御西北军营，并成功地击退了叛军。

叛军最终因为缺粮，不得不选择撤兵。见此情境，周亚夫遂选派精兵追击，打败叛军，取得了平叛的胜利。叛军首领吴王刘濞的人头，也被越国人割下送至军前。七国之乱历时三个月，在周亚夫的正确领导下，就很快平定了。此次战役之后，周亚夫声威大震。人们对周亚夫的谋略与用兵之道，给予了很高评价。然而此次平叛时，由于周亚夫没有及时派兵援救梁国，惹恼了梁王。梁王与周亚夫有了仇隙。但不管怎样，在平定七国之乱过程中，周亚夫厥功至伟。七国之乱的平定，西汉王朝成功加强了中央集权，同时也巩固了西汉王朝的统一。

公元前152年，由于当时的丞相陶青有病退职，汉景帝遂擢升周亚夫为丞相。最初景帝对他较为看重。但由于周亚夫为人耿直，遇事不懂政治策略，不够圆滑。景帝慢慢地疏远了他。

有一次，汉景帝决定废掉太子刘荣，另立太子。刘荣乃栗姬所生，时称栗太子。但周亚夫认为不能"废长立幼",并不赞同景帝的这一决定。这也直接导致景帝之后对他逐渐疏远。此外,前文提到的与周亚夫结下仇怨的梁王,在每次进京时,都会在太后面前竭力诋毁周亚夫。亚夫在朝中的境遇越来越不利。

此后朝中发生的两件事,直接导致了周亚夫的辞职。一是皇后兄长封侯之事。窦太后想让景帝封皇后的兄长王信为侯,景帝不好明面拒绝,推脱说要与大臣商议此事。景帝遂与周亚夫共同商量。景帝明白耿直的周亚夫一定反对王信为侯。果不其然,亚夫援引高祖刘邦祖训,反对封王信为侯。此事中,景帝成功找到了"挡箭牌",但周亚夫却得罪了窦太后、皇后、王信等朝中权贵。

另一件是匈奴将军封侯之事。当匈奴将军唯许卢等五人归顺汉朝时,景帝异常兴奋,便拟封他们为侯,以此鼓励更多的人归顺汉朝。周亚夫闻讯后,又加以反对。周亚夫认为,曾经背叛国家之人,不能封侯,如此才能赏罚分明。景帝并不认同,还是将五人都封了侯。此事使得君臣二人离心,关系更为紧张。周亚夫在朝中地位一落千丈,不得不借病辞职。

虽然卸职,但周亚夫能力还在。景帝心中也在犹豫,不知他是否有能力辅助太子。宫中曾举办宴席,周亚夫也在邀请之列。席间,周亚夫面前有肉,却没有筷子。这正是景帝的试探之举,想要以此试探亚夫的脾气秉性。周亚夫见此情境,大怒不已。此后他虽然也向景帝下跪请罪,但还是愤然离席。这件事使得景帝心中已有想法,认为周亚夫当不得辅佐太子之责。

不久之后,周亚夫再遭祸事。起因是周亚夫之子见亚夫年纪越来越大,便私自购买了五百甲盾,准备用于将来周亚夫去世丧葬当中。此事周亚夫一直被蒙在鼓里,毫不知晓。后来此事被人告发。因为甲盾是朝廷明令禁止买卖之物,私自购买国家禁品,有企图谋反之嫌。朝廷接到报案后,便派专人调查此事。

负责调查之人传唤周亚夫,询问其事情始末。但周亚夫因不知情,故无言以对。这引起了调查官员的误会,误以为周亚夫赌气沉默。官员向景帝汇报了整个事件调查过程。景帝自然极为生气,认为周亚夫恃功自傲,遂将此案交至廷尉审理。待廷尉询问周亚夫此案具体案情时。周亚夫仍不承认自己有谋反行为。廷尉讽刺道:"你就是不在地上谋反,恐怕也要到地下谋反吧！"①

　　周亚夫一生清白，劳苦功高，此时受此侮辱，自然难以忍受。案件调查之初，他就愤然自杀，但被其夫人及时阻拦。此次再受屈辱，周亚夫忍无可忍，悲愤之余，便以绝食抗议。亚夫最终于五天之后，呕血而亡。

　　周勃为西汉王朝的建立屡立战功。及至西汉王朝建立后，周勃又联合诸大臣平定诸吕之乱，不愧为西汉王朝的肱股之臣。史学家司马迁将其比作伊尹、周公，诚不虚也。而纵观周勃其子周亚夫的一生，亦是功勋卓著。周亚夫做了两件极为辉煌并载入史册的大事：一是驻军细柳，严于治军，为保卫国都长安免遭匈奴铁骑的践踏做出了贡献。二是指挥平定"七国之乱"，粉碎了诸侯王企图分裂和割据的阴谋，维护了统一安定的政治局面。周勃与周亚夫父子为建立并巩固西汉王朝，立下了汗马功劳。

五　勤理政事卫飒

　　卫飒（约前10—60），字子产，西汉河内修武（今河南省获嘉县）人。卫飒年少时，家境贫寒，家中又无钱粮，靠为人做工谋生，但其刻苦好学，时刻不忘拜师求学。卫飒青年时代便显露出卓越的才华，远近闻名。王莽建立新朝后，卫飒曾一度在朝中为官，担任过历州刺史。

　　东汉光武帝建武二年（26），卫飒被征召至大司徒邓禹府中任职。后他又以举荐贤才，而被授侍御史，之后又改任襄城县令。卫飒因政绩卓著，迁升为桂阳郡（郡治在今湖南郴县）太守。当时桂阳郡地处南方边陲，与交州交界，开化较晚。桂阳郡受交州影响很大，当地百姓文化落后，不懂得礼法。卫飒到任后，便实地详察民情。他从振兴教育入手，兴建学校，广设乡学，整治教化，以启发民智。同时，因当地礼仪制度缺失，卫飒还专门制定婚姻等礼仪制度，以启蒙民智，移风易俗。在卫飒的精心治理之下，几年之后，当地教化大开，逐渐成为了通晓礼俗之地。

　　早在西汉武帝时期，朝廷就已经平定了南越，将原属越地的含洭（今广东省英德县西37公里）、浈阳（今广东省英德县东）、曲江（今广东省英德县西）三县划归桂阳郡管辖。这三县的百姓，或居住于深山之

---

① 参见（西汉）司马迁《史记》卷57《绛侯周勃世家》，中华书局1959年标点本，第2079页。

中，或地靠着溪水之滨，自归汉以来，一直沿袭着过去的风俗习惯，并未认同中央朝廷，亦从未向朝廷缴纳过田赋。而且这里离郡治远隔近千里，交通异常不便。官吏往来办事，多征发百姓民船接送，此被称之为"传役"。当时一官往来，便需数家为之服徭役。再加上地方贪官污吏借机勒索，当地百姓深受其苦。

卫飒察知此民间疾苦后，遂率领当地民众凿通山道五百余里，并在沿途设亭传，修驿站，设邮馆，使得当地交通状况大为改观，往来商旅亦络绎不绝。如此一来，既杜绝了劳役，也减少了地方官吏对百姓的盘剥。经过卫飒的悉心治理，逃往外地的百姓又慢慢回来了。大大小小的村民聚落也逐渐增多，渐渐汇聚成了乡镇。当地民众生活日趋富裕，各族人民逐渐安居乐业。经此之后，卫飒才依律向各族民众征收赋税。当地民众由于受惠颇多，也乐意缴纳赋税，国库收入遂日渐增多。

此外，桂阳郡所属的耒阳县，地下蕴藏着丰富的铁矿石资源。其他郡的百姓经常互相邀约，集聚于此，私下开采炼铁。由于当地矿藏资源丰富，也引来了许多亡命之徒，以致当地藏奸滋盗，出现很多社会治安问题，为害乡民。卫飒得知当地具体情况后，于是上书请朝廷，设立负责铸铁的官员，专管开采冶炼等相关事宜，并严厉禁止私人铸铁。与此同时，他还引进采用中原先进的冶炼技术，提高矿藏的产量与质量。经此革新，卫飒为朝廷每年增加的收入高达500余万两。

东汉建武二十五年（49），由于卫飒治理地方有方，其被应召入朝。闻听卫飒到来，光武帝刘秀立刻召见，并赐食于御座前。光武帝还有意任命卫飒为少府（九卿之一）。无奈此时卫飒染病不起，起居不便，没法授职管事。后卫飒恳乞辞官。光武帝以其才高德重，不许，并对其慰劳有加。光武帝仍命卫飒以桂阳太守衔，归家休养，听候召唤。两年之后，卫飒带病来到洛阳，向光武帝面陈病情，再次恳求辞官。光武帝无奈，遂收回其印绶，并赐钱十万，使其荣归故里。此后卫飒病逝于家中。

卫飒在任职桂阳郡太守期间，体恤民情，勤理政事。他在桂阳任职十年，郡内大治，民众颇得其惠。他认为为官好比治家。其所施行的政策，均合乎事理，为人所赞。

六 南阳太守杜诗

杜诗（？—38），字君公，河内汲县（今河南省卫辉市）人，东汉时期曾任南阳太守。杜诗是历史上著名的发明家，以发明水排而名垂青史。

杜诗在其青年时期就展露出卓越才华。他在担任河内郡吏期间，就以处事公正著称。东汉光武帝初期，杜诗官任侍御史一职。当时洛阳城中将军萧广放纵部下为非作歹，城中百姓深受其害。杜诗闻讯后，严厉要求萧广约束士兵不法行为。但萧广完全无视杜诗的告诫。杜诗严格执法，最终按照律法将萧广诛杀。之后，杜诗将事情始末如实报告朝廷。朝廷不仅支持了杜诗的处理，还对其进行了褒扬。

东汉光武帝对杜诗信任有加，专门委任其至去河东郡任职，主要负责讨伐屡次叛变的杨异等人。杜诗到了河东郡大阳（今山西平陆县）后，获知杨异企图率军北渡的讯息。他当机立断，派兵成功焚烧叛军的渡船。杜诗在接收河东郡地方军之后，又突然袭击叛军，最终歼灭了杨异等人。此后杜诗担任成皋（今河南荥阳市水镇）令。杜诗在成皋任职期间，兴利除弊，政绩异常突出。杜诗又改任沛郡（今安徽濉溪县）都尉，后又任汝南（今河南平舆县）都尉，在任期间，政绩优异。

东汉建武七年（31），杜诗擢升南阳太守。在南阳任职七年期间，史载杜诗"性节俭而政治清平，以诛暴立威，善于计略，省爱民役"，南阳地区"政化大行"。①

杜诗在担任南阳太守时，首先积极兴修水利，为当地的水利事业发展做出了卓越功绩。当时南阳地区气候温和，自秦汉以来，当地农田水利不断得到发展，为农作物生长打下了坚实的基础。特别是汉元帝时期任南阳太守的召信臣，在水利灌溉方面，做出了巨大贡献。召信臣也赢得了当地百姓的认可，被人们赞颂为"召父"。至东汉初期，杜诗担任南阳太守之后，当地水利事业有了进一步发展，当地农业生产又一次得到的飞速发展。史载，杜诗"修治陂池，广拓土田，郡内比室殷足"。②

杜诗还有一项载入史册的贡献是发明了水排。所谓水排，是通过水力

---

① （南朝）范晔：《后汉书》卷31《杜诗传》，中华书局1965年标点本，第1094、1097页。
② （南朝）范晔：《后汉书》卷31《杜诗传》，中华书局1965年标点本，第1094页。

传动机械，令皮制的鼓风囊持续开合，将空气输送至冶铁炉。通过水排铸造农具，可起到用力少但功效多之效果。鼓风装置由最初的人力驱动，发展到后通过用畜力乃至水力驱动，这称得上是冶铁技术的重大进步。由于杜诗的发明与提倡，水排得以在南阳很多地区应用并推广。《后汉书·杜诗传》记载："（杜诗）造作水排，铸为农器，用力少，见功多，百姓便之。"水排的功效不仅比人排，就是比马排也高得多。《三国志·魏志·韩暨传》记载道："旧时冶作马排，每一熟石，用马百匹。更作人排，又费功力。暨乃以长流为水排，计其利益，三倍于前。"鉴于杜诗的功绩，河南南阳老百姓把他比之召信臣，称赞曰："前有召父，后有杜母。"① 由此可见杜诗对当地贡献之大，其受到当地百姓的一致认同与称赞。

建武十四年（38），杜诗因病去世。据说杜诗身后"贫困无田宅，丧无所归"，② 最后还是依靠朝廷的帮助，杜诗才得以安葬。其清廉竟至此，实在令人叹息。

杜诗是中国历史上少有的全能之才。其为官，清正廉洁，不畏强权，兴修水利，为民做主，政绩斐然。其为将，则讨伐叛乱，得胜而归。特别难能可贵的是，杜诗发明制造并推广了水排，节约了民力，这不能不让人赞叹。

七　"百里使君"百里嵩

百里嵩，生卒年不详，字景山，东汉末年河南省封丘县人，曾经官任徐州刺史。

百里嵩在担任徐州刺史期间，为官清正，非常注意兴修水利，发展农桑，并施以轻徭薄赋，百姓得以修养生息。当时徐州境内曾遇到一次特大旱灾，禾苗枯焦，赤地千里，民不聊生。百里嵩体察民情，不辞辛苦，率领众人跑遍所属各县，找寻水源，并挖渠引水，缓解旱情。就在他竭力寻觅水源过程中，天上恰巧普降喜雨。当地民众感念百里嵩一心为民的精神，于是纷纷称赞这场大雨为"刺史雨"，称白里嵩为"百里使君"。

百里嵩使君墓位于今河南封丘县城东北 2.5 公里处庙岗村的东南角，

---

① （南朝）范晔：《后汉书》卷 31《杜诗传》，中华书局 1965 年标点本，第 1094 页。

② （南朝）范晔：《后汉书》卷 31《杜诗传》，中华书局 1965 年标点本，第 1097 页。

墓呈八角形，尖顶，墓上生柏树一棵。祠庙在墓东，是一组古建筑群。主要建筑包括：山门、大殿、后殿、娃娃殿等。此外，封丘县城东北2公里庙岗村南亦建有"使君祠"，据考证为元代民间所建。

清代封丘县令王锡魁，在当地为官清正，口碑颇好。他在拜谒百里嵩使君庙时深有感触，为此专门作诗曰："食报在斯民，仪型老汉臣。流风怀百里，膏雨沛千春。遗留号由旧，丹青俨若新。丰碑重勒石，古墓未荒榛。享事并年洁，桑麻岁岁匀。甘棠犹念名，黍敢忘郇？保障非功浅，讴歌情亦真。莫言芳躅远，原作盛名邻。"他在这首诗中，首先表达了对百里嵩勤政爱民的赞扬，同时在诗中也表明了自己愿意以百里嵩为榜样的愿望。

百里嵩为官清正，体察民情，关心百姓疾苦，一心为百姓解决难题，成为当地民众广为赞颂的清官，亦成为后世为官者的表率。

八　曹操与官渡之战

曹操（155—220），字孟德，小字阿瞒，沛国谯县（今安徽亳州）人，东汉末年杰出的军事家、政治家、文学家以及书法家，三国曹魏政权的奠基人。曹操一生经历战役众多，历史上有名的战役也有不少，其中官渡之战就是由曹操主导并取得胜利的著名战役。而官渡之战据现今历史学者考证，与今河南新乡地区有着不解之缘，其发生地就在今河南新乡地区。官渡之战是中国历史上著名的以少胜多的战役，交战双方为东汉末年的曹操与袁绍。其中，火烧乌巢是官渡之战的转折点。曹操经此战役，成功偷袭乌巢，取得了战略主动。据考证，乌巢便位于今河南新乡延津县东南一带，官渡则位于河南新乡原阳县东南一带。曹操可谓与牧野大地有着不解之缘。

（一）战争经过

建安四年（199）八月，"是时袁绍既并公孙瓒，兼四州之地，众十余万，将进军攻许"，从而拉开了官渡之战的序幕。袁绍南下消息传到许昌后，最初众将领均认为袁绍当时锋芒正盛，应避其锋芒。但曹操并不这样认为，曹操评论袁绍曰："吾知绍之为人，志大而智小，色厉而胆薄，忌克而少威，兵多而分画不明，将骄而政令不一，土地虽广，粮食虽丰，适足以为吾奉也。"因此，曹操积极应对，"公（曹操）进军黎阳，使臧霸等入青州破齐、北海、东安，留于禁屯河上。九月，公还许，分兵守官渡。冬十一月，张绣率众降，封列侯。十二月，公军官渡"。① 至此，袁绍与曹操交战双方布局完毕，战争一触即发。

建安五年（200）一月，曹操为避免腹背受敌，先派军成功击溃与袁绍联合的刘备。二月，"绍遣郭图、淳于琼、颜良攻东郡太守刘延于白马，绍引兵至黎阳，将渡河"。四月，曹操"北救延"，采纳谋士荀攸之计，采取声东击西的计策，诱使袁绍分兵。最终曹军大将于白马（今河南滑县境）击斩袁将颜良、文丑，初败袁军。袁绍初战失利，锐气受挫。袁绍遂调整战略，改分兵进击为结营紧逼。如此，袁绍、曹操两军对垒于官渡，相持长达数月。

在对峙期间，曹操因士兵疲乏，且粮食短缺，失去了坚守的信心，一度与谋士荀彧商议，欲回守许都。但谋士荀彧劝谏曹操道："绍悉众聚官渡，欲与公决胜败。公以至弱当至强，若不能制，必为所乘，是天下之大机也。且绍，布衣之雄耳，能聚人而不能用。夫以公之神武明哲而辅以大顺，何向而不济！"曹操认为荀彧分析的有道理，采纳其言，坚定了与袁绍决战的信心。

此时，袁绍的重要谋士许攸因为与袁绍有矛盾，而投靠了曹操。许攸向曹操建议，可以趁袁绍情敌不备，派军偷袭袁绍的屯粮重地乌巢。曹操大喜，以为善。于是，曹操派兵袭烧袁军粮车，并亲自率领精锐步兵、骑兵五千人，奔袭袁军乌巢粮屯。最终全歼此处袁军，并火烧乌巢，烧毁了袁军所有囤粮。袁军守将淳于琼仓促应战，也最终被杀。

火烧乌巢的消息，一经传播，袁绍所部军队，军心动摇，纷纷溃散投降。袁绍大将张郃、高览也将全部攻城器械烧掉，投降了曹操。曹操乘机全线出击，共歼敌七万余人，袁军打败。袁绍父子仅率八百余骑北逃。袁绍北逃之后，实力大减，并且再也恢复不到强盛时期。袁绍也忧劳成疾，于202年五月病死。其后袁绍的儿子们争权夺位，被曹操各个击破。

官渡之战最终以曹操的胜利结束。官渡之战，结束了袁绍父子在北方的统治，奠定了曹操统一北方的基础。官渡之战是中国古代战争史上以少胜多的著名战例。

---

① （西晋）陈寿：《三国志》卷1《魏书·武帝纪》，中华书局1959年标点本，第17页。

（二）乌巢地望考

前文提到乌巢是袁绍屯粮重地，曹操曾在此火烧乌巢，乌巢因此名声大振。而据文献记载以及学者们的考证，乌巢就位于现今新乡延津县东南一带。

郦道元著《水经注·济水》条引《郡国志》记载道："长城自卷经阳武到密者是也。济渎又东经酸枣县之乌巢泽，泽北有故市亭。"晋《太康地记》曾记载："泽在酸枣县之东南，昔曹太祖纳许攸之策，破袁绍处也。"文中所讲酸枣县，今不存，地点据考证大概就在今河南原阳县与延津县之间。而乌巢就在酸枣县东南，即今河南延津县东南一带。

（三）官渡地望考

目前，学术界对于官渡之战中"官渡"的所在地，尚有一定的争议。过去一些史学研究大家，如郭沫若、翦伯赞、王仲荦等学者均认为官渡应该位于今河南中牟县。但现在一些学者利用最新出土的碑刻等资料进行考证，认为官渡位于河南中牟县是错误的，事实上官渡应该位于河南新乡地区的原阳县。

官渡位于原阳说，首先在一些原阳地方志中有明确记载。康熙版《阳武县（即今河南原阳县）志·古迹》中记载："官渡在县东南十里，汉末袁绍与曹操相拒处。"其后乾隆版《怀庆府志》卷四也记载："阳武县，官渡，在县东南十里袁绍与曹操相拒之处。"清乾隆版《阳武县志》记载："官渡，在县东南十里，汉末袁绍与曹操相拒之处，今马头集。近处有斩颜良岗。"民国二十五年（1936）编撰的《阳武县志》也曾记载道："官渡，在县东南十里。按《史记·项羽本纪》注，渠水分为二。一渠东南流，始灌大梁，谓之鸿沟；一渠东经阳武县南，为官渡水，汉末袁绍与曹操相拒即此处，今马头集。"从清代至民国编撰的地方志可以看出，当地士人一致认为官渡之战中的"官渡"就位于今新乡地区的原阳县。

除了县志的记载之外，2006年，在原阳县大宾乡马头村（位于今河南省原阳县城东南12里）西一里处的五佛寺旧址，出土了两通记载官渡之战以及官渡村的《皇经碑记》和《重修碑记》。此两通碑，《皇经碑记》的年代为明万历二十四年（1596），碑文中明确记载道："阳武古官渡居民善行记。"《重修碑记》的年代为清乾隆五十九年（1794），碑文中也曾记载曰："原村古官渡，汉建安五年（200）秋九月，袁曹会兵立此高阜，相拒匝月，曹操袭破辎重，袁绍远遁，阅千有余年，遗迹犹存。"此两处碑文明确记载了历史上的官渡就位于原阳县的马头村。

综而论之，曹操主导并取得大胜的官渡之战，是历史上著名的以少胜多的大战之一。而据现今史学学者考证，火烧乌巢，发生于今河南新乡延津县东南；而官渡之战的爆发地——官渡，则发生于今河南新乡原阳县马头村一带。

九　汉献帝在辉县

汉献帝刘协（181—234），字伯和，祖籍丰县（今江苏丰县），出生于洛阳，汉灵帝之子，东汉最后一任皇帝。刘协一生命运多舛，但又充满传奇。在曹丕称帝后，汉献帝被奉为山阳公，其封地就在今河南省新乡市辉县附近。

建安元年（196），曹操率先驻军洛阳，控制住了刘协，并迁都许昌，从而取得了"挟天子以令诸侯"的地位。建安二十五年（220），曹操病死，曹丕继位，刘协被迫将皇位禅让给魏文帝曹丕。曹丕称帝后，册封刘协为山阳（今河南辉县吴村镇鲁庄村、山阳村与焦作山阳区一带）公。据《后汉书·孝献帝纪第九》记载："奉帝为山阳公，邑一万户，位在诸侯王上，奏事不称臣，受诏不拜，以天子车服郊祀天地，宗庙、祖、腊皆如汉制，都山阳之浊鹿城。四皇子封王者，皆降为列侯。明年，刘备称帝于蜀，孙权亦自王于吴，于是天下遂三分矣。"从文中可知，曹丕当皇帝以后，将汉献帝降封为山阳公，其位在诸王之上，还将他的四个儿子降级封为侯。刘协在山阳享受食邑一万户的待遇。此外，曹丕还允许汉献帝可以使用天子之礼，进行祭拜天地和祖先的活动，继续使用汉朝的服色与正朔，车服礼器可以保持天子的规格，上书可以不称臣，受诏书可以不拜。曹丕还对臣下言道："天下之珍，当与山阳共之。"① 曹丕给予汉献帝的待遇算是比较优渥了。

据说，汉献帝贬居山阳封地后，远离政治，长期过着隐居生活，生活反而较之从前自由轻松许多。汉献帝刘协和皇后曹节凭借自己过去在宫中

---

① （西晋）陈寿：《三国志》卷22《魏书·卫臻传》，中华书局1959年标点本，第647页。

习得的医术，经常游走于乡村民间，悬壶济世，救死扶伤，医治百姓。在遇到灾荒年月，刘协还上书请求朝廷减免当地赋税，并且和山阳百姓一起节衣缩食，共渡难关。因此，他们深得当地黎民百姓爱戴。

曹魏青龙二年（234）三月，刘协病逝，享年 54 岁。魏明帝曹睿闻讯后，"素服发哀，遣使持节典护丧事"，并"追谥山阳公曰孝献皇帝，册赠玺绶"，"车旗服章丧葬礼仪，一如汉氏故制"，① 宣布大赦天下。八月，刘协被安葬于山阳国，陵曰禅陵，置园邑令丞，谥号为孝献皇帝。

汉献帝一生，在政治上是悲剧的。但在其晚年卸下政治压力回归田野后，反而能够轻松自在度日，过自己想要的生活，并最后得以善终。这对献帝而言，也是较为幸运的事情了。

十　清廉公正毛玠

毛玠（？—216），字孝先，陈留平丘（今河南封丘县）人，东汉后期、三国时期魏国大臣。

毛玠年轻时曾做过县吏，以清廉公正著称。东汉后期，天下渐乱，毛玠原本打算至荆州躲避战乱，但还未成行，就听闻荆州在刘表治下混乱不堪，于是他前往鲁阳县。待到曹操管辖兖州时，征召毛玠为官，担任治中从事。毛玠谏言曹操道："今天下分崩，国主迁移，生民废业，饥馑流亡，公家无经岁之储，百姓无安固之志，难以持久。今袁绍、刘表，虽士民众强，皆无经远之虑，未有树基建本者也。夫兵义者胜，守位以财，宜奉天子以令不臣，脩耕植，畜军资，如此则霸王之业可成也。"② 曹操闻听，颇为赞同，欣然接受了毛玠的建议，并任命他大担任幕府功曹一职。

曹操在朝中担任司空、丞相时期，毛玠一度做过东曹掾，负责与崔琰共同主持选举。毛玠颇为识人。举凡他推荐之士，多为能力卓越之人。而对于当时徒有虚名，并无实才之人，毛玠一概不予引荐。此外，毛玠在生活上提倡俭朴淡泊，并能够以身作则。在毛玠身体力行之下，当时士人无

---

① （西晋）陈寿：《三国志》卷 3《魏书·明帝纪》，中华书局 1959 年标点本，第 101、102 页。

② （西晋）陈寿：《三国志》卷 12《魏书·毛玠传》，中华书局 1959 年标点本，第 374、375 页。

不将廉洁自律、艰苦朴素作为自己的追求目标。即使朝中贵族大臣，其日常生活，也丝毫不敢逾越规制。曹操曾为此感叹道："用人如此，使天下人自治，吾复何为哉。"①

毛玠为人正直，不徇私情。曹操之子曹丕担任五官中郎将时，曾亲自前往拜访毛玠，请求其推荐提拔自己的亲属。不料毛玠却严词拒绝道："我正因为能够恪守职责，才幸而得以免于获罪。现在您所提到的人，不合升迁的次第，因此我不敢奉行您的命令。"② 从中可以看出毛玠的耿直之处。

及至曹操统军返回邺城时，曾召集毛玠等人，谋划撤并朝中某些机构与官职。毛玠毫不徇私，对于向他求官、要官之人，一概加以拒绝。此事引起一些人的嫉恨，想要谋求撤除东曹。于是他们共同向朝廷建言道："依旧制，西曹为上，东曹为次，应该撤销东曹。"曹操知道其中实情，下令辩驳说："太阳出于东方，月亮明于西方，凡人说到方位，也是先说东方，为什么要撤东曹？"③ 最终曹操并没有依照众人之请，撤销东曹，反而裁撤了西曹，从中可见其对毛玠的信任程度。

在平定柳城，向部下赏赐缴获物品时，曹操专门将素色凭几、素色屏风等物，赐给毛玠，并赞赏他道："你有古人的风范，所以赐给你古人的用具。"毛玠位居高位，生活中却吃素菜，穿布衣。他为人宽和，淡泊名利。他精心抚养其兄长之子，还将朝廷的赏赐，用于接济宗族内贫苦族人，而自己却没有多余的财物。此后毛玠凭借功绩升任右军师一职。④

建安十八年（213），毛玠升任尚书仆射，主要负责选举。当时曹操虽然还未确立继承人，但却异常宠爱临菑侯曹植。毛玠曾私下劝谏曹操道："近来袁绍因为嫡子、庶子不分，导致家破国亡。废立太子是件大事，废长子而另立，可不是我所愿意听到的消息。"后来群臣聚会，毛玠起身如厕。曹操盯着毛玠感叹道："此古所谓国之司直，我之周昌也。"⑤

建安二十一年（216），同僚崔琰因被人指责其言论为人傲世，故冒

① （西晋）陈寿：《三国志》卷 12《魏书·毛玠传》，中华书局 1959 年标点本，第 375 页。
② （西晋）陈寿：《三国志》卷 12《魏书·毛玠传》，中华书局 1959 年标点本，第 375 页。
③ （西晋）陈寿：《三国志》卷 12《魏书·毛玠传》，中华书局 1959 年标点本，第 375 页。
④ （西晋）陈寿：《三国志》卷 12《魏书·毛玠传》，中华书局 1959 年标点本，第 375 页。
⑤ （西晋）陈寿：《三国志》卷 12《魏书·毛玠传》，中华书局 1959 年标点本，第 375 页。

犯了曹操，终被曹操赐死。而毛玠对此事处理结果并不满意。此后有人借此事诬陷毛玠妄议朝廷，对曹操不敬。曹操闻听大怒，遂将毛玠入狱，并特地命大理寺卿钟繇审理此事。

毛玠对于朝廷的诘问，慷慨激昂曰："臣闻萧生缢死，困于石显；贾子放外，逊在绛、灌；白起赐剑于杜邮；晁错致诛于东市；伍员绝命于吴都：斯数子者，或妒其前，或害其后。臣垂龆执简，累勤取官，职在机近，人事所窜，属臣以私，无势不绝，语臣以冤，无细不理。人情淫利，为法所禁，法禁于利，势能害之。青蝇横生，为臣作谤，谤臣之人，势不在他。昔王叔、陈生争正王廷，宣子平理，命举其契，是非有宜，曲直有所，春秋嘉焉，是以书之。臣不言此，无有时人。说臣此言，必有征要。乞蒙宣子之辨，而求王叔之对。若臣以曲闻，即刑之日，方之安驷之赠；赐剑之来，比之重赏之惠。谨以状对。"① 毛玠引经据典、有理有据地为自己做了辩护。

此外，朝中大臣桓阶、和洽等也积极进谏，为毛玠开脱。毛玠最终被曹操免予刑事处罚，但官职却被废黜。此后毛玠隐居在家，直至去世。毛玠去世后，曹操念其功劳，还赐其钱、绢帛、棺木、祭器等，并授予其子毛机郎中一职。

毛玠一生忠诚耿直。他为国选举人才，不徇私情；其为人则清正廉洁，并能引领当时风气，实为难能可贵，令人敬佩。

十一　慕容臧与"新乐城"的修筑

慕容臧，鲜卑族，昌黎棘城（今辽宁省义县西北）人，前燕宗室，乃前燕景昭帝慕容俊之子，前燕幽帝慕容暐的兄长，被封为乐安王。慕容臧修筑的"新乐城"，成为河南省新乡县城的前身。

东晋废帝司马奕太和五年（370），前秦来攻前燕，慕容臧在新乡一带迎战前秦苻坚的军队。最终慕容臧大获全胜，斩敌三千余人。慕容臧见当地清水沿岸，土地肥沃，物产丰富，便于开展军事活动。于是他为了在中原一带建立一个稳定的基地，就带领军队在清水南岸状如龟背的高岗地

---

① （西晋）陈寿：《三国志》卷12《魏书·毛玠传》，中华书局1959年标点本，第376—377页。

区，修建了方圆大约三公里的城池，名作"新乐城"，从而奠定了后来新乡县城的基础。

隋文帝杨坚统一全国，结束了南北朝时期国家长期分裂局面之后，新乐城一度成为获嘉县治所在地。隋开皇六年（586），朝廷将汲县、获嘉县两县的部分地区组成了新县，取原来"新中乡"中首尾"新"与"乡"二字为新县之名，治所就设立于今新乡市城区。从此以后，"新乡"才作为地名而频繁见之于史书典籍。

唐朝取代隋建立后，武德元年（618），朝廷在原来建于"卫水之阴，形如覆釜"的新乐城基础之上，重新修筑扩建新城。据清康熙版《新乡县志·建置志》记载，新城"据卫水之阴，中高四下，耸一丈八尺，状形如覆釜，阴阳家称为龟背城。为四门，东曰仰恩，西曰来宾，南曰朝阳，北曰拱辰，四周凡五里四百二十二步"。城中五条街巷，分别为东崇化街、西弦歌街、南归德街、北安仁街以及西北临川街，其县署在城西北隅办公。

之后，新乡县城在历史的长河中，不断发展壮大。因为新乡县地势平坦，历史上频发大水。而新乡龟背一带是县城最高处，不容易被洪水淹没，不容易遭受水灾。因此，选择在龟背一带定居的居民越来越多。龟背一带逐渐形成了两条交叉的街道。据说，这里便是现今新乡市城里十字的雏形。其后随着新乡县城的进一步发展，城里十字街道不断发展延伸，逐渐形成了东西南北四条大街。城里十字一带，慢慢地成为新乡旧城的"母体"，成为新乡政治、经济以及文化的中心地带。

前秦慕容臧在当时的一个偶然之举，修建了"新乐城"，为之后新乡县城的诞生奠定了基础。新乡县城之后又经过历朝千余年的营建，方有了现在的雏形。

十二　"历仕五帝"毛喜

毛喜（516—587），字伯武，荥阳阳武（今河南原阳县）人。年少时，毛喜就非常好学，擅长草书、隶书。他的祖父、父亲均在梁朝为官。其祖名称，官任梁朝散骑侍郎；其父名栖忠，历任梁朝尚书比部侍郎、中权司马。毛喜起家于梁朝西昌侯的参军，不久，即迁任记室参军。

陈霸先担任梁朝征北大将军时，驻守京口。他很欣赏毛喜的才干，曾委派毛喜与自己的侄子陈顼共同赴梁朝都城江陵，拜谒梁元帝。临行之前，陈霸先还曾经嘱咐陈顼要凡事先听毛喜的意见。到了江陵，梁元帝接见二人后，也十分看中毛喜的才能。梁元帝除了封陈顼为直阁将军外，还拜毛喜为尚书功论侍郎。之后在554年，西魏攻陷梁朝国都江陵时，陈顼与毛喜均被西魏俘虏。二人被带到了西魏国都长安。二人在西魏停留了七年左右。就是在此时期，毛喜与陈顼结下了深厚的友谊，为其后来备受陈顼重用埋下了伏笔。

太平二年（557），陈霸先废梁敬帝，自立为帝，建立陈朝。陈永定三年（559），陈霸先病逝，其侄陈蒨继位，是为陈文帝。562年，陈蒨之弟陈顼，深受陈蒨器重，任骠骑将军。而毛喜此时担任陈顼府咨议参军、领中记室，府朝文辞翰墨皆出他之手。

光大二年（568），陈顼以先帝遗诏为名，废掉废帝陈伯宗（陈蒨之子），自己登基，是为宣帝，并立陈叔宝为太子。宣帝陈顼即位后，对毛喜器重有加，将国家政务皆委托给毛喜，拜毛喜为给事黄门侍郎兼中书舍人，典军国机密。宣帝将北伐，敕令毛喜撰《军制》十三条诏颁天下，并迁他为太子右卫率、右卫将军。此后朝廷以定策之功，封毛喜为东昌县侯，食邑五百户，又以本官一并管理江夏（今湖北鄂州）、武陵（今湖南常德）、桂阳（今湖南郴州）三王府国事。

太建三年（571），毛喜因母亲去世，卸职回家服丧。宣帝下诏追赠他的母亲庚氏为东昌国太夫人，并赐布五百匹，钱三十万，官方负责办理丧事。宣帝又派官员专门为其选择墓地，并亲自为墓地的设计进行修改圈定，从中可以看出宣帝对其之器重。不久，宣帝又起用毛喜为明威将军、右卫、舍人如故。之后又改授毛喜为宣远将军，义兴（江苏宜兴）太守、御史中丞，又加授他为散骑常侍、五兵尚书，参掌选事。

太建五年（573），朝廷收复淮南地方后，毛喜献安定边地之策，被宣帝采纳。之后宣帝又问毛喜道："我想把淮北也收回来，你的意见怎样呢？"毛喜回答道："我并非智者，怎能预测未来？但我认为，淮南才被收复，边境不稳固，周氏开始并吞齐国，我们很难与之争锋，怎能以咱们现在的疲惫之师再加深入。况且我们放弃了舟船的长处，去践踏车骑之地，这是扬短避长之举。因此，我认为，现在不如安民保境，休整兵马，践行盟约，然后再广募英才，顺时而动，这才是久长的打算。"然而，这次宣帝并没有采纳他的建议，一意让吴明彻出兵伐周，最终却大败而归。此事发生之后，宣帝十分后悔，他诚恳地对毛喜说："卿之所言，验于今矣。"① 宣帝对毛喜更加亲近，达到言无回避的程度。

太建十四年（582），陈宣帝陈顼去世，皇太子陈叔宝即位。先前因皇太子陈叔宝喜好饮酒为乐，并且经常同宠幸之人长夜共宴。毛喜为此曾向宣帝谏言。宣帝因此曾告诫过太子。故太子陈叔宝暗暗怀恨在心，不喜毛喜。待陈叔宝即位后，便慢慢地疏远了毛喜，遂将其贬为永嘉郡内史。祯明元年（587），朝廷又征毛喜为光禄大夫，领左骁将军。因毛喜在郡中治理有方，为政宽弘清静，遍惠其民。在毛喜回朝路上，数百里之内，均有百姓沿途追送。同年，毛喜病卒于途中，享年72岁。

毛喜一生历仕陈朝五位皇帝，分别是陈武帝陈霸先、文帝陈蒨、废帝陈宗伯、宣帝陈顼、后主陈叔宝。特别是宣帝一朝，毛喜备受重用。毛喜为政勤勉至忠，多次直陈谏言，均被宣帝采纳，受到了陈宣帝器重。宣帝在位十余年间，狭小的江东地区达到其鼎盛时期，毛喜功不可没。毛喜担任地方官，遍施惠政，官民皆从中受益良多，受到了人们的一致赞颂。

第二节　思想文化名士

一　苏门长啸孙登

孙登（约205—263），字公和，号苏门生。魏晋之际汲郡（今河南卫辉市）人。孙登孑然一身，没有家属，多年遁世隐居辉县之苏门山，独自在北山挖掘土窟居住。夏天自己编草做衣，冬天便披下长发覆身。

孙登博才多识，熟读《易经》《老子》《庄子》之书。当时"竹林七贤"中的阮籍曾问学于孙登，而嵇康曾从学于孙登三年。孙登会弹一弦琴，常弹弦琴自娱。孙登性情温良，从来不发脾气，有人故意捉弄他，把他投入水中，想要看他发怒的形态。可是孙登从水中爬起来，却哈哈大笑，毫不介意。

孙登尤善长啸，因悲叹时世，常登台长啸。据《晋书·阮籍传》载："（阮）籍尝于苏门山遇孙登，与商略终古及栖神导气之术，登皆不应，

_____

① （唐）姚思廉：《陈书》卷29《毛喜传》，中华书局1972年标点本，第390页。

籍因长啸而退。至半岭，闻有声若鸾凤之音，响乎岩谷，乃登之啸也。"
后人还专门修建"啸台"一座，以示纪念。今"啸台"犹存于辉县百泉，
成为当地名胜古迹之一。

孙登是古代隐逸的代表性人物之一。他博学多才，但又无意仕途，不
拘小节，终日纵情于山水之间。孙登这种潇洒自然的心态，让人钦佩。

二　魏晋名士"竹林七贤"

"竹林七贤"，即魏晋正始年间（240—249）士人阮籍、嵇康、山涛、
向秀、刘伶、阮咸、王戎七人。他们常游聚于山阳（即前文提到的今河
南辉县吴村镇鲁庄村、山阳村与焦作山阳区一带）竹林之下，世谓竹林
七贤。作为魏晋风度的典型代表，竹林七贤无论在中国古代历史中，还是
在中国文学史上，都占有极其重要的地位。

由于竹林七贤中的向秀与山涛为河内怀县（今河南武陟县）人，加
之竹林七贤所游"竹林"，亦位于今新乡辉县地区，因此，可以说历史上
的竹林七贤与新乡有着不解之缘。

早在魏正始八年（247），由于曹魏大将军曹爽与太傅司马懿的政治
斗争愈演愈烈。随着当时政治局势的日益紧张，山涛、嵇康、向秀等先后
退隐，开始在山阳之竹林清谈饮酒，竹林之游开始形成。

嵇康、向秀、山涛最先参与竹林之游。颜延之《五君咏·向常侍》
注引《魏氏春秋》云："康寓居河内山阳，与河内向秀友善，游于竹林。"
而据《世说新语·言语第二》注引《向秀别传》载："（向秀）少为同郡
山涛所知，又与谯国嵇康、东平吕安友善，并有拔俗之韵，其进止无不
同，而造事营生业亦不异。（秀）常与嵇康偶锻于洛邑，与吕安灌园于山
阳。"从中可知，向秀已常在山阳当地"灌园"。向秀（约227—272），
字子期，河内怀（今河南武陟县西尚村）人，魏晋时期哲学家、文学家，
擅长诗赋，"竹林七贤"之一。向秀雅好读书，与嵇康、吕安等人相善，
隐居不仕。景元四年（263）嵇康、吕安被司马氏害死后，向秀"应本郡
计"到洛阳，[①] 受司马昭接见，任散骑侍郎、黄门散骑常侍、散骑常侍，
与任恺等相善。向秀喜谈老庄之学，曾注释《庄子》，成书《庄子注》三

---

① （唐）房玄龄：《晋书》卷49《向秀传》，中华书局1974年标点本，第1374页。

十三篇。其所著《思旧赋》亦颇有名。

另据《晋书·山涛传》记载："（山涛）每隐身自晦，与嵇康、吕安善，后遇阮籍，便为竹林之交，著忘言之契。"可知山涛亦参与了竹林之游。山涛（205—283），字巨源，河内怀（今河南武陟县西小虹村）人，西晋大臣，学者，"竹林七贤"之一，早孤，家贫。虽居高官荣贵，却贞慎俭约，俸禄薪水，散于邻里。武帝时曾任吏部尚书之职，凡甄拔人物，各有题目，后人赞许为"山公启事"。山涛好老庄学说，与嵇康、阮籍等交游，为人小心谨慎，生活非常节俭。① 山涛著有文集，已佚，今有辑本。

正始九年（248），阮籍、刘伶、阮咸与王戎等七贤中其余几位也先后加入竹林之游的行列。这一年，阮籍曾短暂担任尚书郎一职，其后因曹爽欲招阮籍为参军，阮籍假托生病，开始隐居乡里。阮籍很有可能是在其由尚书郎上离职后，开始竹林之游的。

刘伶、阮咸与王戎皆是由于阮籍的关系，参加了竹林之游。阮咸的父亲（魏武都太守阮熙）是阮籍的同胞兄弟，所以阮咸与阮籍有着较为近亲的血缘关系，加之叔侄二人个性又十分相近，因此，受阮籍竹林之游的影响，阮咸也自然而然地参加了竹林之游。史载："咸任达不拘，与叔父阮籍为竹林之游，当世礼法者讥笑其所为。"②

刘伶亦是在游历过程中，据《晋书·刘伶传》记载，刘伶因遇见阮籍、嵇康，而成为竹林之游的成员之一。史载："（刘伶）不妄交游，与阮籍、嵇康相遇，欣然神解，携手入林。"刘伶，字伯伦，安徽沛国（今安徽濉溪）人。刘伶不善言辞，喜欢喝酒，以"伯伦遗风"影响后世。西晋建立以来，刘伶在改朝换代后的官员考评之中，失去了建威将军参军职位。刘伶于是和妻子一起来到黄河北岸的获嘉县亢村东刘固堤定居，以经商为生。刘伶最终高寿终老于此。今获嘉县东刘固堤与郭堤村之间，尚有"晋名士刘伶之墓"。

而竹林七贤中年纪最小的王戎，也是由于阮籍的关系，才参与竹林之游。王戎，字睿冲，琅琊临沂人。参加竹林之游活动时，王戎尚年幼，仅

---

① （唐）房玄龄：《晋书》卷43《山涛传》，中华书局1974年标点本，第1223页。

② （唐）房玄龄：《晋书》卷49《阮咸传》，中华书局1974年标点本，第1362页。

15岁。据臧荣绪《晋书》记载："戎少阮籍二十余年，相得如时辈，遂为竹林之游。"可知，王戎与阮籍可称得上是忘年之交。王戎正是由于与阮籍相交好，才最终参与进来的。王戎22岁时，经钟会推荐，至司马昭处为官。西晋建立后，王戎官至吏部尚书、司徒，负责管理民众、土地及教化。王戎与时舒卷，不以世事名节为意，72岁得以善终。

至此，竹林七贤这一中国历史上有名的贤哲群体最终得以形成。据《太平御览》卷六百七引《魏氏春秋》载："康寓居河内之山阳县，与之游者，未尝见其喜愠之色。与陈留阮籍、河内山涛、河南向秀、籍兄子咸、琅琊王戎、沛人刘伶相与友善，游与竹林，号为七贤。"

魏晋时期，竹林七贤所活动的场所主要在"河内山阳"，他们活动的足迹曾到过辉县、汲县等新乡地区。例如，七贤中的嵇康异常相信神仙之术，因此常到汲郡共之北山采集所谓的"上药"。其兄嵇喜在嵇康死后为他写的传中写道："性好服食，尝采御上药……以为神仙者，禀之自然，非积学所致。至于导养得理，以尽性命，若安期、彭祖之伦，可以善求而得也。"[1] 而《魏氏春秋》也记载："康采药于汲郡共北山中，见隐者孙登。"文中所提到的"汲郡共北山"，即今豫北地区辉县市苏门山，魏晋时期，这里环境优美，一时名人荟萃，隐士时现。七贤中另一位主要人物阮籍，也曾游览辉县之苏门山。前文中就曾提到，阮籍曾经拜访过苏门隐士孙登。

魏晋时期名士的代表——"竹林七贤"，是特殊时期出现的特殊隐逸群体，他们隐逸活动的主要场所就在古山阳地，其中河南辉县的苏门山是他们清谈饮酒、交友唱和之地。

---

① （西晋）陈寿：《三国志》卷21《嵇康传》，中华书局1959年标点本，第605页。

第三章　隋唐五代时期的牧野名士

第一节　政治军事名士

一　开国功臣刘政会

刘政会（？—635），滑州胙城（今河南延津县）人，历仕隋、唐二朝，唐朝建立的重要功臣之一。

刘政会出自匈奴族，出身于河南刘氏。隋朝大业年间，他曾担任太原鹰扬府司马。大业十三年（617），右骁卫将军李渊升任太原留守，刘政会所领之兵隶属李渊麾下。

隋朝末年，李渊与其子李世民以及晋阳县令刘文静、晋阳宫监裴寂等，密谋起兵造反。李渊在李世民等人的劝谏下，积极准备，并借口防备刘武周和突厥南下，开始招兵买马。时任太原副留守王威、高君雅怀疑李渊要造反，便密谋骗李渊父子到晋祠祈雨，计划将二人骗来后，肆机将其杀死。李渊和李世民提前获悉此事，便先发制人，欲除掉王威、高君雅等人。李世民指使刘政会至王威处，诈称有急变。待王威集合士兵之时，刘政会揭发王威、高君雅二人暗中勾结突厥，意图谋反，借机囚斩二人，从而消除了李渊反隋的一大障碍。可以说，刘政会为李渊、李世民举兵反隋立了一大功。

李渊、李世民父子举兵反隋后，设立大将军府，刘政会任户曹参军，成为李渊父子的重要参谋之臣，后升为丞相府掾，成为辅佐之官。

武德元年（618），李渊正式称帝，唐朝建立。刘政会被授为卫尉少卿，奉命留守太原。刘政会留守太原期间，统领军政事务，加强对太原根据地的经营，对内加强军队建设，对外和睦外族。因治理有方，刘政会赢得了民心，远近之人都对他大为赞誉。

武德二年（619），形势发生了变化。当时反隋另一支重要力量首领刘武周，图谋天下，派兵进攻太原。刘武周攻打太原，受到太原地方豪强的支持与响应。最终太原城失陷，刘政会也被刘武周所俘虏。刘政会被俘后，依然忠心耿耿，心系唐朝。刘政会经常秘密向李世民通报刘武周内部消息。

武德二年（619）十一月，秦王李世民等率军大败刘武周，消灭了刘武周势力，并收复太原。刘政会得以回归唐朝，并恢复了原有官职。之后，刘政会历授刑部尚书、光禄卿等职，获封邢国（今河北邢台）公。

贞观年间，刘政会改任洪州（今江西南昌）都督，并得赐实封食邑三百户。贞观九年（635），刘政会因病死于任上。李世民闻讯后，亲自手写诏书曰："刘政会昔日举义时，确实建立有特殊功勋，安葬时也应该给予特殊的照顾。"① 随后追赠他为户部尚书，谥号曰"襄"，后又追封为渝国公。永徽五年（654）二月，唐高宗李治重新追赠刘政会为并州（今山西太原）都督。

刘政会是较早参加李渊、李世民反隋起兵的将领之一。他为唐朝的建立立下了汗马功劳。贞观十七年（643）二月，唐太宗在凌烟阁绘制二十四位功臣的画像，以此表彰和纪念功臣们所做出的功勋。刘政会能够位列画像第二十一名，殊为不易。

二 "张扬诡诈"张亮

张亮（约600—646），郑州荥阳郡原武县（今河南原阳县）人，唐朝凌烟阁二十四功臣之一。

张亮年轻时以种田为业。隋大业末年（约618），张亮先是参加了李密的军队。之后经房玄龄、李勣推荐，张亮跟随秦王李世民，任秦王府车骑将军，逐渐成为李世民的心腹干将。在李氏兄弟手足间皇位争夺中，他选择效命于秦王李世民。

张亮受秦王李世民之命，到达洛阳，统领左右王保等一千多人，并暗中招引山东豪杰，以待时机。李元吉闻讯，便控告张亮图谋不轨，并将其

---

① 参见（后晋）刘昫《旧唐书》卷58《刘政会传》，中华书局1975年标点本，第2313页。

交至司法部门进行审讯。而此时的张亮忍辱负重，始终以沉默应对。此事完结之后，张亮仍被遣还洛阳。

武德九年（626）六月，玄武门事变后，唐太宗李世民夺取政权，张亮也因功被敕封为长平郡公，授怀州（今河南沁阳）总管，太宗亲赐封五百户。此后张亮官职一直上升。他历任御史大夫，光禄卿，幽、夏、鄜三州都督，金紫光禄大夫兼相州（今河南安阳）大都督，洛州（今河南洛阳）都督，郧国公，太子詹士以及工部尚书等官职。贞观十七年（643），张亮升迁为刑部尚书，参与决策朝政，备受唐太宗信任与器重。

由于唐太宗对其格外信任，张亮日益骄奢，为人处世也逐渐显得张扬。张亮个人生活不检点，曾经遗弃前妻，另娶李氏为妻。而李氏名声不好，行为淫荡，喜好旁门左道，且又干预政事。此外，张亮还有迷信"称王"、阴阳占术等毛病。因此，张亮名声也日益败坏。贞观二十年（646），有仇家常德玄诬告张亮私下养了五百名义子，有"谋反"之嫌。太宗盛怒之下，派人调查之后，满朝百官除了将作少匠李道裕外，皆认为张亮该杀。太宗遂下令抄没张亮家产，并判张亮"斩于市"。一年后，朝廷刑部侍郎一职空缺，大臣推荐多人，太宗均未感到称心。此时太宗又想到了张亮。太宗反躬省察，又以"反形未具"的理由，为他错案平反。

张亮追随唐太宗李世民，之后受到唐太宗的信任与重用。不可否认，张亮本人对君主忠心，并具有一定才能。但是张亮功成名就之后生活骄奢，对生活细节又没有顾忌，最终导致了其悲剧性的结局。纵观张亮的一生，不禁让人深思，令人叹息。

三　"父子三宰相"韦思谦及韦承庆、韦嗣立父子

韦思谦（？—689），本名仁约，字思谦，唐朝丞相，郑州阳武（今河南原阳县陡门乡韦城村）人，为原阳十二丞相之一，其子韦承庆、韦嗣立皆为唐朝丞相。

韦思谦幼年时期，即以孝顺闻名乡里。此后其高中进士，曾任应城令一职。任职一年之后，韦思谦参加全国选考，遗憾的是，就任后政绩考核为末等，没能获得晋升的机会。然而当时朝中吏部尚书高季辅却慧眼识人，肯定了韦思谦的才能，故提升其为监察御史，思谦因此全国闻名。韦思谦以刚正不阿，著称于当时。他曾经对人说："御史出都，若不动摇山

岳，震慑州县，诚旷职耳。"① 话语中对御史职责有着清楚的定位。他认为御史一旦出巡地方，必须威震一方，震慑州县，如若不能，就是其失职。

永徽元年（650）十月，朝中重臣中书令褚遂良曾用低价购买中书省职官田地，而时任大理少卿张睿册则免其无罪。韦思谦闻听此事后，立即上书朝廷，弹劾褚遂良。朝廷经过调查后，遂贬褚遂良为同州刺史，张睿册为循州刺史。及至褚遂良官复中书令职后，便对韦思谦进行打击报复。韦思谦因此被贬为甘肃清水县令。此后左肃机皇甫公义担任检校沛王府长史，又引荐韦思谦担任同府仓曹。之后韦思谦屡次升迁，担任右司郎中。

永淳元年（682），韦思谦历任尚书左丞、御史大夫等职。唐高宗肯定其才华，每当召他进宫，即使异常劳累，也会身子倚靠殿前栏杆，与其交谈几个时辰才结束。高宗每遇案情复杂、难于判决案件以及繁杂事务，都会邀请韦思谦参与决断。例如，武侯将军田仁会与侍御史张仁祎有隙。田仁会便罗织罪名，借以诬陷张仁祎。高宗在朝堂中向张仁祎求证。而张仁祎由于胆小，回答的语无伦次。韦思谦见此情境，便主动上前为仁祎辩解道："臣与张仁祎曾是同僚，相当了解这件事的缘由。张仁祎为人懦弱而不能为自己申辩。如果田仁会迷惑圣上的视听，使张仁祎不正常地获罪，那就是为臣事君不尽心了。请让二人为此事对证。"② 韦思谦言辞得当，表达观点逻辑清晰。高宗听后遂认同了其观点。

韦思谦还具备不畏强权的高贵品质。他曾在御史台任职，每次遇到权贵，从不对其行跪拜之礼。有人规劝他，他却答道："雕、鹗、鹰、鹯，怎能与众禽为伴？为何要行跪拜礼来亲近他们？况且身为监察官员，本来就应独立。"他刚任左丞时，曾上奏朝廷曰："陛下为官择人，非其人则阙。今不惜美锦，令臣制之，此陛下知臣之深，亦微臣尽命之秋。"③ 大意是说，朝廷为各部门选择人才，没有恰当人才可以暂时空缺。现在陛下对我信任，命我担任此重要工作，这是陛下对我的信任，我必当尽心尽力把此事办好。此后经过韦思谦在任上整顿朝纲，朝廷一片欣欣向荣之色。

① （后晋）刘昫：《旧唐书》卷88《韦思谦传》，中华书局1975年标点本，第2861页。
② （后晋）刘昫：《旧唐书》卷88《韦思谦传》，中华书局1975年标点本，第2862页。
③ （后晋）刘昫：《旧唐书》卷88《韦思谦传》，中华书局1975年标点本，第2862页。

弘道元年（683），唐高宗驾崩，太子李哲（后改名李显）继位，是为唐中宗。武则天以太后身份摄政，掌握朝廷实权。嗣圣元年（684），中宗谋划独立执政。武后察觉中宗图谋后，遂将其废黜，改立豫王李旦为帝，是为唐睿宗。经此变革，武后巩固了其权柄。同年九月，武后侄儿武承嗣、武三思屡劝武后继位，并大力诛杀皇室近支韩王李元嘉、鲁王李灵夔等，以绝宗室之望。在此氛围之下，朝中人人自危，韦思谦亦选择自保。当时朝中只有中书令裴炎据理力争，反对武承嗣等所为。

此后韦思谦担任宗正卿。武则天实行机构改革，分别设置左右肃政台，又任命韦思谦担任右肃政大夫。大夫过去曾与御史行对等之礼，然而韦思谦却坐着接受对方拜见。故有人对此不满，韦思谦应对道："朝廷班列，本有等级差别，为何无原则地行事呢？"①

垂拱元年（685），朝廷赐韦思谦爵博昌县男，升任凤阁鸾台三品。垂拱二年（686），他接替苏良嗣任纳言。垂拱三年（687），韦思谦上表告老，请求辞官。武则天答应了他的请求，又加授他为太中大夫。永昌元年（689），韦思谦卒于家中，被朝廷追赠为幽州都督。唐德宗年间，韦思谦得以续图凌烟阁。

韦承庆（639—705），字延休，乃韦思谦之子。韦承庆年少恭谨，对其继母极为孝顺，当地皆有赞名。他年仅弱冠即高中进士，最初在雍王府担任参军一职。韦承庆极有才华，王府公文等，皆出自他之手，"辞藻之美，擅于一时"。之后韦承庆擢升为太子司议郎。仪凤四年（679），太子李贤监国。当时太子"颇近声色，与户奴等款狎"。韦承庆见此情境，毅然上书进谏。在文中，韦承庆劝谏太子道："伏愿博览经书以广其德，屏退声色以抑其情。静默无为，恬虚寡欲，非礼勿动，非法不言。居处服玩，必循节俭；畋猎游娱，不为纵逸。正人端士，必引而亲之；便僻侧媚，必斥而远之。使惠声溢于远近，仁风翔于内外，则可以克享终吉，长保利贞，为上嗣之称首，奉圣人之鸿业者矣。"② 此后，韦承庆又作《劝善箴》献与太子。太子对其极为信任，愈加看重他，并赏赐甚重。

调露初年，太子李贤被废，韦承庆被任命为乌城令。长寿年间，他又

---

① （后晋）刘昫：《旧唐书》卷88《韦思谦传》，中华书局1975年标点本，第2862页。

② （后晋）刘昫：《旧唐书》卷88《韦思谦传》，中华书局1975年标点本，第2864页。

被擢升为凤阁舍人，兼掌天官选事。后一度被贬为沂州刺史，旋即又官复原职。之后韦承庆因病改授为太子谕德，历任豫、虢等州刺史。韦承庆任职所到之处，皆有清誉。长安年间，韦承庆又担任司仆少卿，后转为天官侍郎，兼修国史。史载："承庆自天授以来，三掌天官选事，铨授平允，海内称之。"① 韦承庆还担任了凤阁侍郎、同凤阁鸾台平章事等官职，仍依旧兼修国史。

神龙元年（705），因受张易之、张昌宗案牵连，韦承庆被配流岭表。此后，韦承庆起复，被授辰州刺史。还未来得及赴任，他又被任命为秘书员外少监，依旧兼修国史。他因修撰《则天实录》，被赐爵扶阳县子，并赏赐赍物五百段。韦承庆还制撰《则天皇后纪圣文》，中宗览之称善，特加他为银青光禄大夫。之后，朝廷又任命其担任黄门侍郎，仍依旧兼修国史。但他没有赴任就去世了。

韦承庆去世之后，中宗十分悲伤，特地命令其弟相州刺史嗣立，总揽丧葬事宜，还专门下令嗣立继其兄位，依旧官任黄门侍郎，从中足见中宗对韦承庆的器重与信任。

韦嗣立（654—719），字延构，亦为韦思谦之子，乃韦承庆异母弟。韦承庆、韦嗣立兄弟情谊甚笃。每当继母责罚承庆时，韦嗣立则请求自己代替受杖罚。韦嗣立同样是年少即中进士，后补任双流令，史载："政有殊绩，为蜀中之最。"② 此后韦嗣立转为莱芜令。之后因为韦嗣立兄长韦承庆因为有病离职，武则天特地授韦嗣立凤阁舍人一职，以继承其兄长之职。当其时，学校颓废，酷吏横行，刑罚滥酷，人人皆出于自危状态。韦嗣立敢于挺身而出，犯颜直谏，曾向朝廷提出"兴学校、洗枉滥"的建议。韦嗣立之后还担任了遂以秋官侍郎、同凤阁鸾台平章事、检校汴州刺史、祭酒兼检校魏州刺史等官职。及其兄长去世后，如上文所述，韦嗣立还曾代其为黄门侍郎，后转任太府卿，加修文馆学士。特别是景龙三年（709），韦嗣立官职到达了新的高度，任兵部尚书、同中书门下三品。

韦思谦一生性格耿直，光明磊落。虽曾经一度屈服于武后权势，不敢发声，但此为小缺，无碍大德。《旧唐书》中评价韦思谦曰："善人君子，

---

① （后晋）刘昫：《旧唐书》卷88《韦思谦传》，中华书局1975年标点本，第2865页。

② （后晋）刘昫：《旧唐书》卷88《韦思谦传》，中华书局1975年标点本，第2865页。

怀忠秉正。尽富文章，咸推谏诤。岂愧明廷，无惭重柄。子子孙孙，演承余庆。"① 此言不虚。之后他的两个儿子韦承庆、韦嗣立都入朝为官，并亦官至宰相，为官有政绩清名，均为一时所称。《旧唐书》卷八十八载："前后四职相代，又父子三人，皆至宰相，有唐已来，莫与为此。"韦思谦父子三人，一门三相，可谓无上荣光，在原阳当地亦是难得佳话，传为美谈。

四　宽厚忍让娄师德

娄师德（630—699），字宗仁，河南原武（今河南原阳县师寨镇安庄村）人，唐朝初期著名将领、宰相。

娄师德进士及第出身，最初担任江都县尉。时任扬州长史卢承业非常看重娄师德，曾夸赞他曰："吾子台辅之器也，当以子孙相讬，岂可以官属常礼待也？"② 高宗上元初年，师德担任了监察御史。当时正逢吐蕃侵扰边境，朝廷颁布《举猛士诏》，面向全国招募"猛士"，以防御并讨伐吐蕃。娄师德以文官应募，向朝廷表达了其愿意从军讨伐吐蕃之志。高宗大悦，命其代理朝散大夫，从军向西讨伐。师德在讨伐吐蕃过程中，屡次立功，后因军功升迁为殿中侍御史，同时兼河源军司马，并负责营田诸事。

武周天授初年（690），娄师德又升任左金吾将军，兼检校丰州都督，仍旧知营田事。在主管北方营田十余年间，娄师德率领军队屯田，获得了粮食的大丰收，节省了朝廷转运粮食的费用和时间，从而为朝廷收复安西四镇奠定了基础。武则天对此十分满意，亲自下诏书表彰娄师德。据《旧唐书·娄师德传》记载，诏书嘉奖道："卿素积忠勤，兼怀武略，朕所以寄之襟要，授以甲兵。自卿受委北陲，总司军任，往还灵、夏，检校屯田，收率既多，京坻遽积。不烦和籴之费，无复转输之艰，两军及北镇兵数年咸得支给。勤劳之诚，久而弥著，览以嘉尚，欣悦良深。"从中可见武则天对于娄师德的肯定。

长寿元年（692），娄师德官拜夏官（兵部）侍郎、判尚书事。第二

---

① （后晋）刘昫：《旧唐书》卷 88《韦思谦传》，中华书局 1975 年标点本，第 2884 页。
② （后晋）刘昫：《旧唐书》卷 93《娄思德传》，中华书局 1975 年标点本，第 2975 页。

年，他又升任凤阁鸾台平章事，其后又担任秋官（刑部）尚书。证圣元年（695），吐蕃又入侵，"寇洮州"。朝廷遂"令师德与夏官尚书王孝杰讨之，与吐蕃大将论钦陵、赞婆战于素罗汗山，官军败绩，师德贬授原州员外司马"。① 万岁登封元年（696），娄师德转左肃政御史大夫，仍并依旧知政事。

万岁通天二年（697），娄师德担任凤阁侍郎、同凤阁鸾台平章事，并兼检校右肃政御史大夫，仍知左肃政台事，并且与武懿宗、狄仁杰分道安抚河北诸州。神功元年（697），拜纳言，累封谯县子。其后朝廷下诏，令娄师德担任陇右诸军大使，仍检校河西营田事。圣历三年（700），突厥再次寇边。娄师德担任检校并州长史，并兼任天兵军大总管。当年九月，娄师德年近七旬，因操劳过度，死于任上。朝廷感念其功，追赠其为凉州都督，谥号曰"贞"。

娄师德一生以伟岸大度、气量宽厚、善于忍让著称。"唾面自干"的典故便出于娄师德。据《资治通鉴》卷二〇五记载，娄师德弟弟授任代州（今山西代县）刺史。待其将要赴任时，娄师德问其曰："吾备位宰相，汝复为州牧，荣宠过盛，人所疾也，将何以自免？"师德对娄氏兄弟备受荣宠感到不安。其弟跪下答道："自今虽有人唾某面，某拭之而已，庶不为兄忧。"意思是说，即使别人把口水吐到自己脸上，自己也不还嘴，只是将口水擦去就行了。娄师德神色忧虑地说："此所以为吾忧也！人唾汝面，怒汝也；汝拭之，乃逆其意，所以重其怒。夫唾，不拭自干，当笑而受之。"娄师德却劝谏其弟，如果有人用口水唾你，是人家对你有意见了。如果此事你把口水擦干，这说明你不满。因为不满而擦掉口水，会令人家就更加愤怒。正确的做法应该是让唾沫留在脸上，令其不擦自干。

另据《新唐书·娄师德传》记载，娄师德曾与同朝为官的李昭德一同入朝。因为娄师德身体较胖，行动迟缓，李昭德就埋怨他走得缓慢，耽误了行程，便怒骂他为"田舍子"（意为今天的土包子，是对人的蔑称）。但娄师德听后却不以为意，反而笑着说："吾不田舍，复在何人？"意思是说，"我不是田舍子，那谁还能是？"对此不以为意。

---

① （后晋）刘昫：《旧唐书》卷93《娄思德传》，中华书局1975年标点本，第2976页。

娄师德生活中还有平易近人的一面。据《朝野佥载》记载，娄师德升为纳言平章政事后，一次去地方巡察屯田事务。因为有脚疾，娄师德便命令随行人员已先行起程，自己坐在光政门外的一根横木上等马匹来接。正在此时，过来一个县令，因为不认识娄师德，也不知道娄师德的官职，县令介绍完自己后，便与娄师德共同坐在横木上。待县令手下人看到此情景，急忙告诉县令，与他同坐横木的乃是当朝纳言。县令遂大惊，慌忙起身不住向娄师德道歉，口称"死罪"。娄师德却说："人有不相识，法有何死罪？"县令见娄师德平易近人，也松了口气，开玩笑说："有个名叫左嶷的官员，因为年老有眼疾，想要辞官。但是他却是在晚上写的辞职报告，可见他的眼睛并没有毛病。"娄师德也开玩笑道："这个人晚上写报告说眼神不好，你又是何故，白日里不识宰相？"县令听后惭愧不已，左右众人听闻后，都大笑不已。

娄师德还以严于律己、清正廉洁著称。《朝野佥载》记载，娄师德担任兵部尚书时，曾至并州（今山西太原）巡视。娄师德到达并州后，附近的县令都前来热情迎接他。中午到了驿站，娄师德怕给驿站增添麻烦，就和大家在一个大厅里面吃饭。但娄师德却发现驿站给自己准备的是较为精细的白米饭，而其他人吃的却是粗糙的黑米饭。娄师德便把驿长喊过来，用责备的语气道："你为什么要用两种不同的米饭来待客？"驿长很害怕，回答道："一时搞不到那么多精细的白米，是我的过错。"娄师德道："这样不好，客人不应该分等级来对待。"最终娄师德还是让驿长换了黑米饭，和大家一起吃。此外，据史料记载，娄师德为官数十年，也未收取一文钱，一直以清廉著称。

娄师德还有识人之才。推荐唐代名相狄仁杰为丞相一事，也让后人津津乐道。狄仁杰还未当宰相时，娄师德就曾向武则天竭力推荐他。当时的狄仁杰对此事，并不知晓。他觉得娄师德不过是一介武将，根本瞧不起他，故对师德一再排挤。武则天也察觉到此事，遂问狄仁杰："师德贤乎？"狄仁杰说："为将谨守，贤则不知也。"武则天又问："知人乎？"狄仁杰说："臣尝同僚，未闻其知人也。"武则天笑着说："朕用卿，师德荐也，诚知人矣。"并随手拿出以往娄师德推荐狄仁杰的奏章，让狄仁杰观看。狄仁杰看后，十分惭愧，叹息道："娄公盛德，我为所容乃不知，吾不逮远矣!"①

娄师德为官清廉,待人宽厚,受到后人的敬仰。至今他的家乡人仍十分怀念他。今原武镇东关修建有"娄师德纪念馆",师寨镇安庄村南有娄师德墓。

五　北汉丞相李恽

李恽(917—988),字孟琛,五代十国时期开封阳武(今河南原阳县)人。

李恽少年时豪放不羁,善于高谈阔论,及至北汉英武帝朝为丞相,则改变了习气,遇事稳健持重。

李恽居官之时,正处于五代十国时期,政权更迭频繁,战乱不休。当时北汉世祖刘崇称帝,后传位刘继元,是为北汉英武帝。但刘继元统治不得人心,对内实行高压政策,重用奸佞小人,嫉贤妒能,政事混乱;对外则效仿石敬瑭,投靠契丹,做无耻的儿皇帝。李恽虽为丞相,但在此种形势下,也无可奈何,毫无作为。李恽是个孝子,便以其母远在乡下为由,终日郁郁寡欢,不是终日纵酒,便是找人弈棋,以此来解思母之忧,进而躲避朝中倾轧杂事。英武帝见李恽无心为他效力,大为不满,多次批评,但他却一如既往,并不改正。

有一次,李恽与一僧人下棋,刚摆开棋局,英武帝便派近侍冲至现场,粗暴地将棋盘投入火中,当场烧了他们的棋盘。已经习惯了逆来顺受的李恽,对此也不恼怒,只是例行公事地到皇帝面前进行检讨谢罪。到了第二天,李恽又重新做了一副新棋盘,还和过去一样,照样找人对弈。

太平兴国四年(979)正月,宋太宗亲率大军征北汉。在外无援军,内无兵力抵抗的困境中,刘继元被迫降宋,北汉自此灭亡。此时的李恽以服母丧为由,请求返乡。但宋太宗爱惜人才,没有批准李恽的请求。李恽遂被北宋朝廷任命知广州,后又担任司农卿,并连知许、孟二州。其后李恽又以足疾为由,同样向朝廷请求解职,但仍未被朝廷允许。李恽被授忠武军司马,继续在宋朝为官。宋太宗端拱元年(988),李恽去世,终年73岁。

---

① (北宋)欧阳修:《新唐书》卷108《娄师德传》,中华书局1975年标点本,第4093页。

李恽历仕北汉、北宋二朝。史载，李恽性情疏达，善谈明理，均受到北汉、北宋朝廷的器重。

第二节　思想文化名士

一　获嘉主簿刘知几

刘知几（661—721），字子玄，因避唐玄宗讳，故以字行，彭城（今江苏徐州）人，唐代著名史学家，历任著作佐郎、左史、著作郎、秘书少监、太子左庶子、左散骑常侍等职，兼修国史，撰写有史学名著《史通》。

刘知几出身于一个家学渊源深厚的官宦之家，其曾祖、祖父、父亲皆为朝廷官员。刘知几的从祖父刘胤之"少有学业"，早在隋朝时期便与信都丞孙万寿、宗正卿李百药等治史大家为志同道合之友。唐朝建立后，刘胤之官任信都令，曾同著作郎杨仁卿、国子祭酒令狐德棻等治史大家，共同撰成实录与国史。刘胤之治史功底深厚。刘知几长兄刘知柔曾任工部尚书。时人李邕盛赞知柔"立年博达，典学为海；懿文为林，镇重为山，幽静为骨，清谈事约，言遣理深。谦常后身，俭不逼下"，且"仪形硕伟，风神散逸"。① 可以想见，出身于这样一个书香门第的官宦之家，自然而然，在耳濡目染之下，刘知几受到了良好的家庭教育，有了深厚的文学与史学素养与功底。

青少年时期的刘知几博览群书，积累了渊博的学术素养，为今后的治史工作打下了坚实基础。他在《史通·自序》中曾就自己的从学经历谈道："自小观书，喜谈名理，其所悟者，皆得之襟腑，非由染习。故始在总角，读班、谢两《汉》，便怪前书不应有《古今人表》，后书宜为更始立纪。当时闻者，共责以为童子何知，而敢轻议前哲。于是赧然自失，无辞以对。其后见张衡、范晔集，果以二史为非。其有暗合于古人者，盖不可胜纪，始知流俗之士，难与之言。凡有异同，蓄诸方寸。"文中既可以看出，刘知几涉猎群书，也能够得知他在当时就有了敢于质疑先贤的学术精神。

---

① （唐）李邕：《李北海集》，《四库全书（文渊阁影印本）》第 1066 册，商务印书馆 1986 年版，第 35 页。

刘知几从 18 岁开始，将考中进士作为自己的奋斗目标。经过三年的刻苦努力，他终于在唐高宗永隆元年（680）得中进士。经吏部考试，刘知几被授予获嘉县主簿的官职，自此正式步入仕途。主簿为汉代始设官职，主要职责是典理文书，负责处理县内具体事务。在唐朝，中央与地方均设立主簿，但其权力已经较汉朝大为缩减。唐朝主簿为正九品小官，主要职责是掌监印，负责处理一县的文书。

唐朝获嘉县隶属河北道怀州，属于上县，设县令一名，从六品上，总理全县事务；县丞一名，从八品下，为县令助理；主簿一名，正九品下，主管文书簿籍。其他还有县尉二人，从九品上，主管刑狱。刘知几所担任的主簿，属于闲职，工作任务不重。

在公务闲暇之余，刘知几有了大量的时间阅读经史百家等各种文化典籍。担任获嘉主簿一职，刘知几还因公务之便，能够利用报送账册和核对文书的机会，进京出差。京城等地拥有大量珍贵典籍和藏书，这就为刘知几阅览群书提供了极为便利的条件。因为当时无论是京城长安，还是东都洛阳，都是唐朝经济、政治和文化的重心。获嘉县地近两都，距离东都洛阳约 120 公里，洛阳距离国都长安约 330 公里，交通相对比较便利。刘知几出入东西两京之地，能够方便饱览公私藏书。

永隆元年（680），刘知几担任获嘉县主簿，直至圣历二年（699），调职入京，一共约十九年的光阴。他始终坚持在公务之余，博览群书。可以说是其学史、治史的近二十年时间，为刘知几之后进入唐朝史馆编撰历史典籍和撰写史学名著《史通》，打下了坚实的基础。

刘知几还利用自己担任获嘉主簿，有上书言事之便，多次向朝廷上书，提出自己的见解和改革建议。因为唐朝自武则天临朝称制后，曾经下诏令曰："躬令内外文武九品以上，各上封事，极言正谏。"① 而如前文所言，刘知几担任的获嘉主簿，正好是正九品官职，所以拥有了上书言事的权力。

刘知几担任获嘉主簿之际，唐初政坛也极不稳定。先是唐高宗多病，武后把持朝政。高宗驾崩之后，中宗李显即位，但随即被武后废为庐陵王，又由睿宗李旦即位，但朝政还由太后把持。至永昌元年（689），武

---

① （后晋）刘昫：《旧唐书》卷 6《则天皇后本纪》，中华书局 1975 年标点本，第 124 页。

后正式改唐朝为周朝，成为了中国历史上第一位女皇帝。武则天当政期间，朝政逐渐趋于稳定。但武则天为了巩固自己的统治，不断铲除异己，重用酷吏，滥杀无辜。同时，为了取得士人的支持，武则天不拘一格选拔人才，但客观上也造成了官吏冗滥成灾。具有刚直禀赋，且又有敏锐政治眼光的刘知几，于天授二年（691）十二月，毅然向朝廷上书，指出当时混用官吏"比肩咸是，举目皆然"，① 请求朝廷淘汰那些无德无能、尸位素餐的官吏。

同年，刘知几又一次向朝廷上书。本次上书是针对刺史而提出建议。刘知几认为，刺史担负着移风易俗等职责，不宜随意更换，知几建议"刺史非三岁以上，不可迁官"，否则若随意频繁调动，则难以成就"循良之绩"。

证圣元年（695），刘知几第三次向朝廷上书。本次上书主要针对朝廷当时赦免刑徒无度的弊端，提出"节赦"的主张。刘知几指出，对于赦免刑徒应采取审慎的态度，要求朝廷"而今而后，颇节于赦"。②

还是在证圣元年（695），刘知几第四次上书。本次上书则是针对朝廷选拔人才而建议，提出"赐阶勋应以德举才升"。刘知几建议"望自今后，稍节私恩，使士林载清，人伦有叙"。③

刘知几上书共陈述四事，其中包含了官吏的选拔标准、选拔方法、人才管理、使用办法以及预防腐败等诸多问题，显示出刘知几高度的社会责任感和敏锐的洞察力。对于刘知几的中肯之言，则天皇帝也认为有一定的道理，史载"后嘉其直"，但因为各种原因，却"不能用也"。④

在仕宦获嘉时期，刘知几还写了一篇反映自己当时苦闷心态的文学作品《思慎赋》。刘知几担任获嘉主簿之职，已经过去十五年了，长期得不到升迁。这对于弱冠成名，满腹经纶的刘知几而言，无疑是苦涩和痛苦的。这篇赋既展现了刘知几过人的才华，也道出了他的苦闷，他感到仕途前程渺茫。同时，这篇赋也抒发了他在苦闷之下冷静思考的历程，既有对

---

① （北宋）王溥：《唐会要》，上海古籍出版社 1991 年版，第 1405 页。

② （北宋）王溥：《唐会要》，上海古籍出版社 1991 年版，第 726 页。

③ （北宋）王溥：《唐会要》，上海古籍出版社 1991 年版，第 1493 页。

④ （北宋）欧阳修：《新唐书》卷 132《刘子玄传》，中华书局 1975 年标点本，第 4522 页。

现实的抗争，也有面对现实而立下的志向。

在获嘉期间，刘知几除了专心处理政务，关注政局，博览群书之外，还积极同当时的一些名士们交往，结识了一些知心好友。能够结识志同道合的好友，刘知几也颇为自得，他在《史通·自序》言道："及年以过立，言悟日多，常恨时无同好，可与言者。惟东海徐坚，晚与之遇，相得甚欢……复有永城朱敬则、沛国刘允济、义兴薛谦光、河南元行冲、陈留吴兢、寿春裴怀古，亦以言议见许，道术相知。所有榷扬，得尽怀抱。"刘知几文中所提到之士，皆为当世名士，在新旧唐书中皆立有传记。刘知几与这些名士们相交往，进行诗文唱和，对其学业大有裨益，也十分有益于之后刘知几精研史学。

圣历二年（699），担任获嘉县主簿十九年后，业已 38 岁的刘知几得以调任京师，官任定王府仓曹，终于结束了自己获嘉县主簿之旅。长安二年（702），刘知几担任著作佐郎兼修国史，寻迁左史，于门下撰起居注，从此开始了他的史官生涯，最终撰写出划时代史学名著《史通》，而刘知几也成为彪炳史学界的著名史学家。

刘知几在获嘉县担任主簿的岁月，是他难得的学术积淀时期。他一方面利用便利条件，广泛阅览各种典籍；另一方面，他还利用此段难得的清闲时间，广泛交友，与知心好友共同演习学问，增进了友谊。同时，刘知几还积极就各种弊病，上书朝廷，参与政事，为自己积累了一定的人脉与政治资源。

二　新乡县尉李颀

李颀（690—751），祖籍赵郡（今河北赵县），河南颍阳（今河南登封市）人，中唐时期著名诗人。唐玄宗开元二十三年（735），李颀考中进士。李颀曾担任新乡县尉多年，晚年则过着隐居生活。

李颀擅长五言、七言歌行体，诗以边塞诗、音乐诗为主。李颀一生交友广泛，与同时代的王维、高适、王昌龄等著名诗人皆有密切来往，有诗歌往来。李颀为人性格疏放超脱，豪爽任侠，倜傥不群，厌薄世俗。他的诗歌以边塞诗成就最大，风格豪放、风骨高华、慷慨悲凉，受到世人称颂。李颀著名的边塞诗歌有《古意》《塞下曲》《古从军行》等。其中边塞诗《古从军行》便是突出的代表，兹录如下：

白日登山望烽火，黄昏饮马傍交河。

行人刁斗风沙暗，公主琵琶幽怨多。

野云万里无城郭，雨雪纷纷连大漠。

胡雁哀鸣夜夜飞，胡儿眼泪双双落。

闻道玉门犹被遮，应将性命逐轻车。

年年战骨埋荒外，空见蒲桃入汉家。①

　　该诗以豪迈的语调，细致描写了塞外苍凉的景象，进而也揭露封建帝王开边黩武的罪恶，诗歌情调悲凉沉郁。

　　李颀还擅长用诗歌来描写音乐以及塑造人物形象，代表作品为《听安万善吹觱篥歌》：

南山截竹为觱篥，此乐本自龟兹出。

流传汉地曲转奇，凉州胡人为我吹。

傍邻闻者多叹息，远客思乡皆泪垂。

世人解听不解赏，长飙风中自来往。

枯桑老柏寒飕飗，九雏鸣凤乱啾啾。

龙吟虎啸一时发，万籁百泉相与秋。

忽然更作渔阳掺，黄云萧条白日暗。

变调如闻杨柳春，上林繁花照眼新。

岁夜高堂列明烛，美酒一杯声一曲。②

　　该诗记述的内容主要是当时自西域传入的新声，从中我们亦可以看出唐朝文化艺术已经朝多方面发展的盛况。

　　李颀还有很多与友人之间诗词唱和之作。其中有友人赠与他的诗歌，如著名诗人王维在其所作《赠李颀》中就有"闻君饵丹砂，甚有好颜色"的诗句。从中既可以看到李颀与王维的友情，也可以了解到李颀中意玄

① （唐）李颀著，隋秀玲校注：《李颀集注》，河南人民出版社 2007 年版，第 68 页。

② （唐）李颀著，隋秀玲校注：《李颀集注》，河南人民出版社 2007 年版，第 187、188 页。

学，喜欢炼丹修道。当然李颀本人也写过很多赠与友人的诗歌，如《赠张旭》《送陈章甫》《别梁锽》《送康洽入京进乐府歌》等，显示出李颀的交友之广阔。兹录《送陈章甫》如下：

> 四月南风大麦黄，枣花未落桐阴长。
> 青山朝别暮还见，嘶马出门思旧乡。
> 陈侯立身何坦荡，虬须虎眉仍大颡。
> 腹中贮书一万卷，不肯低头在草莽。
> 东门酤酒饮我曹，心轻万事如鸿毛。
> 醉卧不知白日暮，有时空望孤云高。
> 长河浪头连天黑，津吏停舟渡不得。
> 郑国游人未及家，洛阳行子空叹息。
> 闻道故林相识多，罢官昨日今如何？①

　　该诗大约作于陈章甫罢官后登程返乡之际，李颀送他到渡口，以诗赠别。诗中把人物刻画得栩栩如生，着力描叙他和友人空有才华却不得施展抱负的复杂悲凉的心情。就本诗而言，诗人通过艺术的概括，生动的描写，展现出其旷达的情怀，知己的情谊，进而表现出陈章甫的思想性格和遭遇，令人同情，让人甚为不满。而本诗的笔调较为轻松，风格豪迈，不因离别而写愁思，不为失意而作苦语，在送别诗中属于别具一格的佳作。

　　值得一提的是，在李颀与友人们的众多唱和之作中，还有一首与新乡有关的七言诗歌《欲之新乡答崔颢、綦毋潜》，兹亦录如下：

> 数年作吏家屡空，谁道黑头成老翁。
> 男儿在世无产业，行子出门如转蓬。
> 吾属交欢此何夕，南家捣衣动归客。
> 铜炉将炙相欢饮，星宿纵横露华白。
> 寒风卷叶度溏沱，飞雪布地悲峨峨。

---

① 李颀著，隋秀玲校注：《李颀集注》，河南人民出版社 2007 年版，第 106 页。

孤城日落见栖鸟，马上时闻渔者歌。

明朝东路把君手，腊日辞君期岁首。

自知寂寞无去思，敢望县人致牛酒。①

该诗既反映了作者对自己数年为吏，不能施展抱负的悲哀心境，也展现了他与友人之间真挚情感。

李颀的作品在《全唐诗》中录存三卷，后人还辑录有《李颀诗集》。

李颀在新乡县任县尉期间，不仅与同时代的众多名士交友唱和，还写下了大量边塞诗歌，在唐代诗歌史上留下了浓墨重彩的一笔。

三　封丘县尉高适

高适（约704—约765），字达夫，汉族，唐朝渤海郡（今河北景县）人，后迁居宋州宋城（今河南商丘）。高适是盛唐时期著名的边塞诗人，与同时期另一位著名边塞诗人岑参，并称"高岑"，后人又把高适、岑参、王昌龄、王之涣合称为"边塞四诗人"。高适无疑以其独特的边塞诗蜚声唐代诗坛，但他的诗歌还有大量反映民间疾苦、抒发个人抱负，以及反映友情、离别情愫的诗歌，这些作品也是极为优秀的。高适一生仕途坎坷，直到46岁，才算真正步入官场，曾任刑部侍郎、散骑常侍、渤海县侯，世称高常侍，著有《高常侍集》。

高适父亲曾经担任过韶州长史，但后来家道中落。高适青少年时期，曾经随父亲到今广东、福建一带，在其20岁时曾至都城长安寻求出路，但未果。之后高适又游历梁宋，遂定居宋城（今河南商丘），躬耕于梁园废墟。自此时起至开元十九年（731），一直居宋城。在此期间，高适又多次外出游历，到过今安徽、江苏、河北、辽宁、山东等多地。游历当中，除了与许多官员往来之外，还与士兵、渔樵、隐士等多个群体打过交道。这个时期，高适还同诗人李白、杜甫等当世名士有过交往。当时，高适没有获得任何朝廷官职。

直到唐玄宗天宝八年（749），经当时睢阳太守张九皋荐举，高适应有道科，得以中第，被朝廷任命为封丘县尉，才算正式进入官场，而这时

① （唐）李颀著，隋秀玲校注：《李颀集注》，河南人民出版社2007年版，第88页。

高适已经 46 岁了。

得知自己终于能够步入官场，高适最初还是十分兴奋的，也有几分期待。这点从他在赴任之前写的《留别郑三韦九兼洛下诸公》中表现得很突出，兹将其诗录入如下：

> 忆昨相逢论久要，顾君咄我轻常调。
> 羁旅虽同白社游，诗书已作青云料。
> 蹇质蹉跎竟不成，年过四十尚躬耕。
> 长歌达者杯中物，大笑前人身后名。
> 幸逢明圣多招隐，高山大泽征求尽。
> 此时亦得辞渔樵，青袍裹身荷圣朝。
> 犁牛钓竿不复见，县人邑吏来相邀。
> 远路鸣蝉秋兴发，华堂美酒离忧销。
> 不知何时更携手，应念兹晨去折腰。①

从诗文中，可以看出高适曾经一度踌躇满志，立下要干出一番不朽功业的志向。

然而，就任封丘县尉后，高适很快发现现实情况与他的想象和理想大相径庭。封丘是黄河岸边的一个贫穷小县，县尉的工作非常烦琐，涉及的大多是逢迎上司和与地方小民交往的细微小事，这与他的理想非常不一致，因为他"喜言王霸大略"②，因此，他对封丘县尉一职也逐渐没有了热情，并慢慢产生了厌烦的心态。从他在封丘任职时所作的多首诗歌，即可看出。高适所作《封丘县》是其中较为突出的一首：

> 我本渔樵孟诸野，一生自是悠悠者。
> 乍可狂歌草泽中，宁堪作吏风尘下。
> 只言小邑无所为，公门百事皆有期。

---

① （唐）高适著，孙钦善校注：《高适集校注》，上海古籍出版社 2014 年版，第 179、180 页。

② （后晋）刘昫：《旧唐书》卷 111《高适传》，中华书局 1975 年标点本，第 3331 页。

　　拜迎官长心欲碎，鞭挞黎庶令人悲。

　　悲来向家问妻子，举家尽笑今如此。

　　生事应须南亩田，世情付与东流水。

　　梦想旧山安在哉，为衔君命日迟回。

　　乃知梅福徒为尔，转忆陶潜归去来。①

　　诗文中开始两句谈到，自己本是山野间一名渔者樵夫，怎么能够甘心做一名四处奔走毫无抱负的小吏呢？"只言小邑无所为"两句则谈到自己原以为作为一名县城小吏没有多少事情要做，但事实上官府之中布置的任务都有明确的期限，自己尤其不愿意做诸如"拜迎官长"和"鞭挞黎庶"这些违背自己本意和良心之事。诗文最后四句则表达了诗人不谙世事，并且有了辞去官职，返回田园生活的念头，同时又觉得这样做的话，与自己所受君王的托付相违背。总之，此诗反映了高适当时的一种矛盾心情。

　　高适在封丘县尉的任上，还曾因公务，送兵至蓟北一带，到过幽州边塞地区。高适因此写了一系列边塞诗歌，如《使青夷军人居庸三首》《蓟中作》《答侯少府》等诗篇。高适的边塞诗歌以慷慨悲壮著称，反映了唐朝中期的边塞将士日常生活与状态。

　　在封丘期间，为了纾解郁闷情怀，高适和当时一些名士有了较深的交往与诗歌唱和。天宝十一年（752）秋，高适曾经与岑参、杜甫、储光羲、薛据等一起同游长安，并登上了慈恩寺塔。高适为此专门写了一首感怀自己境遇的《同诸公登慈恩寺浮图》，诗中云：

　　　　香界泯群有，浮图岂诸相。

　　　　登临骇孤高，披拂忻大壮。

　　　　言是羽翼生，迥出虚空上。

　　　　顿疑身世别，乃觉形神王。

　　　　宫阙皆户前，山河尽檐向。

　　　　秋风昨夜至，秦塞多清旷。

　　① （唐）高适著，孙钦善校注：《高适集校注》，上海古籍出版社 2014 年版，第 181、182 页。

千里何苍苍，五陵郁相望。

盛时惭阮步，末宦知周防。

输效独无因，斯焉可游放。①

　　诗歌中字里行间，仍然表达了诗人怀才不遇，不愿意为小吏，实现不了凌云壮志的抱负。

　　在封丘做了三年的封丘县尉，高适最终还是选择了放弃。高适为此专门写了《谢封丘尉表》，表达了自己选择辞职的意愿，离开了让他郁郁不得志的封丘小县。

　　之后，高适去了河西，在时任陇右节度使兼任河西节度使哥舒翰幕府中效力，担任了书记一职。在"安史之乱"爆发后，高适因助哥舒翰守潼关有功，得以升任左拾遗，后改任监察御史。后受到唐玄宗赏识，高适又升任侍御史谏议大夫，不久升任刑部侍郎、左散骑常侍，封渤海侯。765 年，高适去世，获赠礼部尚书衔。高适最终还是实现了自己的抱负，成为唐代诗人群体中职位最高的诗人。

　　高适在河南封丘任县尉的一段岁月，是颇为艰难和郁闷的时期。高适此时在政治上郁郁不得志，难以施展自己的抱负。但又恰因如此，他反而在此时期写下了众多知名的诗篇。此可谓"收之桑榆"。

---

①　（唐）高适著，孙钦善校注：《高适集校注》，上海古籍出版社 2014 年版，第 213 页。

第四章　宋金元时期的牧野名士

第一节　政治军事名士

一　至孝才子李穆

李穆（928—984），字孟雍，开封阳武（今河南原阳县）人，宋初拜左谏议大夫，参知政事。

李穆与前文提到的李恽皆拜酸枣（今河南延津县）大儒王昭素为师，在当时以文才名重一时。李穆不仅才华卓越，而且人品高尚。史载，李穆在路上捡到物品，一定会竭力寻找失主，并将其物送还。自五代以来，诗词风格崇尚华丽，李穆力图修正其弊，其文辞潇洒雅正。然而李穆写就辞章，随即销毁，并不留底稿，此实为遗憾。后周显德初年，李穆中进士，在郢州和汝州为从事，后升迁为左拾遗。

北宋建立后，宋太祖赵匡胤认为李穆性情宽厚善良，有文采，但其行政管理能力比较欠缺。但大臣卢多逊却劝谏宋太祖曰："穆操行端直，临事不以生死易节，仁而有勇者也。"卢多逊盛赞李穆，不但宽厚仁义，还很勇敢。赵匡胤对曰："诚如是，吾当用之。"[①] 宋太祖于是重用李穆，仍如前朝，拜其为左拾遗。

974 年九月，北宋准备进攻南唐，以一举实现南北统一的目标。但当时万事俱备，唯独欠缺一个讨伐南唐的借口。经过深思熟虑，北宋决定以征召南唐国君李煜入朝为借口。如果李煜来东京汴梁，则可以趁机扣押他；如果不来，则正好以此为借口，攻打南唐。而李穆在此大背景下，被

---

① 　（元）脱脱等撰：《宋史》卷 263《李穆传》，中华书局 1977 年标点本，第 9105 页。

北宋朝廷任命为出使南唐的使者。李穆慨然前往。到南唐后，李穆向南唐朝廷说明了此行意图。李煜本来已经动心，愿意前往东京汴梁，但却遭到南唐门下侍郎陈乔的强烈反对。李煜随即又改变主意，以疾病为借口推辞了。李穆见事不可为，便言道："入朝与否，您自己做主。但是宋朝军队兵强马壮，谅南唐难以抵挡，当再三考虑，不要自贻后患。"① 最终，李穆没有说动李煜来朝。出使回朝后，李穆向宋太祖赵匡胤详细述说了出使情况。赵匡胤反而认为李穆不辱使命，并对李穆进行了褒奖。

太平兴国元年（976），转任左补阙。太平兴国三年（978）冬，加任史馆修撰、判馆事，当面赐给他金紫朝服。太平兴国四年（979），跟从太宗征伐太原回来，授任中书舍人。太平兴国八年（983）六月，李穆知开封府。李穆断案明察秋毫，公正严明，且雷厉风行，因此开封府奸滑狡诈之徒没有丝毫逃脱机会，朝中权贵也断不敢徇私舞弊。十一月，李穆以政治清明，升职为左谏议大夫，参知政事。

李穆日常生活中性情宽厚，极少动怒。他为人至孝，对母亲尤其孝顺。其母亲患病期间，每次翻转身体，李穆皆亲自扶掖。982 年，秦王赵廷美被赵普诬陷谋反。李穆因曾为秦王起草过文书，被牵连其中。李穆为了不让母亲担心，特令其子代替自己照顾母亲。其后被朝廷免官归家后，为了不让母亲知晓真相，特地间隔时日外出访友。之后李穆被重新启用，担任参知政事。不料一个多月后，李穆母亲离世。他遂多次上书，请求为母亲服丧。但其离职服丧未满三年，宋太宗下诏，强行令其复职。李穆为此愈加悲伤，再三向朝廷上表，身心俱疲。太平兴国九年（984）正月，李穆早起将朝，突发风眩暴卒，终年 57 岁。

宋太宗闻听噩耗，亲自前往吊唁，并流着泪向众臣道："穆，国之良臣，朕方倚用，遽兹沦没，非斯人之不幸，乃朕之不幸也。"② 李穆去世后，朝廷追赠谥李穆为工部尚书。

李穆性情良善，豁达大度。其为官则敢于任事，勤勉公正，深得宋初太祖、太宗信赖；他为人则至情至孝，对人和善，对母孝顺，深得世人赞颂。

---

① （元）脱脱等撰：《宋史》卷 263《李穆传》，中华书局 1977 年标点本，第 9105、9106 页。
② （元）脱脱等撰：《宋史》卷 263《李穆传》，中华书局 1977 年标点本，第 9106 页。

二　北宋名相吕大防

吕大防（1027—1097），字微仲，祖籍汲郡（今河南卫辉市），后迁居陕西蓝田，北宋时期著名的政治家和书法家，历任太常博士、监察御史、翰林学士、权开封府、吏部尚书、尚书右丞、中书侍郎等官职，后被封汲郡公。

宋仁宗皇祐元年（1049），吕大防进士及第，历任冯翊主簿、永寿县令。当时永寿县没有井，人们取水困难，需要到很远的山谷去汲水。吕大防为解决村民吃水问题，亲自赴山区巡行，最终找到水源。吕大防还克服山区土地不平等重重困难，采用《考工》中的水地置泉法，使之水平。不到十天，疏导为渠，受到当地百姓的称赞，村民将此处水泉称为"吕公泉"。

其后吕大防迁任著作佐郎、知青城县。在青城县有一陋习，官府将一部分公田拨给当地官员，作为祭祀田，而当地官员则利用公田高额收租，粟米用大斗收进而用公斗放出，如此可获利三倍之多。百姓们苦不堪言，但又不敢上诉。吕大防知晓此事后，采取措施，严格限定收租标准，并使用统一量具，从而减轻了当地百姓负担。吕大防还将此事上报给宋仁宗。之后，朝廷下诏令立法取消了这一陋习。此外，青城县外控汶川，与西夏相接，地理位置较为重要。为防范西夏，吕大防下令，占据要地设置巡逻，并秘密设防，禁止上山砍柴采摘，以严障碍屏蔽。这项措施，对防范西夏起到了一定作用。

宋哲宗即皇帝位后，召吕大防为翰林学士、权开封府。当时，开封府有僧人欺骗百姓，骗取资财。受害百姓将其诉讼至开封府。吕大防通过验证，查得实情。于是下令将其拘系成立狱案，就在该僧人住所，对其施以杖刑，极大地震慑了企图欺骗百姓的不法之徒。其他怀藏奸心的人见此情景，纷纷离开开封，逃向了外地。

哲宗朝，吕大防入朝八年，始终如一，朴实、厚道、憨直，不树朋党，与范纯仁同时为相，同心协力，辅佐王室。他在朝正直，"进退百官，不可干以私，不市恩嫁怨以邀声誉"，[1] 号称"贤相"。

---

① （元）脱脱等撰：《宋史》卷340《吕大防传》，中华书局1977年标点本，第10843页。

哲宗亲政后，朝廷启用变法派。因遭受章惇攻击，吕大防被罢相，改任永兴军。后又遭人攻击，被削去学士，任随州知州，贬为秘书监，分掌南京，居住郓州。言官又以吕大防主修《神宗实录》时，将吕大防直书其事，说成诬蔑诋毁。吕大防又被迁居安州。绍圣四年（1097），吕大防被贬为舒州团练副使，并被朝廷指定在循州居住。吕大防到达虔州信丰时，因生病去世，终年 71 岁。其兄吕大忠请求将吕大防归故乡安葬，得到朝廷允许。

宋徽宗即位后，恢复了吕大防的官职。宋高宗绍兴初年，又恢复大防大学士称号，并赠太师、宣国公，谥号"正愍"。

吕大防是北宋初年的一位正直能臣。他耿直勤勉，为民做主，一心为公，深得民心，并受到朝廷的器重。但吕大防又是一位悲剧性人物，北宋哲宗朝以后，他屡遭朝中权臣诟病，多次被朝廷贬谪地方。他不得不多次辗转各地，直至最后去世，让人心生叹息。

三　新乡抗金岁月中的岳飞

岳飞（1103—1142），字鹏举，宋相州汤阴县（今河南安阳汤阴县）人，南宋著名抗金名将，中国历史上著名的军事家、战略家。在岳飞的抗金生涯中，转战北方各地，其中就有发生在现今新乡的抗金战役。

1207 年，金兵攻破汴京，宋徽宗和宋钦宗父子两位皇帝被俘，被掳去金国，北宋灭亡。同年五月，宋钦宗的弟弟赵构在南京应天府（今河南商丘）登基，重新建立宋朝，史称南宋。南宋建立后，赵构在对金问题上摇摆不定。朝中主战派与主和派斗争，亦非常激烈。

最初赵构任用主战派李纲为右相，张所为河北招抚使。张所一上任，便积极招揽人才，组织河东、河北两地义士，共同抗金，谋求收复失地。岳飞就在此时，投奔了张所。经过与岳飞交谈，张所认为岳飞胸怀大志，力主抗金，与自己的抱负相同，就提拔岳飞为武经郎，充中军统领，拨归都统制王彦，在王彦麾下为偏裨将。但不久之后，朝中局势发生变化，主战派失利，李纲和张所先后被免职、放逐。李纲被高宗罢相，张所被贬职岭南。张所到岭南后不久，便抑郁而死。但王彦并没有放弃抗金斗争。不过在此时，原来被张所派去收复卫州等地的王彦、岳飞一军，却因河北西路招抚司的撤销，而成了孤军。

1127 年九月二十一日，王彦率领岳飞、张翼、白安民等十一名将领及七千余名士兵，西渡黄河，开赴已沦陷的州县。他们一面开展抗金斗争，一面招抚溃散的军民。王彦从位于新乡县南的八柳树村渡口渡河，率军直捣新乡县城，一举收复了卫州新乡县城。岳飞在此役中表现勇敢，率先冲入敌人阵营，并夺得金兵大旗，不停挥舞，鼓舞了士气，士兵们个个奋勇争先，最终取得战斗的胜利。

王彦攻占新乡后，随即向各州郡传布檄文，并积极同各地"红巾"义军取得联系。金军以为是宋军重兵到来，乃调集数万人马，围攻新乡。王彦兵弱，遂决定率军突围。当王彦率军突出重围之后，奔向共城（今河南辉县）西部山区。

此时，王彦与岳飞的抗金主张发生分歧。王彦准备就地休整，待队伍实力壮大后，再继续抗金大业。而岳飞则杀敌心切，见王彦按兵不动，遂怀疑他心存异志。岳飞一气之下，便自带一军，离开王彦，奔赴共城西北侯兆川。在途中恰巧与金军大队人马相遇。双方兵力悬殊，岳飞见此情境，疾声大呼，激励士兵曰："吾属虽寡，当为必胜计，不用命者斩。"①这次激战，士兵伤亡甚大。岳飞本人也受伤十余处。但经过拼死冲杀，终于将金兵击退。

激战过后，岳飞率部夜宿石门山下（今河南辉县南寨镇石门口村）。夜半时分，金兵又至。岳飞镇定自若，稳定住军心，迫使金军不敢来犯。但此时岳飞部已处于困境之中，人困马乏，且粮草耗尽，队伍饥饿难行，只得杀掉战马，供士兵充饥。之后，岳飞率领部队向北开展游击战，转战于太行山中。其间不断与金军遭遇作战。岳飞在战役中，巧计用兵，夺得战马数十匹，擒获敌将拓跋耶乌，手持长枪，斩杀"黑风大王"。在牛皮寨一战中，岳飞用缝制的牛皮阻断淇河流水，然后放水淹杀金兵，取得大胜。然而岳飞毕竟是孤军深入敌后，终非长久之计。后来，岳飞处境日益艰难，孤军难支。岳飞这才意识到和王彦分开是个失误，遂决定再次投奔王彦。

王彦在岳飞离开的日子里，也来到太行山中。王彦采取招抚四方忠义之士、稳扎稳打的策略，使得部队日益壮大。为了表示抗金的决心，士兵们都在脸上刺上"赤心报国，誓杀金兵"八个字，王彦的部队号称"八

---

① （宋）岳珂：《宋少保岳鄂王行实编年》卷上，清咸丰同治间刻本。

字军"。"八字军"英勇杀敌，威震河朔，部队很快扩大到一万余人。东京留守宗泽闻讯后，曾授予王彦"忠州防御使"职衔。

岳飞到了王彦军营后，王彦部属曾有人主张杀掉岳飞。因为按照当时军规，岳飞擅自离开军队，属于严重的违纪行为。但王彦考虑抗金大局，又爱惜岳飞才干，就置酒相待。不过王彦并没有容纳岳飞归营，而是让他去把守荥河。之后岳飞去往东京，投奔宗泽。

第二年，岳飞在延津胙城和黑龙潭，与金军作战，均取得胜利，后又在汜水射杀金军大将。从此以后，岳飞在抗金斗争中名声大震，直到1142年，岳飞39岁时被秦桧所害。可以说岳飞为抗金事业，贡献了自己短暂而壮烈的一生。

新乡人民为了纪念岳飞，还在当地为岳飞修建了岳王庙。据说岳飞当年在新乡抗金作战时，曾经构筑"长蛇阵"营盘，地点就在今新乡从小冀到饮马口一带，共十八营，今臧营、孟营、金家营等村原址，就是当时的营盘所在地。今新乡饮马口，就是当年岳飞军队平时放马饮水的地方，故名之曰"饮马口"。为了操练士兵，岳飞还令士兵在新乡当地堆了两个一丈多高的点将台，后人称之为东西岳王垒。

新乡可谓岳飞抗金的重要战争地。在岳飞常年的抗金战役中，与新乡地区结下了不解之缘。新乡境内的众多地区，都留下了岳飞抗击金兵的痕迹。新乡当地百姓，至今还对岳飞在当地的抗金义举念念不忘，成为当地的一段佳话。

四　苏门隐居耶律楚材

耶律楚材（1190—1244），姓耶律，字晋卿，号玉泉老人、湛然居士，契丹族，辽太祖耶律阿保机第九世孙，东丹王耶律倍第八世孙，元代政治家、诗人。

耶律楚材出身金朝贵族，其父耶律履，原是辽国官员，辽国灭亡后，改事金朝，曾任金朝尚书右丞，精通术数，善于揥算。其父曾私下对人说："吾年六十而得此子，吾家千里驹也，他日必成伟器，且当为异国用。"[1]　于是根据《春秋左氏传》中的"虽楚有才，晋实用之"的典故，

---

① （元）宋子贞：《中书令耶律公神道碑》，见耶律楚材《湛然居士文集》附录，四部丛刊本。

取名耶律楚材，字晋卿。

明昌二年（1191）六月，耶律楚材 3 岁时，其父耶律履去世。他的母亲杨氏是汉人，很有文化教养，故此他很早就受到汉文化的熏陶，形成了读书知礼的家风。他跟随母亲迁居到义州弘政（今辽宁义县），12 岁时入闾山显州书院，13 岁时开始学习诗书，接受了系统的儒家教育。

耶律楚材自幼受儒家伦理道德的影响，其理想是遵循儒家礼仪治理天下。耶律楚材秉承家学渊源，着力研习汉籍，精通汉文，成效明显，"博及群书，旁通天文、地理、律历、术数及释老、医卜之说，下笔为文，若宿构著"①。

耶律楚材 17 岁时，进士及第，被金朝征召为掾职，后拜开州同知。贞祐二年（1214），金宣宗迁都至汴京。耶律楚材兄长耶律辨才、耶律善才均随行。唯独耶律楚材留在中都任职。当时留守燕京丞相完颜承晖任命其为左右司员外郎。

1215 年，蒙古军攻占燕京。成吉思汗早已听闻耶律楚材才华卓越，遂派人向其询问治国大计。据格鲁塞的《草原帝国》记载，蒙古军占领燕京后，成吉思汗于俘虏中，发现了金国大臣耶律楚材。耶律楚材当时"身长八尺，美髯宏声"，②赢得了成吉思汗的好感，遂被其任命为辅臣。

1219 年，耶律楚材跟随成吉思汗西征。西征途中，常对其晓以治国安邦之道。耶律楚材屡有功绩，因而备受成吉思汗器重。1226 年，耶律楚材又随成吉思汗讨伐西夏。他又多次向成吉思汗进谏，禁止州郡官吏擅杀百姓，使得当时蒙古军暴虐之风稍有收敛。

成吉思汗驾崩之后，其子窝阔台即汗位。耶律楚材又向朝廷提倡儒家礼仪，劝亲王察合台（窝阔台兄）等人行君臣之礼，以尊汗权，维护了朝廷的权威。自此，耶律楚材更加受到朝廷的重用，被誉为"社稷之臣"。耶律楚材曾负责中原地区的赋税事宜。他在当地颁行《便宜一十八事》，并设立州郡长官，使军民得以分治。此外，他还制定法令，并反对改汉地为牧场；同时恢复赋税制度，设置燕京等处十路征收课税所，保证了赋税的征收。

---

① （明）宋濂：《元史》卷 146《耶律楚材传》，中华书局 1976 年标点本，第 3455 页。
② （明）宋濂：《元史》卷 146《耶律楚材传》，中华书局 1976 年标点本，第 3455 页。

1231 年，耶律楚材在中央担任中书令。他积极提倡以文治国，逐步推行"以儒治国"的策略，并提出"定制度、议礼乐、立宗庙、建宫室、创学校、设科举、拔隐逸、访遗老、举贤良、求方正、劝农桑、抑游惰、省刑罚、薄赋敛、尚名节、斥纵横、去冗员、黜酷吏、崇孝悌、赈困穷"的政治主张。耶律楚材在政治、经济以及文化等各方面，皆尽心谋划，创新颇多。他提出的治国策略包括：改革政治体制，提拔任用儒臣；保护农业，实行封建赋税制度；禁止掠民为驱口，推行编户制度；反对增加课税，禁止以权谋私；反对屠杀人命，保护百姓生命；主张尊儒重孔，整理儒家典籍。在耶律楚材的改革之下，使原来的蒙古贵族逐渐改变了原始的游牧生活方式，转而采用汉族儒教为中心的传统思想和制度治理国家，进而使战争频仍的乱世逐渐变为和平的盛世，使先进的中原农耕文明得以保存和延续，为之后忽必烈建立元朝打下了坚实基础。

耶律楚材还大力提倡以"孔孟之道"作为治国化民的指导思想，主张任用儒生担任各级官吏。他被誉为"治天下匠"，是促进蒙古贵族认同中国儒家文化的第一人，为蒙古国的发展做出了卓越贡献。耶律楚材历仕成吉思汗、窝阔台汗两朝，共约三十年，功勋卓著。之后蒙古人民为了纪念耶律楚材，专门为其修建了祭祀祠堂。

1241 年，窝阔台病死，皇后乃马真当政，因耶律楚材屡次弹劾皇后宠信之奥都剌合蛮，故逐渐被排挤。耶律楚材见此情境，毅然辞官。因他对百泉苏门的秀丽风光早已倾慕不已，故他在苏门之南一里许的梅溪置别墅一处，每日里抚琴读《易经》，观景吟诗。

隐居梅溪的耶律楚材，刚刚从政治舞台中退了下来，没有了需要费心处理的繁琐公事，每天欣赏梅溪的小桥流水，莲花翠竹，他思想上自然是轻松愉快的。耶律楚材每天在溪边饮酒，花前抚琴，"溪边酌酒欢无尽，花底横琴兴也奇"，日子过得倒也清闲自在。但是，这种欢乐只是一种自我安慰，是一种表面现象。耶律楚材内心还是痛苦的，这种痛苦是难以消除的，"独乐清欢人不识，个中惟有湛然知"。他正值壮年，还是放不下朝中之事，放不下自己的抱负与追求。

1244 年，耶律楚材含愤而死，年仅 55 岁。消息传来后，举国皆悲，许多蒙古人痛哭流涕，如同自己的亲人离世。汉族文人士大夫更为悲伤，通过各种方式来祭奠这位功勋卓著的政治家。楚材离世后，蒙古国内数日不闻乐声。

耶律楚材去世后，先葬于百泉苏门之阳。之后乃马真后遵照其遗愿，将其遗体运回燕京故里，安葬在耶律楚材生前非常喜爱的玉泉山下瓮山泊（今昆明湖）之滨，并与先于其过世的夫人合葬一穴。乃马真后还为其建庙立像，并举行隆重仪式。至顺元年（1330），元朝追赠楚材经国议制寅亮佐运功臣、太师、上柱国，追封广宁王，谥号文正。

耶律楚材所学颇多，其在科学、文化、艺术等方面，均专研甚深，作出了卓越贡献。他在中国第一个提出了经度概念，编有《西征庚午元历》，还主持修订了《大明历》。他还撰写有风水学著作《玉函地学全秘》，在后世该领域占有重要地位，被誉为后世风水学的源流。此外，楚材曾追随成吉思汗和窝阔台多次远征，沿途写下了大量诗歌。其所著《湛然居士文集》，共收录诗歌660余首。其诗多应酬之作，缺少锤炼，但亦有精品，风格豪放雄健，韵律沉稳流畅，情调苍凉，境界开阔。

耶律楚材是元朝初期的股肱之臣。凭借其卓越的政治才能，耶律楚材为元初加强中央集权、巩固统治，立下了汗马功劳。耶律楚材还同河南共城有着一段不解之缘。其在共城梅溪隐居期间，纵情山水，诗文唱和，度过了他人生中一段平静的美好时光。

五　治世能臣张思明

张思明（1269—1337），字士瞻，其祖先是河南获嘉县人，后徙居辉州（今河南辉县），元代著名的政治家、藏书家。

《元史·张思明传》记载："思明颖悟过人，读书日记千言。"至元十九年（1282），思明由侍仪司舍人被选入御史台，担任御史台掾一职，后又被辟为尚书省掾。在处理左丞相阿哈玛一案中，思明展现了极高的才能，受到了元世祖的赏识，被提拔为大都路治中。后因为张思明坚决不同意越级升迁，元世祖又改任他为湖广省都事。

元贞元年（1295），张思明任中书省检校。由于他办事非常认真，且效率极高，被提升为户部主事。大德元年（1297），张思明调任中书省左司都事。当时朝廷刚刚开始海路运粮。负责运粮的人害怕海路不安全，于是停船不行。张思明得知这一情况后，上奏请示给予运粮人优厚的待遇，又给他们增加薪酬，提升官职，从而很好地解决了这一问题，使海路运粮得以顺利进行。此后，从大德五年（1301）至大德十年（1306），张思明先后担任过吏部郎中、浙江行中书省左右司郎中等职。大德十一年（1307），两浙地区出现大饥荒，张思明是首先提倡开仓救济灾民的官员。

皇庆元年（1312），张思明被朝廷任命为两浙盐运使。当年税收充足，见此情景，有人主张上书朝廷，请求增加盐税。张思明不予采纳，他言道："每年的盐业税收是不稳定的，我不能为了获得朝廷的表彰，而随意增加盐税，这样会给后世留下祸患。"① 第二年，张思明被任命为户部尚书。延祐元年（1314），张思明担任参议中书省事，后又升任中书省事。

仁宗即位之后，宠信僧人。张思明为此犯颜直谏。仁宗大为恼怒，严厉地责备他。张思明说道："选法，天下公器。径路一开，来者杂沓。故宁违旨获戾，不忍隳祖宗成宪，使四方得窥陛下浅深也。"② 仁宗为之言所打动，但并没有采纳。后来一些投机小人在仁宗面前不断进献谗言，离间他们君臣之间的关系。张思明遂被贬为工部尚书。尽管被贬，但张思明照例勤恳做事，与此前无异。仁宗嘉其行，又降旨任命张思明为宣政院副使。延祐五年（1318），又任命张思明为西京宣慰使。当时岭北地区守军将士普遍待遇较低，生活贫困。他们对朝廷不满，已经有了明显哗变的迹象。张思明对他们恩威并施，最终边境得以稳定。当时恰逢左丞相哈散向朝廷辞职，皇帝坚决不允，但哈散执意请求。仁宗皇帝责问哈散道："我任用你不诚心吗？"哈散否定。仁宗又问："我身边有人干扰你的工作吗？"哈散又否认。当仁宗询问他辞职的原因时，哈散道："我感到自己才疏学浅，唯恐耽误了国家大事。如果陛下一定要任命我，那我想推荐张思明辅助我。"③ 第二天，仁宗遂任命张思明为中书省参知政事。后又将其提拔为左丞。由此可见张思明之才，在朝中是有口皆碑的。

仁宗驾崩之后，英宗守丧。右丞相帖木迭儿主管政事。帖木迭儿遂大肆诛杀不依附于他的朝中大臣。朝廷内外，对此议论纷纷，且人心惶惶。张思明对帖木迭儿言道："先帝刚刚驾崩，新君未立，你就这样随意杀戮无辜，全国百姓都会说你居心叵测，若引起各路王侯以及皇族的猜疑，到

①　（明）宋濂：《元史》卷177《张思明传》，中华书局1976年标点本，第4122页。

②　（明）宋濂：《元史》卷177《张思明传》，中华书局1976年标点本，第4122页。

③　（明）宋濂：《元史》卷177《张思明传》，中华书局1976年标点本，第4122、4123页。

时你该怎么办呢?"帖木迭儿这才猛然醒悟,感谢张思明道:"若不是左丞提醒,几乎误了大事。"①

英宗即位后,想建造寿安山寺,监察御史观音保、索纳勒哈、陶默色、成珪、李谦亨强谏劝阻。英宗大怒,杀了观音保、索纳勒哈、陶默色。张思明见此情景,就对丞相帖木迭儿说:"言事,御史职也,祖宗已来,未尝杀谏臣。"② 丞相于是对成珪、李谦亨从轻发落。

之后,拜珠当了左丞相,他与帖木迭儿各自结党营私,陷害忠良。张思明也受到他们的陷害,被污蔑"不支蒙古子女口粮,饿死四百人"。张思明遂被撤职,"废于家,杜门六年"。③ 张思明闭门谢客长达六年之久。

文宗天历元年(1328),张思明又被启用,担任江浙行中书省左丞。此时,陕西一带发生饥荒。中书省拨付浙江盐运司当年所受税银十万锭,以赈济灾民。盐运司官吏却说:"周岁所入,已输京师,当回咨中书。"言语之中,明显有推脱之意。张思明对之曰:"陕西饥民,犹鲋在涸辙,往复逾月,是索之枯鱼之肆也。其以下年未输者,如数与之,有罪,吾当坐。"④ 表达了其为民请命,勇于承担责任的决心。第二年,文宗召他入朝,任命他为中书左丞,并于慈仁殿和他详谈历朝任用贤明、治国治民的道理。张思明曾以年老力衰为由辞官,但文宗不允。至元三年(1337),一代治世能臣张思明去世,时年78岁。朝廷追赠他为推忠翊治守义功臣,依前中书左丞、上护军、清河郡公。

张思明一生,不置田产,不蓄钱财,唯好藏书。其收藏各种书籍达到3.7万余卷。张思明曾建共山书院,藏书、讲学于其中,曾编撰有《共山书院藏书目》,柳贯为之作序。他精通律学,对法令颇有研究,与谢仲和、曹鼎新齐名,并称"三绝"。他去世后,朝廷为褒扬他的功绩,特赐予他"推忠翊治""守义功臣"的封号,并谥号曰"贞敏"。

元朝张思明为人正直,为官则兢兢业业,在不同岗位能够做到勤勉任事,故受到元代历朝皇帝的重用,真可谓一代治世能臣。

① (明)宋濂:《元史》卷177《张思明传》,中华书局1976年标点本,第4123页。
② (明)宋濂:《元史》卷177《张思明传》,中华书局1976年标点本,第4123页。
③ (明)宋濂:《元史》卷177《张思明传》,中华书局1976年标点本,第4213页。
④ (明)宋濂:《元史》卷177《张思明传》,中华书局1976年标点本,第4213页。

第二节　思想文化名士

一　北宋词人贺铸

贺铸（1052—1125），字方回，又名贺三愁，祖籍山阴（今浙江绍兴），生长于卫州（今河南卫辉市），北宋时期著名的诗词作家。

贺铸是宋太祖贺皇后族孙，其所娶亦是宗室之女，出身颇为高贵。贺铸自称其祖居山阴，唐代著名诗人贺知章是其祖先。因为贺知章曾于庆湖居住，故贺铸自号为"庆湖遗老"。贺铸长相威武，长身耸目，面色青黑而有英气，貌奇丑，人称其为"贺鬼头"。

贺铸年少读书，博学强记。他任侠喜武，喜谈当世事。据《宋史·贺铸传》记载："（贺铸）可否不少假借，虽贵要权倾一时，小不中意，极口诋之无遗辞。"宋神宗熙宁初年，17岁的贺铸离别家乡，赶赴都城汴京。他的官宦生涯是从担任武职开始的。贺铸曾任右班殿直，监军器库门，出监临城县酒税。元丰元年（1078），贺铸去滏阳都作院任职。五年，赴徐州担任宝丰监钱官。由于其所任皆闲职冷差，故贺铸一直郁郁不得志，自称"四年冷笑老东徐"。元祐三年（1088），贺铸又至和州担任管界巡检。此乃武职，职衔低下而杂事颇多，并不称贺铸心意。后凭借朝臣苏轼、李清臣等举荐，贺铸担任承事郎一职，此乃文职。此后其又改任监北岳庙。

绍圣二年（1095），贺铸又任江夏宝泉监。他在任闲暇之余，整理其旧作，汇编为《庆湖遗老前集》。元符元年（1098），贺铸母亲去世，他临时离职。不久贺铸东还，曾一度游历、居住于苏杭一带。徽宗建中靖国元年（1101），贺铸服丧期满。朝廷任命贺铸担任太府寺主簿，后又任宣议郎，通判泗州。崇宁四年（1105），他改任宣德郎，通判太平州，此后又任奉议郎。大观三年（1109），贺铸最终在承议郎任上致仕，定居苏州。重和元年（1118），贺铸凭借太祖贺后族孙恩荫，擢升为朝奉郎，并赐五品服。

贺铸因尚气使酒，一辈子未作高官，仕途一直未显。其晚年阶段，对仕途未再有进取之心，后定居苏州。贺铸家中藏书有万余卷，终日以点校图书为乐，以此终老。晚年时期，他继续编撰完成《应湖遗老集》。宣和七年（1125）二月，贺铸于常州一僧舍之中离世，终年74岁。

贺铸迄今存词共280余首，产量颇丰，在北宋时期，仅次于大词人苏轼。现今传有《贺方回词》两卷，以及《东山寓声乐府》《庆湖遗老集》等贺铸作品。贺铸代表作为《青玉案·横塘路》《鹧鸪天·半死桐》《芳心苦》（踏莎行·杨柳回塘）、《生查子·陌上郎》《浣溪沙》《捣练子·杵声齐》《思越人》《行路难·小梅花》《凌歊·控沧江》《捣练子·望书归》《采桑子》等。他的众多词作当中，以《青玉案·横塘路》《鹧鸪天·半死桐》《芳心苦》（踏莎行·杨柳回塘）三首为最著名。在《芳心苦》（踏莎行·杨柳回塘）一词中，通过"断无蜂蝶慕幽香，红衣脱尽芳心苦"一句，描写塘中荷花，刻画细致入微，同时又做到了托物言志，借荷花表达了自己的心声。

贺铸才华横溢，其所作诗、词、文等俱佳。但客观而言，其所作诗词成就高于文章，而词作又高于诗。其作词最值得称道，可谓风格多样，刚柔并济。他的词大多表现其爱国、怀才不遇、抑郁不平和满腔愁绪等。因为贺铸所生活的时代，北宋国力衰弱，不得不用妥协求和的方式，结交辽国。贺铸对此十分不满。他所作《六州歌头》一词，就表现了贺铸强烈的反对投降、立志报效国家的豪壮之情。

> 少年侠气，交结五都雄。肝胆洞，毛发耸。
>
> 立谈中，生死同，一诺千金重。
>
> 推翘勇，矜豪纵。轻盖拥，联飞鞚，斗城东。
>
> 轰饮酒垆，春色浮寒瓮，吸海垂虹。
>
> 闲呼鹰嗾犬，白羽摘雕弓，狡穴俄空，乐匆匆。
>
> 似黄粱梦，辞丹凤；明月共，漾孤篷。
>
> 官冗从，怀倥偬；落尘笼，簿书丛。
>
> 鹖弁如云众，供粗用，忽奇功。
>
> 笳鼓动，渔阳弄，思悲翁。
>
> 不请长缨，击取天骄种，剑吼西风。
>
> 恨登山临水，手寄七弦桐，目送归鸿！①

---

① （宋）贺铸著，钟振振校注：《东山词》，上海古籍出版社1989年版，第421页。

词中爱国将士报国无门、壮志难酬的沉痛心情跃然纸上。除了此词之外，还有他所作的托意吊古的《水调歌头》、直抒胸臆的《诉衷情》《念良游》等，这些作品或多或少透露出志士功业难酬的悲凉心境，很明显受到了北宋豪放派词人苏轼的影响，同时又承接着南宋前期的豪放词家。

贺铸词作中还有许多描写恋情的作品，深婉丽密，风格也是与温庭筠、李商隐等大家一脉相承，写得婉约多姿，别有情致，如他的名作《青玉案》。

凌波不过横塘路，但目送、芳尘去。

锦瑟华年谁与度？

月桥花院，琐窗朱户，只有春知处。

飞云冉冉蘅皋暮，彩笔新题断肠句。

若问闲情都几许？

一川烟草，满城风絮，梅子黄时雨。①

该词辞藻婉转，用景抒情，写出了在爱情上的失意"断肠"。尤其是在结尾处连续使用三个精妙的比喻：烟草、风絮、梅雨，构思新颖巧妙，当时即以"语精意新，用心良苦""兴中有比，意味更长"，而风靡各地，以致他被誉为"贺梅子"之称。此外，他的其他词作，如《生查子》《石州慢》《踏莎行》等，都堪称辞美而情深的婉约佳品，由此可见，贺铸称得上北宋众多词作高手之中的佼佼者。

贺铸所做众多佳作中，还须一提的是他所作《鹧鸪天·半死桐》一词。该词细致描写了在同甘共苦的生活中，培养出的夫妻深情。

重过阊门万事非，同来何事不同归？

梧桐半死清霜后，头白鸳鸯失伴飞。

原上草，露初晞，旧栖新垅两依依。

空床卧听南窗雨，谁复挑灯夜补衣。②

---

① （宋）贺铸著，钟振振校注：《东山词》，上海古籍出版社 1989 年版，第 152 页。

② （宋）贺铸著，钟振振校注：《东山词》，上海古籍出版社 1989 年版，第 24 页。

该词字字悲切，如泣如诉，尤其是最后一句"空床卧听南窗雨，谁复挑灯夜补衣"，更是饱含深情，哀婉凄绝。该词情真意切，实际描写的就是词作者贺铸自己。他的妻子虽然是宗室贵戚，但却勤劳贤惠，与贺铸感情甚为笃厚。不过，贺铸的妻子却不幸早逝。这令贺铸甚感痛惜。据说他的妻子在世时，在三伏天就忙着给贺铸缝补冬天御寒的衣服。有人问她，为何如此性急。她回答道："古时候有个人临到自己女儿出嫁时，才请大夫医治女儿头上的瘤子。我若等到冰天雪地时再为夫君修补衣服，岂不是和那人一样傻吗？"从中足见贺铸夫妇伉俪情深。

贺铸词中还有其感念家乡、反映乡愁的作品。因为贺铸少小离家，常年漂泊在外，所以常常会激起他的思乡之情。特别是在贺铸出任徐州宝监时，他的思乡之情更甚，他常常到徐州城东南角的"快哉亭"赋诗抒怀。贺铸所作《病后登快哉亭》就是其中反映乡愁的佳作。

> 经雨清蝉得意鸣，征尘断处见归程。
> 病来把酒不知厌，梦后倚楼无限情。
> 鸦带斜阳投古刹，草将野色入荒城。
> 故园又负黄华约，但觉秋风发上生。①

该诗以得意的蝉鸣为开始，又以作者落寞感伤的情怀作结束，在鲜明的对比中展现了诗人始终不得志的郁闷心情。作者在写该诗时，正患肺病，又滞留他乡。所有的感受交织在一起，令作者思乡的情怀，更为浓烈。

贺铸不仅善诗词文，还善于融合前人之成句，韵律精致，富有音乐感，这对于南宋"豪放派"影响甚大，对后来元曲的兴盛也起到了积极作用。

贺铸的词兼具宋代豪放与婉约二派之长，在宋代影响甚大。贺铸的官宦生涯是失败的，他常年漂泊在外，失意惆怅居多。但他的别样经历，却使得他的作品大放光芒。贺铸称得上北宋众多诗词作者中唯一从下级武官

---

① （宋）贺铸著，王梦隐、张家顺校注：《庆湖遗老诗集校注》，河南大学出版社 2008 年版，第 307 页。

脱颖而出的杰出词人。

二　易学大家邵雍

邵雍（1011—1077），字尧夫，号苏门先生，谥号"康节"，原籍河北范阳，自幼随父亲迁河南共城（即河南辉县），因慕晋高士孙登，遂定居于苏门山，结庐于百泉之上。熙宁十年（1077）卒，终年67岁。

邵雍拜当时著名易学家、共城县令李之才为师，专研物理性命之学。李之才先示之以《陆淳春秋》，后授之《河图》《洛书》《伏羲八卦六十四卦图像》。邵雍以"冬不炉，夏不扇，覃思刻励"的精神，通宵读书，刻苦专研20余年，终成一代易学大家。其著作包括《皇极经世》《梅花易数》《河洛真数》《击壤集》等，其学问被程颢称为"内圣外王"之学。

邵雍在苏门太极书院的讲学，吸引了当时许多的儒学大家往来于苏门百泉之间，与之探讨学问。理学的"开山之祖"周敦颐曾一度游学苏门，与邵雍阐先天、剖太极，并作《通书》四十篇。其弟子程颢、程颐兄弟也曾慕邵夫子在此讲学，游学苏门，与之切磋学问。程颐甚至在苏门一带结茅而居，潜心讲学，从游者甚众。至今辉县有程村，分为南北程村，据说就是程颐讲学之地，后渐成村落。

邵雍讲学秉承孔子"有教无类"的办学原则，"无论贵贱与不肖，一接以诚"[1]，因此向其求学的人渐众，其开创的学派被称为"百源学派"。邵雍教学内容广泛，不仅注意学术性极强的专业教育，即"先天之学"的讲授，还注意广泛涉及自然科学知识的讲授。这在一定程度上避开了儒家传统教育轻视自然科学的缺陷。

邵雍十分重视道德品格的教育，明确指出教育的目的在于"正人伦"为核心的儒家伦理纲常，即培养明人伦之人。他认为后世慕三代之治世者，未有不正人伦者也。其在《观物内篇》中言道："人贵有德，才不可恃，德不可无。"重点强调"德"的作用。邵雍在其所著《渔樵问对》中还进一步对其所认为的"德"进行解释，他认为："君君、臣臣、父父、子子、兄兄、弟弟、夫夫、妇妇，谓各要其分也；君不君、臣不臣、父不

---

[1]　《辉县志》卷17《艺文志·记》，道光十五年（1835）刻本。

父、子不子、兄不兄、弟不弟、夫不夫、妇不妇，谓各不其分也。"很明显，其所谓的"德"实际上就是儒家所倡导的三纲五常的礼仪秩序。针对当时社会道德风尚每况愈下，邵雍希望通过教化来移风易俗，变化民情。为此，他专门著《击壤集》① 一书，来表达这种愿望。

邵雍还格外重视对其子弟的家庭教育，注重从小培养邵氏族人尊祖敬宗、明孝道的意识。其子邵伯温出生时，他便言说："我本行年四十五，生男方知为人父，鞠育教诲诚在我，寿夭贤愚系于汝。"阐明了自己作为人父应负担的教育责任。邵雍还专门撰写了《启后录》一文，文中提出自己对后世子孙的要求，进一步阐述了自己的宗族思想，这成为了解其宗族思想的重要文献。为更好地了解其思想，兹将全文附于下。

> 所贵乎世族者，以其祖宗德业之盛，子孙生聚之众也。然盛而弗传，犹弗盛也。众而弗亲，犹弗众矣。恶得以为世族哉！欲传且亲，惟修谱系。谱系既修，则文献足征，盛乃可传，名分有叙，众乃可亲。我祖肇迹晋阳，衍泽关西，拓业蒲城，分宗洛下。祖宗既盛，子孙益众。虽世有谱书，以载其美，而所以世济之者，则在后之人耳。凡我子孙，于先代世系必六十年易秀，百二十年再修，庶无遗亡之失。
>
> 坟墓者，祖宗体魄所安，孝子慈孙所思、世守不忘者。然岁月云迈，时势不常，一失查理，下同荒冢。至于世远人亡，时移物换，或有垦为田地，掘为沟渠者，可胜惜哉。凡我子孙，于祖宗坟墓，记以碑石，刻其上曰"某祖之墓"，则世代虽远，碑石犹存，平毁之患，于兹可免。
>
> 宋嘉祐七年（1062）春正文定公十九世孙雍薰沐谨书②

文中邵雍重点强调了谱牒、坟墓等有关宗族物化因素的作用，其认为必须加强对宗族谱牒的不断修撰，并且重视对祖先坟墓的保护与修缮，希望通过一系列的强化措施，来达到敬宗收族，团结族人的目的，进而保持

---

① "击壤"原是古代一种游戏，后来人们将"击壤"作为太平盛世的象征。

② 《古共邵氏宗谱》卷1《录》，民国十三年（1924）刊本。

本族的长盛不衰。这篇相当于谱序的文章珍贵之处在于，这是北方地区为数不多的北宋时期存有的有关宗族思想的文献。

邵雍晚年移居洛阳。随着邵雍离开百泉，太极书院讲学的高潮也随之渐渐退去。

北宋大儒邵雍在河南共城度过了其人生中一段重要的岁月。在共城，他讲学于百泉太极书院，进而开创了"百源学派"。讲学之余，邵雍还与同时代大儒周敦颐等探讨学问。除此之外，邵雍还十分重视家庭教育，其对于宗族的构建也有自己独到的见解。

三 淡泊名利王昭素

王昭素，生卒年不详，开封酸枣（今河南延津县）人，北宋大儒，教育家。前文中名士李恽、李穆，皆拜王昭素为师。

王昭素自幼好学，却不愿意为官。他有高尚的品德，为乡里百姓所称赞。王昭素常聚集四方学子，亲自教授他们。王昭素为人公正，他家乡的人们如果有争议的事情，通常不去寻求官府解决，而是直接找王昭素为其评理处置。由此可见，人们对王昭素的尊敬。

王昭素学问渊博，博通《九经》，并且研究《庄子》《老子》，尤其精研《易经》与《诗经》。王昭素认为，王弼、韩康伯注的《易经》与孔颖达、马嘉运对《易经》的疏义，皆有疏漏之处。昭素专门另行撰写《易论》二十三篇，与前贤商讨。

宋太祖开宝年间（968—976），李穆向朝廷大力举荐王昭素。宋太祖遂于便殿接见了他。当时王昭素已 77 岁高龄，却精神矍铄。宋太祖问他道："你为什么不愿意做官，致使我们今天相见得这么晚？"王昭素回答说："我是草野一匹夫，生性愚昧，对圣人的教化没有什么帮助。"听后太祖赐坐昭素，请他讲解《易经乾卦》，并与宰相薛居正等共同聆听。当王昭素讲到"飞龙在天"这一句时，皇帝说："这事岂可令常人看到？"王昭素说："这事非圣人出不能符合它的象征。"[1] 接着太祖向昭素询问民间逸事，王昭素毫无隐瞒地一一回答，受到了太祖皇帝的称赞。

有一回，宋太祖赵匡胤向王昭素请教治世养身之术。王昭素告诉他

---

[1] （元）脱脱等撰：《宋史》卷 431《王昭素传》，中华书局 1977 年标点本，第 12808 页。

说："治世莫若爱民；养身莫若寡欲。"王昭素又向太祖解释道："盖民为邦本，本固则邦宁。故治国之道，莫如爱民也。而欲为身之害，害少则身安。故养身之道，莫如寡欲也。而人主爱身，乃可以爱民；而安百姓，终可安其身也。"太祖认为他说得很有道理，便将这两句言语，书于屏风及几案上，以便自己时时警示反省，并不能遗忘。①　这便是有名的"受言书屏"的故事。

宋太祖希望王昭素可以留下来为官，但王昭素淡泊名利，志不在此，便以年老体衰请求回乡里。太祖便封他为国子博士，并赏赐给他许多茶叶、药以及钱二十万，然后才让他回乡。太祖令昭素留在京城月余，才送他回家。后来王昭素高寿，活至89岁时，卒于家中。

王昭素在人伦方面，颇有鉴赏能力。起初，李穆兄弟从他学习《易经》。昭素常对李穆说："你所说的精理，往往出乎我的意料之外。"又对人说："李穆兄弟皆良材，李穆尤其深沉厚道，他日一定会位至宰相。"后来李穆果然官拜参知政事。②

王昭素为人敦厚，不慕荣利，乐善好施。他每次至市场购买物品，任凭货主说货物价格，从不讨价还价。后来集市中的货商皆相互转告道："王先生买东西，我们不能给他要高的价钱。"③

王昭素悲天悯人。他修房子的椽木堆积门中。一天深夜时，有盗贼撬门将要进来偷盗木料。王昭素发觉盗贼之后，就暗自从门中把木料投掷于外。该盗贼遇此情景，反而羞愧难当，只好扭头离去。自此之后，他的家中反而再也没有盗贼光顾了。④

王昭素家里养着一头驴，邻里乡亲经常来借驴，以至于昭素每次外出时，总是先问一下家人："外面可有借驴之人？"每当僮奴回答"没有"时，他才放心地外出。因为他怕自己一旦外出，前来借驴乡亲会找不到人。⑤

王昭素一生的所作所为就是如此纯洁与质朴。他学问精深，淡泊名

---

① （清）毕沅：《续资治通鉴》，中华书局1957年版，第139页。

② （元）脱脱等撰：《宋史》卷431《王昭素传》，中华书局1977年标点本，第12809页。

③ （元）脱脱等撰：《宋史》卷431《王昭素传》，中华书局1977年标点本，第12809页。

④ （元）脱脱等撰：《宋史》卷431《王昭素传》，中华书局1977年标点本，第12809页。

⑤ （元）脱脱等撰：《宋史》卷431《王昭素传》，中华书局1977年标点本，第12809页。

利；他生性恬淡，生平以传道授业为追求，在当时培养出了一批贤能之士。此外，昭素为人敦厚，正直善良，赢得了当时世人的尊敬。

四　太一道创始人萧抱珍

萧抱珍（？—1166），又名元升，卫辉路卫州（今河南卫辉市）人，金代道士，道貌纯古，性至孝，金初道教太一道（也称太乙道）的创始人。

萧抱珍原从真人处授秘箓，后演化为"太一三元法箓"，于是在卫州自立教传道。太一道以老子思想为教旨，又以符箓法术传世，祈禳呵禁，治病驱邪。当时道教之中，全真道和真大道教皆不太注重符箓法术，太一道独以此出名，与天师道相接近。太一教主张以老子之学修身，以巫祝之术御世。

太一道创立后，最初萧抱珍只是在家传教，后信徒日益增多，因为所传教之地狭窄不便，乃于金天眷初（1138—1140），在县东三清院故址草建茅庵而居，扩大了传教之地。后来，太一道逐渐扩展至山东、河北一带。萧抱珍弟子侯元仙又在赵州及真定的家中，"各建太一堂，奉持香火，以符药济人"，[1] 将太一道传至河北赵县、正定一带。

金皇统八年（1148），金熙宗闻萧抱珍之名，召其入皇庭觐见。其后，赐萧抱珍所居之庵名"太一万寿观"。

萧抱珍于金大定六年（1166）逝世。死前留下遗嘱，其后非萧姓嗣教者，必改姓萧。元宪宗二年（1252），朝廷又追赠萧抱珍为"太一一悟真人"。

萧抱珍于金元时期，在北方创建了太一道。太一道在当时规模逐渐扩大，甚至获得了金朝皇帝的注意。至元朝初期，太一道仍然有一定影响。这一点从元宪宗对萧抱珍的追赠封号，可见一斑。

五　讲学太极姚枢

姚枢（1203—1280），字公茂，号雪斋，河北柳城（今河南西华县）

---

① （金）王若虚著，胡传志、李定乾校注：《滹南遗老集校注》，辽海出版社2006年版，第514页。

人，元代大儒，政治家。

姚枢自幼聪慧好学，终学有所成。1235 年，姚枢奉太宗窝阔台网罗南儒的命令，随元军南征，访求儒、道、释、医、卜等人才。至湖北德安（今湖北安陆），在被俘的儒生中发现了朱熹弟子赵复，遂请赵复北上传授程朱理学，从而拉开了儒学北传的序幕。赵复（约 1185—约 1265），字仁甫，世称江汉先生，湖北德安人。至赵复北上始，北方方知程朱之学，为理学在北方的兴起奠定了基础。1236 年，他与江汉先生赵复共同选取程颢、程颐、朱熹等理学大家的理学遗书八千余卷，创作《传道图》《伊洛发挥》《师友图》《希贤录》等教材，向诸学子讲授程朱理学。有关这四部书的编撰目的以及具体内容，《元史·赵复传》中专门作了介绍。

> 复以周、程而后，其书广博，学者未能贯通，乃原羲、农、尧、舜所以继天立极，孔子、颜、孟所以垂世立教，周、程、张、朱氏所以发明绍续者，作《传道图》，而以书目条列于后；别著《伊洛发挥》，以标其宗旨。朱子门人，散在四方，则以见诸登载与得诸传闻者，共五十有三人，作《师友图》，以寓私淑之志。又取伊尹、颜渊言行，作《希贤录》，使学者知所向慕，然后求端用力之方备矣。

从上文可明显看出，赵复所授著作，皆是有关程朱理学的内容，是程朱学派的理学，最终是为宣扬与普及程朱理学服务的。

元太宗十三年（1241），姚枢弃官携家迁居至辉州（今河南辉县），隐居于苏门山中，"作家庙，别为室奉孔子及宋儒周敦颐等象，刊诸经，惠学者，读书鸣琴，若将终身"①。姚枢读书期间，专以正学授徒为己任，汲汲以化民成俗为心，致力于理学的研究以及对理学著作的整理与刊刻，其连续刊刻《论语》《小学》《孟子》等儒家经典，并使传之于四方，有力地促进了理学在北方尤其是豫北地区的传播。② 其后姚枢曾一度进入中

---

① （明）宋濂：《元史》卷 158《姚枢传》，中华书局 1976 年标点本，第 3711 页。

② 在姚枢到苏门讲学之前，当地已经有深受理学影响的学者王磐在此讲学。姚枢来辉后，王磐因要到燕地，便将讲堂交与姚枢使用，并要求讲堂所有学生跟随姚枢继续学习。可参见姚燧《三贤堂记》，《牧庵集》卷 7，四部丛刊本。

央为官，官拜京兆劝农使、太子太师、中书左丞、昭文馆大学士等职。元世祖至元年间，姚枢再度退隐苏门，并与赵复共同创办太极书院，内置周子祠，以二程配食。书院以赵复主讲其中，教授内容以程朱理学为主，在传播理学过程中取得了巨大的成就，改变了北方沉闷的学术气氛，具有开创性的意义。在赵复、姚枢二位儒学大家的极力筹划之下，太极书院逐渐成为北方理学传播的重要阵地。

元初大儒姚枢拉开了理学北传的大幕，是理学北传的奠基人。姚枢不仅发现了理学大家赵复，还同赵复一起肩负起在北方传播理学的重任。姚枢还曾经两度在辉县隐居，并协同当时众多理学大儒，共同讲学于辉县太极书院，为理学在北方的传播作出了开创性的贡献。

六　元代大儒许衡

许衡（1209—1280），字平仲，号鲁斋，河内（今河南沁阳市）人，亦为元代大儒。

许衡"幼有异质，七岁入学，授章句"，"稍长，嗜学如饥渴"，因家贫无力购书，一日偶得《尚书注疏》，如获至宝，手抄以归。[①] 后闻姚、赵讲学苏门，传授程朱理学，慕名诣苏门访求，从师姚枢，得《程朱易传》《四书集注》《小学》等理学著作。遂刻意研读，获益匪浅，崇信程、朱之学，终有所成。据《元史·姚枢传》记载："时许衡在魏，至辉，就录程、朱之学以归，谓其徒曰'曩所授皆非，今始闻进学之序'。"1250年，许衡移家苏门，"慨然以道为己任"，与姚枢共同讲学苏门太极书院，凡经传、子史、礼乐、名物、星历、兵刑、食货及水利之类，无所不讲。后姚枢入仕，许衡仍独居苏门，笃守程朱理学，以明道为己任，从学者浸盛。史载，许衡教人"谆煦垦至，从学者尊师敬业，日改月化，虽童子亦知三纲五常为生人之道也"[②]。

许衡在理学传播中的一大贡献，就是促进了元代理学的通俗化，从而加速了其在元代的传播。宋代程朱理学从创立之初便陷入了烦琐、空谈、脱离实际的困境之中，严重阻碍了理学的传播。许衡适应形势，对理学进

---

① （明）宋濂：《元史》卷158《许衡传》，中华书局1976年标点本，第3716页。

② 《辉县志》卷11《人物·寓贤》，道光十五年（1835）刻本。

行了新的更加宽泛的解释，在加强理学理论建设方面做了大量的工作，使理学通俗易懂化，从而进入了"经世致用"的轨道中。许衡认为，"道"并非高深玄妙之物，如果"道"是"高远难行之事"，则便不是道了；"道"应当是"众人之所能行者，故道不远于人"。为了使所传之"道"更加通俗、更加接近众人，许衡在解释"道"时言道："大而君臣父子，小而盐米细事，总谓之文；以其合宜之义，又谓之义；以其可以日用常行，又谓之道。文也道也，只是一般。"① 在许衡看来，"君臣父子"盐米细事"皆可为道，使得其所传之"道"不再神秘化和形而上，一般村野百姓也可以"习道"懂礼，促进了理学的社会化。正如《元史·许衡传》所言："听其言，虽武人俗士、异端之徒，无不感悟者。"②

许衡在宣讲程朱理学过程中，非常强调礼仪秩序，尤其是儒家伦理等级秩序，将其视为天理、自然秩序，希望世俗严格遵循。许衡强调道："天尊地卑，乾坤定矣，贵贱位矣。在上者必尊之，然后事可得而理。为尊长，敬天地、祖宗、鬼神；为百执事，敬事君长，此不易之理也。舍此便逆，便不顺。"对于儒家所一贯推崇的"三纲五常"，许衡也是倍加强调，认为其是人们社会生活的根本，是天定的不易之理。许衡谈道："自古及今，天下国家惟有个三纲五常，君知君道，臣知臣道，则君臣各得其所矣；父知父道，子知子道，则父子各得其所矣；夫知夫道，妇知妇道，则夫妇各得其所矣。三者既正，则他事皆可为之；此或未正，则其变故有不可测知者，又奚暇他为也。"③ 许衡还极为重视对礼仪的推广，其讲学过程中，积极向学生灌输儒家礼制，史载："课诵少暇，即习礼。"④ 由此可见，许衡在推行礼仪，宣讲伦理纲常上，可谓不遗余力，其所极力营造的社会，是君民各安其分，懂礼守法的社会。

由于姚枢、赵复、许衡等长期担任地方与中央的官职，有着较高的政治地位，特别是许衡在较长时间内掌握着一些地方教育机构和国子监的行政大权，对元朝的教育政策、方针以及内容方法等方面都有着深刻的影

---

① （元）许衡：《许文正公遗书》卷1《语录》（上），清光绪间刻本。

② （明）宋濂：《元史》卷158《许衡传》，中华书局1976年标点本，第3729页。

③ （明）许衡：《许文正公遗书》卷2《语录》（下）。

④ （明）黄宗羲：《宋元学案》卷90，上海文瑞楼石印本。

响，在推行理学上有了便利条件，因此，他们积极在全国范围内推行理学官学化。许衡针对北方理学衰落的情况，强调兴办学校，以传授理学，推行礼仪。许衡建议道："自上都、中都，下及司县，皆立学校，使皇子以下至庶人之子弟，皆从事于学，日明父子君臣之大伦，自洒扫应对至于天下之要道。十年以后，上知所以御下，下知所以事上，上下和睦，又非今日比矣。"① 许衡还身体力行，在全国范围内兴办学校。早在 1253 年，"世祖（忽必烈）出王秦中"，许衡被任命为京兆提学。当其时，"秦人新脱于兵，欲学无师，闻衡来，人人莫不喜性来学"，经过许衡多方筹划，"郡县皆建学校，民大化之"。② 忽必烈即位后，中统、至元年间，许衡相继入中央担任国子祭酒，得以继续推行其教育政策，在全国兴建学校。经过许衡等人的大力倡导，元朝从中央到地方都设立了各级学校，而这些学校大多以教授儒学为主体的四书五经课程，以小学为入门课，这都促进了理学的广泛传播，出现了"儒学为之丕振"③ 的良好局面。

为进一步提高儒学地位，许衡还极力倡导科举，谋求理学官学化。自隋唐以降，科举制一直是士人谋求仕宦的主要途径。但自蒙古取得统治地位后，长期未进行科举，当时在全国出现了"贡法费，士无入仕之途"，"皆以为天下习儒者少，而刀笔吏得官者多"的现象，使得大量儒生游离于仕途之外，这严重挫伤了广大士人习儒传儒的积极性，大量的儒生不得不放弃通过攻读"四书""五经"谋求仕进的打算，从而严重阻碍了理学的传播与兴盛。为从根本上改变这一状况，许衡积极劝说元朝统治者，谋求恢复科举。他在《时务五事》疏中言道："夫民不安于白屋，必求禄仕；仕不安于卑位，笔求尊荣"，而欲求得禄仕，必须由统治者设立一条正确的道路，而这条道路正是"科举"。许衡向元朝统治者倡议科举，并规定以"罢诗赋，重经学"为主的新的科举内容。虽然许衡提倡科举的建议，在当时由于种种原因，并未实行，但这无疑对提高理学的地位有着积极的作用，这也间接促进了理学的传播。

许衡于理学传播方面，做出了很多的贡献。他不仅讲学于辉县太极书

---

① （元）许衡：《许文正公遗书》卷 7《时务五事》。
② （明）宋濂：《元史》卷 158《许衡传》，中华书局 1976 年标点本，第 3717 页。
③ （明）宋濂：《元史》卷 174《耶律有尚传》，中华书局 1976 年标点本，第 4064 页。

院，还积极推行礼仪，在全国范围内兴办学校，并提倡科举，谋求理学官学化，这在元初的社会环境下，是极为难得的。

七　太极讲学窦默

窦默（1196—1280），字子声，河北肥乡人，元初理学家，名医。窦默历任翰林院侍讲学士、昭文馆大学士、正议大夫等职，累赠太师、魏国公，谥号"文正"。

窦默自幼好学。元兵伐金，他一度被浮，家破母亡。于是窦默南渡黄河，依靠母族吴氏谋生。后来有一姓王的老医生将女儿嫁与他为妻，并劝他从书医业。不久窦默客居蔡州，又遇一名医李浩，得李浩传其铜人针法。窦默遂精通针术。

金末避战乱，窦默至河南习医，后又迁湖北德安，得伊洛性理之书以归，与姚枢、赵复等相研习。其后，窦默也曾驻留于河南辉县，与姚枢等大儒一起，共同讲学于辉县百泉太极书院，为传播理学作出了贡献。

窦默同上文所谈到的姚枢、许衡一样，理学精深。他们共同致力于理学在北方的传播，值得赞颂。

八　元代诗人王恽

王恽（1227—1304），字仲谋，号秋涧，卫州路汲县（今河南卫辉市）人，元朝著名政治家、学者、诗人。其祖父名宇，曾在金朝军队中做过校尉小官，其父名天铎，金正大初年，以律学著称，入选为官，曾任户部主事。

王恽博学俊才，师从当世著名学者王磐，学于辉县苏门山。史载："（王恽）有才干，操履端方，好学善属文，与东鲁王博文、渤海王旭齐名。"① 元朝大将史天泽率军南下攻宋途中，路过汲县，遇到王恽，一见如故，遂以宾礼对之。

元世祖中统元年（1260），左丞姚枢任东平宣抚使，请王恽做详议官。时值中央各省部初建，朝廷向各路征辟人才。中统二年（1261），王恽被举荐入京为官。他勇于进谏，主张严格刑罚，刑上大夫，礼下庶人，

---

① （明）宋濂：《元史》卷 167《王恽传》，中华书局 1976 年标点本，第 3933 页。

尤其注重治理当时混乱的财政。至元五年（1268），元世祖设立御史台，专门任命王恽为监察御史。王恽上任后，上书《击邪》《纳海》等共一百五十余条建议。当时朝廷负责水利官员刘晸，曾利用治理河患之便，贪污官粮高达四十多万石。王恽察知后，对其毫不留情地予以弹劾揭发。经过细致调查，王恽发现，刘晸早有前科，其在监修太庙时，就曾借机偷工减料，大肆贪污。故王恽又将刘晸的这一罪证一起上书朝廷。刘晸在得知自己被调查后，做贼心虚，每天担惊受怕，之后竟在恐惧中死去。

至元二十六年（1289），王恽担任少中大夫、福建闽海道提刑按察使。当时南方政局混乱，官员缺额颇多。王恽及时上疏朝廷，建议大力选拔人才，弥补各地官员的不足。经过细致调研，他还果断将四十多名贪官污吏罢黜，继而选任了一批德高清廉、文武兼具之人，使得当地社会秩序逐渐稳定下来。此外，他还在辖区内建造营房，供兵丁居住，从而改变了过去兵寓民家、打扰百姓的陋习，使百姓得以安居乐业。

王恽以秉公执法、刚正不阿著称于世。他曾担任承直郎、平阳路总管府判官，当时绛州太平县发生一起命案。有一陈氏杀害了自己的哥哥，后因其行贿官府，最后株连三百多当地百姓受冤。此案长达五年不能结案，皇帝特地命王恽前往审理此案。王恽经过细致勘验、审讯，最终释放了受冤牵连其中的百姓，赢得了百姓们得一致赞誉。

王恽常年为官，能够关心百姓疾苦，体恤民情。至元二十八年（1291），燕南一带冬春时期遭受旱灾。当地百姓心急如焚，翘首以盼，希望天降甘霖。这时天公作美，忽然下起雨来。王恽闻知后，满怀喜悦之情，不禁吟诗一首，名为《过沙沟店》。

> 高柳长途送客吟，暗惊时序变鸣禽。
> 清风破暑连三日，好雨宜时抵万金。
> 远岭抱枝围野色，行云随马弄轻阴。
> 摇鞭喜入肥城界，桑柘阴浓麦浪深。①

当年秋季，当地庄稼又遭水灾。王恽肩负皇命，前往当地巡查灾情。

---

① （元）王恽著，杨亮等点校：《王恽全集汇校》，中华书局 2013 年版，第 784 页。

当看到被百姓们备加珍惜的庄稼被洪水淹没时，王恽感到非常痛心与难过，他又作了名为《农里叹》的系列诗，兹选取几首如下。

> 每年秋涨赖横堤，水纵漫堤尚害微。
> 近为鹿城偷堰破，放交流潦到柴扉。（其八）
> 谷穗虚穰草色熏，满前堆积漫如囷。
> 一餐到口还无济，辛苦田间力稼人。（其十）
> 火云六月旱为灾，嘉谷方苗大水来。
> 老牸瘦来无可饲，放教河底啮枯荄。（其十一）
> 辛苦农民上所哀，况遭今岁水为灾。
> 得除与否浑闲事，最喜分司检踏来。（其十二）①

诗中对当时水患惨状记述得淋漓尽致，表达了作者爱惜百姓，对百姓命运的同情。

经过细致考察，遍访民情之后，王恽回到了元大都。当时左丞相史天泽于相府宴请百官。王恽也出席了宴请。当王恽入席之后，满目所及之处，皆是名酿佳肴、奇珍海味。王恽感到如坐针毡，这种奢侈场面与刚刚他视察灾区时看到的满目疮痍，是那么的格格不入。他无法控制自己感情，写了长篇免租谣《入奏行美圣政而重民急也》，言辞恳切，皇帝也被之打动，最终采纳了他的建议。

元世祖对于王恽的耿直谏政非常欣赏。至元二十八年（1291），忽必烈特地在京城召见王恽。交谈中，王恽又向朝廷上万言书，提出"改旧制，黜赃吏，均赋役，擢才能"的治政理念。此理念与忽必烈提出的"祖述变通"颇为吻合，对统一多民族国家的向前发展作出了积极的贡献。基于此，忽必烈亲授王恽为翰林学士。

王恽官宦生涯中，时刻不忘忧国忧民。他特地将历朝明君贤臣治理国家的经验和教训整理成册，撰写而成了《承华事略》奏疏，并将其呈给尚未登基的皇太子阅览。裕宗真金参览后，对王恽的见解赞誉有加。不仅他自己认真学习，还将《承华事略》各篇分发给众皇孙们研读。之后由

---

① （元）王恽著，杨亮等点校：《王恽全集汇校》，中华书局 2013 年版，第 1692、1693 页。

于裕宗真金早薨，由其子成宗铁穆尔即位。其时王恽向成宗皇帝祝贺敬献的物品不是珠宝、玉帛一类，而是他撰写的《守成事鉴》十五篇，充分展现出其忠于社稷的赤诚之心。故成宗又加封其为通议大夫，知制诰，同时委派其与赵孟頫等人共同纂修《元世祖实录》。

大德八年（1304）六月二十日，王恽于故乡汲县去世，终年78岁。朝廷委派钦差大臣在当地观察到其故居是陋室茅屋，清贫如洗，其子孙们则田园耕稼，自力更生。钦差将其见闻实奏明朝廷。朝廷遂赐其钞万贯，并赠其翰林学士承旨资善大夫，追封太原郡公，谥号"文定"，子孙荫封受禄。

此后家乡百姓将王恽少年发奋读书的古子涧村，誉为"汲县八景"之一的"秋涧书声"。王恽著作颇多，主要包括《相鉴》五十卷、《汲郡志》十五卷、《玉堂嘉话》《中堂事记》《承华事略》《乌台笔补》等，并著若干诗文，共约一百卷。

王恽墓地位于汲县（今卫辉）城郊乡八里屯村西南石人洼内，距县城5公里。墓地前沿有神道，两旁为石刻仪仗，对称排列。每当清明与春节前后，家乡百姓纷纷前往其墓地祭奠凭吊，以此表达他们对王恽的哀悼与思念之情。

王恽是元朝初年朝廷重臣，受到了元世祖、元成宗的重用。其为官清正廉洁、任人唯贤，敢于直谏；其作文则文彩斐然，且诗文关心民众疾苦，为世人所称许。

第五章　明清时期的牧野名士

第一节　政治军事名士

一　文武全才李化龙

李化龙（1554—1624），字于田，号林寰，河南长垣县老李庄人。李化龙文武全才，是明朝中期杰出将领，曾任兵部尚书。

李化龙自幼聪慧过人，人称神童。隆庆五年（1571），李化龙拜长垣教谕吴嵚为师。吴嵚对李化龙赞誉有加，曾预言，李化龙将来必成大器。之后吴嵚讲学于大名府元城书院。李化龙亦追随其至元城书院学习，学问愈加精深。

万历元年（1573），李化龙19岁时，乡试考中举人。万历二年（1574），20岁时，考中进士。万历三年（1575），年仅21岁的李化龙被任命为嵩县知县。赴任之后，胥吏和当地劣绅见他年轻，很轻视他，照旧作恶。李化龙不露声色，深入民间，明察暗访，掌握他们的罪证之后，一一将他们法办，官民无不惊服。之后，李化龙又带领当地百姓开渠屯田，致力于发展民生。经过六年的发展，嵩县欣欣向荣。

万历八年（1580）秋，李化龙升任南京工部屯田司主事，主管皇陵及官府薪炭供给。两年之后，李化龙又升任营缮司郎中，主管皇陵以及皇宫的维修。

万历十四年（1586），刚过而立之年的李化龙升任河南按察司提学佥事、河南省布政司左参议，参与河南全省最高行政工作。万历十八年（1590），李化龙调任山东按察司提学副使。万历二十年（1592），升河南布政司右参政，调京太仆寺少卿。

万历二十二年（1594），已 40 岁的李化龙升任都察院右佥都御史，巡抚辽东，负责官吏考核，兼管军务。就在此时，因为辽东总兵李成梁杀死辽东一带的泰宁部落首领速把亥，速把亥的弟弟炒花以及儿子把兔儿在辽东一带作乱。李化龙与总兵董一元设计，先后击败把兔儿以及福余部落的伯言儿。最终，伯言儿中流箭死去，把兔儿负重伤后死去，边塞因此得以安宁。

为争取东北少数民族的归附，发展地方经济，李化龙上疏朝廷，建议在开原设置马市，在义州设置木市，使各民族互通有无。此举不仅加强了经济往来，而且增进了各民族相互了解，边境逐渐趋于安宁。其后，由于倭寇在东北地区侵扰，李化龙又起兵将倭寇驱逐出边境，并追至朝鲜南端。因李化龙经略边境有功，因此被朝廷擢升为兵部右侍郎。

万历二十七年（1599）二月，西南地区播州（今贵州遵义）土司杨应龙造反。杨应龙于飞练堡（今贵州翁安东北）击败明军，时任指挥李延栋、都司杨国柱等皆战死。不久，又攻破綦江，杀死多名明军将领。同年三月，朝廷命李化龙总督湖广、四川、贵州军务兼巡抚四川，负责征讨播州叛臣杨应龙。之后万历皇帝听闻綦江失守的消息，甚为震怒。朝廷遂免去时任四川、贵州巡抚谭希思、江东之等官员的官职，并赐予李化龙尚方宝剑，为其征讨叛乱提供便利。面对严峻的形势，李化龙严惩平叛不力的明军将领，并准予童元镇、刘綎等将领戴罪立功。

待各路大军汇合后，李化龙命令三万西兵驻守贵州，截断杨应龙征招苗人之道路。他本人则移兵重庆，准备出兵平叛。次年二月，李化龙分兵八路进攻，大军战败杨应龙之子杨朝栋。杨应龙见大势不妙，遂行诈降之计。老辣的李化龙识破杨应龙的诡计，与监军崔景荣坐镇指挥八路大军，轮番进攻杨应龙的老巢——海龙囤（今贵州遵义西北）。最终杨应龙兵败自杀，动乱得以成功平定。从出兵到灭贼，本次平叛只用了三个半月的时间。朝廷对李化龙的用兵十分赞赏。平叛结束后，因为其父去世，李化龙遂丁忧回家，为父守孝。

李化龙知人善任，一生清廉。原播州总兵刘綎因为感念李化龙的恩德，故差人专程到李化龙的老家长垣，给李化龙送去白银千两、黄金百两。但来人却被李化龙母亲赶了出去。后来李化龙不仅不感谢刘綎，还严厉批评了刘綎，并上本将其弹劾。

万历三十一年（1603）四月，李化龙复被起用，改任工部右侍郎，总理河道事务。时年黄河连年泛滥决口。在李化龙赴任之时，单县苏家庄及曹县黄河段又遭遇大决堤。经过实地调研，李化龙上奏皇帝，提议于山东费县以南开凿泇河，以避开黄河之猛。如此一来，黄河由直河进入泇口再抵达夏镇，工程全长260里，从而躲避了黄河吕梁险要地带。不仅消除了黄河泛滥的隐患，而且使其成为南北交通的主要动脉。

朝廷感念李化龙的功绩，特晋升其为兵部尚书，加少保。万历三十九年（1611）八月，朝廷又加封李化龙柱国、光禄大夫少傅兼太子太保。天启四年（1624），李化龙死于任上，终年70岁，谥号"襄毅"，赠少师，后加赠太师。

李化龙治理嵩县，东北平乱，西南镇反，山东治黄，可谓屡立大功，不愧为明朝中期朝廷的治世能臣。此外，李化龙为官清廉，任人唯贤，也值得人们的称赞。

二　"为民请命"李戴

李戴，生卒年不详，字仁夫，河南延津县城内东街人，明朝中后期历任户部尚书、工部尚书等职。

李戴25岁参加科举，中举人。明穆宗隆庆二年（1568），李戴32岁时，科举进士及第。李戴为官期间，秉公办事，任人唯贤，颇得朝野称颂。

李戴最初担任江苏兴化知县，因政绩突出，朝廷提升他为户科给事中。他在此任上，减少赋税，厘清户口，调和人事纠纷。当时广东因为用兵打仗，增收民间的赋税。到了万历初年，祸乱才得平定。李戴随即向朝廷奏请，免除了当地增加的部分赋税，受到了当地百姓的拥戴。他也因功，累迁礼科都给事中，后出为陕西右参政，进按察使。

当时张居正崇尚刑法，四方大吏遂对其奉承，多主张严刑峻法，唯独李戴独行之以宽。李戴后由山西左布政使擢右副都御史，巡抚山东。当时山东正遭遇灾荒，李戴多次向皇上奏请减免赋税，赈济灾民。之后李戴奉诏入北京，担任了刑部侍郎。后晋升为南京户部尚书，又奉诏入北京担任工部尚书。其后他因继母去世，丁忧去职。

万历二十六年（1598），吏部尚书蔡国珍被罢官。廷议时共推举了七名接替其职务的候选人，李戴本是位居最末的一名，但皇帝却特意选用了他。李戴主持吏部长达六年时间，他谨守新令，惠政爱民，导之以宽，豁达大度，朝廷之人咸论他是一位温厚的长官。

李戴入朝为官之时，正是明朝中后期政局混乱的时期。明武宗长期不上朝，神宗更是二十多年不理朝政。在此期间，朝廷大权旁落，出现了宦官专权的局面。但朝廷中也出现了一批正直之士，不惧怕宦官势力，敢于向朝廷直谏。李戴就是其中一位敢于直谏的大臣。李戴曾多次向朝廷建议，陈述百姓疾苦，要求皇上惩治贪官，减少赋税，减轻百姓负担。

据《明史·李戴传》记载，李戴曾偕同朝官员一起向皇上进谏道："自去夏六月不雨至今，路殣相望，巡抚汪应蛟所奏饥民十八万人。加以频值寇警，屡兴征讨之师，按丁增调，履亩加租，赋额视二十年前不啻倍之矣。疮痍未起，而采榷之害又生。不论矿税有无，概勒取之民间，此何理也。天下富室无几，奸人肆虐何极。指其屋而恐之曰'彼有矿'，则家立破矣；'彼漏税'，则橐立罄矣。持无可究诘之说，用无所顾畏之人，蚩蚩小民，安得不穷且乱也。湖广激变已数告，而近日武昌尤甚。此辈宁不爱性命哉？变亦死，不变亦死，与其吞声独死，毋宁与仇家具糜。故一发不可遏耳。陛下可视为细故耶？"李戴进言，言辞恳切，有理有据，言语之中流露出他对百姓的深切感情，对当时弊政的憎恶。

明朝神宗时，朝廷大量任用宦官为矿监、税使。但这些矿监、税使每到一地，便疯狂剥削当地民众。这些矿监、税使的倒行逆施，激起了中小商人、小手工业者、作坊主等民众的激烈反对。万历二十八年（1600），湖广民众开始了反对宦官陈奉的斗争，万历三十六年（1608），辽东锦州军民发起了反对税使高淮的斗争。李戴作为朝廷要员，公开站在广大商民的立场之上，两次上书朝廷，指名道姓批评陈奉与高淮，请求皇上对二人问罪。此外，李戴曾两次请求朝廷重新起用被宦官迫害的官员，四次率领九卿官员奏请停止开矿增税。令人遗憾的是，李戴的仗义执言，上报给皇帝之后，昏庸的明神宗均未听从，也没有做出任何回应。

万历三十年（1602）二月，神宗皇帝染病，下诏停止开矿、榷税，并释放了关押的囚犯，同时采纳了李戴上奏的建议，贬谪了一些贪污腐败的官员。但好景不长，等到皇帝的病稍见好转，便又下令矿税、采榷如故。随后，李戴虽然率领其他官员极力谏争，但仍然无济于事。

第二年，李戴因为妖书案，受到锦衣卫的陷害，皇帝也为之恼怒，责令李戴致仕，夺郎中以下俸。据《明史·李戴传》记载："戴秉铨六年，温然长者，然声望出陆光祖诸人下。赵志皋、沈一贯柄政，戴不敢为异，以是久于其位，而铨政益颓废矣。卒赠少保。"

李戴死后葬于延津县城东关的"天官坟"，占地百亩，神路三丈，坟头原有石碑、石坊，坟路两旁有两列石人、石马、石羊等大型石雕 20 余件。现今均已毁。

李戴为官清廉，宽厚仁慈，急公好义，关心民间百姓疾苦，深受百姓拥护。至今他的老家延津一带，还流传有许多有关李戴的传说故事。

三 "潞王"朱翊镠

朱翊镠（1568—1614），4 岁册封为潞王，14 岁封藩于卫辉府，死后谥号"简"，故称潞简王。朱翊镠是明太祖朱元璋九世孙，明穆宗朱载坖第四子，明神宗朱翊钧的唯一母弟，生母孝定太后李氏。

早在隆庆四年（1570），朱翊镠 2 岁时，便被封为潞王。朱翊镠于京师居住长达二十年，尽受各方恩宠。万历帝就曾赐予其万顷良田。万历十七年（1589），朱翊镠 22 岁时，才就藩卫辉府。朱翊镠在藩二十六年，在王位时间达三十五年。万历四十二年（1614），孝定太后离世，讣告传至卫辉，朱翊镠悲伤万分，同年亦病逝，时年 47 岁，谥号"简"王。因朱翊镠身份特殊，备受恩宠，故当时朝臣们称其为"诸蕃之首"。

朱翊镠一生下来就异常受宠。史料记载，万历八年（1580），时年 18 岁的万历皇帝曾因醉酒在后宫闹事。已有醉态的皇帝拔剑追杀太监，场面一度混乱。时任司礼监秉笔太监冯保遂将此事报告给李太后。当时愤怒的太后严厉斥责万历皇帝，并宣称要废掉这个无德的皇帝，令其弟朱翊镠继位。由此事足以看出，太后对朱翊镠的宠爱之深。

除了太后宠爱之外，令人吃惊的是，万历皇帝对朱翊镠亦是宠信有加。潞王朱翊镠终其一生，生活奢靡，飞扬跋扈，这是与万历皇帝对其宠爱和纵容有着密切关系的。

万历十年（1582），朱翊镠年满 14 岁，依照皇室礼仪到了大婚年龄。为筹备潞王婚礼，皇宫共花费了各色金三千八百六十九两，银十万两，青红宝石八千七百余颗，珊瑚珍珠两万四千余颗，以至于将整个京城的珠宝都差点买空。由于花费巨大，户部还曾向万历皇帝暗示，潞王婚礼费用远超预期。然而万历帝却视而不见，甚至还挪用了九十多万两边备军费。

潞王婚后，其离京就藩一事被提上了议事日程。依照旧制，明朝亲王就藩在时间年龄上没有专门规定，却有出府成婚即议出藩的惯例。万历十二年（1584），在当时首辅申时行的主持下，拟定湖广衡州以及河南卫辉两地作为潞王就藩预选地点。万历皇帝本来为其弟选定了更为富足的湖广衡州，并准备在衡州府为其弟建造王府。然而朱翊镠本人却上奏皇帝道："臣愿就近，庶几咫尺天颜。"① 请求将就藩地点改为卫辉。万历皇帝态度当然是批准其请求。

朝廷随即开始建造潞王府。潞王府修建工程非常浩大，给地方政府带来极大压力。万历十三年（1585），时任河南巡抚臧惟一叫苦不迭，不得不向皇帝上书求助。当时建造潞王府的预算为六十七万七千八百两白银，所采石料皆采之于湖广、四川的深山老林，耗费人工巨大，故请求将河北道参戴光启调至卫辉。万历十六年（1588）五月，历时四年之久，潞王府最终修建完工。整个潞王府建筑群位于汲县城的东半部，恢宏壮丽、规模宏大。

在营造潞王府期间，潞王仍于京城生活。其间万历皇帝曾多次至昌平十三陵，拜谒祖陵以及视察寿宫的修建。万历皇帝离京时，皆令潞王率居守大臣监国。由此足见万历皇帝对潞王的宠信之深。

万历十六年（1588），在潞王朱翊镠就藩的前一年，他为了寻觅好马，无视朝廷军马法令，派府役们至军马场选马匹。其间有府役还打死了一匹没有驯服的马匹。见此情境，军马场负责人不得不上前制止。按照军法，打死军马，本是大罪，应受法律惩罚。即使是亲王犯错，也应对其劝诫。不料潞王却恶人先告状，跑至万历皇帝处诬军马场负责人："欺蔑亲藩，吓诈府役。"万历帝对潞王的罪责视而不见，反而将军马场的官员以及军士等人，交至大理寺论处。大理寺负责官员明知马场官员等人无罪，但也不得不违心判处涉事官员们"充军处身"的处罚。之后万历皇帝对此判罚任不满意，还特地命令将为首官员枷示一个月。

万历十七年（1589），潞王终于离京，前往卫辉就藩。途中朝廷共配

① 《明神宗实录》卷149，"万历十二年五月甲申"条，台湾"中研院"史语所影印本。

备了五百多艘船只，用于运送潞王的财宝家私。其途经顺天、河南二省各府县时，当地官员均举行盛大的迎送仪式，迎送潞王。

就藩之后，朱翊镠仍未消停，开始谋划在地方的生财之道。他接任的是景王朱载圳的庄田。朱载圳名下受封田地共四万亩地，实际上乃是虚数。但朱翊镠却坚持将田地数目变为实数。最终，潞王通过巧取豪夺，强行将四万亩田地搜刮到位。不仅如此，潞王还强行追讨景王名下的房课、盐税等各种收入，并将其纳为己有。

据史料记载，潞王在藩二十六年期间，其虽然有大量的俸禄田产，但他并不满足，仍旧四处强占民田。他已有妻妾十几人，但仍在当地强占民女。潞王为非作歹，潞府人也狐假虎威。他们私设公堂，非刑逼拷。由此可以看出，潞王委实算不得贤王。但综合明代诸亲王表现来看，其也并非最臭名昭著的一个。潞王死后谥号曰"简"，这称得上是一个中等的评价。

潞简王生前奢侈，死后还想在冥界依旧享受荣华富贵。因此，他在没有死时就开始为自己建造豪华墓地。他的墓园位于今河南省新乡市北郊15公里处凤凰山南麓。墓园坐北朝南，占地约16万平方米，约合240亩。建筑规格布局，仿北京十三陵中的定陵。但他的墓地豪华、气派，却赶超了万历皇帝的明定陵。他的墓地前有神道及石刻仪仗群，有三进院落。一进院落为附属建筑房屋，二进院为恩门、恩殿和配殿等主体建筑，三进院有两个高大的石筑圆形墓冢。墓冢东为潞简王墓，墓室180平方米；西为次妃赵氏墓，墓室230多平方米。两座墓室修建的都像地下宫殿。潞王墓大约在1614年修建完工。

朱翊镠虽然只是个藩王，但他的潞王墓和次妃墓都是"营造逾制"的产物。《明会典》规定，亲王坟茔占地不得超过60亩，但潞王墓超过了200亩。《明会典》还规定亲王只许建造一处墓园，正妃与亲王合葬，次妃和妾只能在王墓两旁挖坑附建。但实际上，潞王次妃赵氏为潞王所宠爱，潞王就为她单独另造了一个和王墓一样大的坟墓。潞王陵墓处处都有皇帝才能用的龙饰，连地宫大门的门钉都是九九八十一颗，享受天子的九五之尊。潞王墓地石刻仪仗中的石兽种类数量均超过了皇陵。南京孝陵和北京十三陵都是6种6对，而潞王墓则多达14种14对。

由于规模宏大，潞简王陵被誉为"中原定陵"。这也是我国现存规模最大、最完整的明代藩王墓。潞王墓保存石刻和古建筑之多之好，在众多藩王墓中是独一无二的，特别是如此宏大的次妃墓更是绝无仅有。

潞简王朱翊镠作为明朝后期的藩王，本人并无特殊之处为历史所记载。潞简王生活奢侈，其大婚、就藩、营建潞王府以及潞王陵，均耗费巨大，增加了人民的负担，为明朝财政增添了巨大的压力。但其耗费巨资营建的潞王陵，规模宏大，成为后世藩王陵墓中不可多得的建筑典范。

四 "四朝元老" 王永光

王永光，生卒年不详，字有孚，河南长垣县人。王永光系晚明万历、泰昌、天启、崇祯四朝重臣，历任中书舍人、柱国太保兼太子太傅、吏部尚书等职。

王永光早年丧父，家贫，少时以给富家放牛为生。他聪颖好学，闲暇之余，常去邻村私塾旁听，以柳枝为笔，大地作纸习字。后他被塾师发现。塾师询问其功课。王永光对答如流。塾师以为奇才，遂免费收其为徒。王永光得到宝贵的学习机会后，发奋读书，学识大进。他于明万历年间考中进士，授中书舍人。

王永光忠于职守，勤于政事。万历二十六年（1598）升为吏部主事，历任员外郎中，主管人事。他查阅档案时，发现一案竟株连二百多名官员降级，甚感惊异。经其仔细考察，确有蒙冤者。于是他毅然上奏，请求神宗恩准，给受冤官员平反昭雪。此举使得永光深受朝野上下的赞许。

由于政绩突出，万历三十年（1602），王永光升为通政司参议。四年后，永光先后担任右通政、右佥都御使、巡抚浙江等官职。万历四十二年（1614），永光转任南大理卿。光宗即位，永光担任工部左侍郎，署部事，后又为右都御使，仍管左侍郎事。不久他被朝廷擢升为工部尚书。天启三年（1623），王永光改任户部尚书，总督仓场，调掌南京督察院。天启五年（1625），王永光加太子太保。第二年，王永光转任南京兵部尚书。任职期间，曾经因为兵营噪乱，王永光单骑驰往，诛倡乱者数人，及时平息骚乱，为朝廷立下大功。崇祯元年（1628），王永光又任户部尚书，后改任吏部尚书。

王永光廉洁勤政，忠厚正直，敢于直谏，深得皇上重用。每有事相商，不叫其名，直呼其官称"王尚书"，恩赐世袭少保。

王永光年逾古稀时，因年迈告老归隐还乡后，著书《冰玉堂集》数卷。王永光在长垣修建王氏祠堂时，崇祯皇帝亲赐"四朝元老"镏金匾额。现在王氏后裔仍保存着崇祯皇帝给王永光的三道圣旨。

王永光与明末宫廷"三案"以及魏忠贤阉党均有一定牵连，官修正史《明史》也未将其收录其中。由此可见，王永光在明朝历史中是一为颇有争议的人物。

王永光墓位于今河南长垣县城东南的孟岗乡王楼村东北，距县城4公里。墓冢高约3米，墓前立一巨碑，并有碑楼，上书"明光禄大夫柱国少保兼太子太傅吏部尚书王永光之墓"，并标有县保文物单位石质标志牌一块。王永光墓志铭现收藏于长垣县文管所。

王永光是明朝后期朝廷中一位重臣，受到了明朝后期历朝皇帝的重用，这是十分难能可贵的。他为官有清名，但也有一定的争议，是明朝后期一位有争议的历史人物。

五 "一日三本"许作梅

许作梅（1612—1668），字景说，号傅严（亦说博岩），祖籍河南新乡县西元封村。许作梅先后在明清两朝为官，因为其为官刚正，故得罪了一些当朝权贵，被权贵们骂为"天狗"，但民间百姓却十分拥护许作梅，称他为"许天官"。

许作梅，自幼聪敏多学。明崇祯九年（1636），许作梅中举人，崇祯十三年（1640），得中进士，官居御史。明亡后，许作梅隐居至辉县苏门山中。

清顺治二年（1645），许作梅被诏入京。许作梅不畏权贵，勇于直言进谏。据称许作梅曾上奏朝廷五十余本，件件上疏皆得皇帝御笔朱批，足见其受重视程度。顺治十一年（1654），许作梅升任太仆寺少卿。

许作梅为人光明磊落，一心为民，毫不徇私。有一次，许作梅甚至一天之内，因水灾等事接连向朝廷上奏了三本。许作梅因此而青史留名，名声大震。他上奏第一本题为《水患疏》，主要内容是谈当地水患之危害。当时豫北一带山洪河水共同暴发，新乡县、汲县、获嘉、辉县、淇县、修武县、温县、武陟县等县，受灾严重。各县城四门土屯，水皆浮于桥上，外出甚至需要驾舟而行，给当地百姓带来巨大灾难。第二本题为《遗民疏》，主要内容是揭露时任兵部尚书王永吉、刑部侍郎袭鼎孳等官员假报灾情的罪恶。上奏完此二本之后，许作梅正在宫院里为水患而忧心沉思时，猛然听到其背后有人对他讥讽地说道："许大人，今天可无本再奏了吧？"许作梅抬头看到，说话之人竟然是一位趋炎附势的太监。许作梅见他袍帽不整、绦带俱露，便愤怒地对其喝道："我第三本不奏别人，单奏你奉君不洗尘、前来恶心人！"言毕，许作梅就将此太监拖至殿上面见皇帝。因为太监每次面君前，必须洗礼更衣，此太监显然于礼不合，故此许作梅才上此本。①

　　皇帝认为许作梅能够洞察细微，有他进谏，对自己的统治大有裨益。遂敕封许作梅不论大小事，一天可奏三本。从此，许作梅的别称"许三本"，就这样流传开来。

　　许作梅为官能够不畏权贵，敢于直言进谏，以民心社稷为重，这是值得人们称许的。

六　冯世昌及冯氏族内名士

　　冯氏宗族是河南获嘉县当地的名门望族，在地方社会中发挥了举足轻重的作用。冯氏宗族第十世族人冯兆麟是从明初开始追述冯氏始祖的，他在《冯氏族谱序》中言道："（吾冯氏）初自镇江金山卫迁扬州之如皋，因为如皋人。洪武中，贵一公始隶直隶宁山卫军籍，而屯田河南获嘉县境中。盖其时用五丁金一之议，而贵一公之长子仲义公有六子，故应其例，而戍塞之名，则仍贵一公云，是为始祖。"文中谈到冯氏祖上原为镇江金山卫人，后迁居扬州如皋。

　　冯氏至第五世通判公海在科举中崭露头角之后，在科举中不断取得成就，甚至有族人蟾宫折桂，高中进士。兆麟在族谱序中就谈道："夫自贵一公至不肖麟才十世，二百五十余年，又且衣冠辈出……"光绪十三年（1887），冯氏第十七世清源在续修族谱序中，当谈及冯氏的科举仕宦成就时，也曾自豪地言道："前明洪武中，我始祖贵一公迄至国朝清光绪丁亥年间，统计数百余年，大小爵职生员五六十人，选拔数刻，九人一榜，父子进士，兄弟进士，官至宰甫，崇入乡贤、忠义者九人，

---

① 参见邢亚平主编《牧野风·新乡人物卷》，河南美术出版社2008年版，第89、90页。

难以枚举。"

为进一步了解冯氏在明朝的科举仕宦情况，兹依据冯氏民国谱《家乘》以及民国版《获嘉县志》卷11《选举》，记录整理如表5-1。

表5-1　　　　　　　　　　　获嘉冯氏科举仕宦表

序号	世系	姓名	入学、科举	仕宦	其他
1	五世	冯海	成化丁酉举人	临江府通判	事母孝，精于书法、卜筮
2	六世	冯世昌	正德辛未进士	吏部稽勋司观政	性孝友，父疾，签天求代，兄弟同居
3	六世	冯世安	邑庠生	－	－
4	六世	冯世宁	嘉靖四年岁贡	金乡教谕	－
5	七世	冯鉴	邑庠生	－	－
6	七世	冯錞	廪膳生员	－	急人之难，尤笃于内行
7	八世	冯克孝	万历戊子岁贡	京卫武学训导	侍父能色养，抚弟侄无间
8	九世	冯上知	万历己丑进士	光禄寺少卿	忠孝天植，崇祀乡贤祠
9	九世	冯上达	万历壬午举人	－	年二十七逝世
10	九世	冯上爱	增广生员	－	负侠任气，好济人急施
11	九世	冯上宾	天启壬戌进士	湖广参政	济困扶危
12	九世	冯上用	天启二年岁贡	陕西环县教谕	孝事继母，辞官不仕
13	十世	冯兆麟	天启辛酉拔贡	莱州府同知	修撰族谱
14	十世	冯兆祜	例贡生	－	－
15	十一世	冯书瑛	国子监生	－	－
16	十二世	冯锡祁	邑庠生	－	－
17	十二世	冯锡普	国子监生	－	－

上表仅列举至十二世，这基本是获嘉冯氏宗族在明朝时族人科举仕宦的情况记录，清朝时冯氏族人也有很多成为生员、贡生和举人，其中也有仕宦为官的。从上表可以看出，冯氏在从第五世到十二世中间，其科举仕宦成就还是相当显著的。尤其是第六世冯世昌以及第九世冯上知、冯上宾高中进士，获得了封建科举的最高科名，并分别在中央、地方担任要职，从而将冯氏在地方上的发展演绎到了极致。

冯氏在科举上的成功，是与其宗族内部良好的教育传统密不可分的。在对族内弟子的教育上，冯氏第五世冯海以及第七世冯錞尤其起到了突出的作用。冯诲与冯鐏科举功名虽不是最突出的，但在教育族内子侄以及当地士人上却贡献颇著。据民国谱《家乘下》载："冯诲致仕归乡，训子侄及内外诸孙以举子业，远近及门之士日益以繁。"冯诲不仅培养了冯氏历史上的第一名进士，而且推进了当地教育的发展。同样，冯鐏罢诸生业后，也一意督促族内子姓攻习儒业。在冯鐏的努力培养下，族人科举成绩同样显著，其孙冯上知、冯上宾也分别考取了进士，兄弟同为进士，在当地传为美谈。

冯世昌，正德辛未进士，获嘉县人，曾任吏部稽勋司观政。世昌性孝友，父疾，签天求代，兄弟同居。

冯上知，字元靖，号蕲洲，早岁能文，补邑诸生，万历己丑进士，曾任户部主事、兵部郎中、光禄寺少卿，著有《都门南游诸稿》。① 据民国《冯氏家乘》记载，上知"忠孝天植，崇祀乡贤祠"。

冯上宾，字元献，号杜洲，万历庚子举人，天启壬戌进士，曾任阳城知县、南部主事、汉中府知府、湖广参政等。上宾在致仕归乡之后，逢获邑大荒，人相食，上宾"捐金施赈，全活甚众"。②

冯上爱，如上表记载，增广生员，在当地已有一定影响。据民国谱《家乘下》记载，冯上爱"负侠任气，好济人急施"，其见到"路有枯骨，备棺葬奠之"；获邑某生已聘当地一女为妻，但因女家索要聘金过重，该生不得已，欲毁亲。上爱"代为纳采，成两姓之好"。如此种种利于地方之事，使得冯氏在当地声望、地位愈重。

获嘉冯氏在入清以后，仍保持着耕读结合的传统，事业得以继续发展。如前所述，其科举成就仍较为突出。除了耕读之外，冯氏还有相当部分族人开始习医。在乡村社会中，以治病救人为业，也颇受乡民的尊敬，这也间接扩大了冯氏在地方社会中的影响。

获嘉冯氏在明清时期始终有着举足轻重的地位与影响。冯氏以耕读传家，自冯氏第五世冯诲以来，冯氏族人科举中举者，不绝如缕。冯氏第九世冯上知、冯上宾还高中进士，冯氏科举至此达到了最高峰。冯氏宗族在地方社会也发挥了积极作用，成为当地举足轻重的望族。

---

① 《获嘉县志》卷12《乡宦》，民国二十四年（1935）铅印本。

② 《获嘉县志》卷12《乡宦》，民国二十四年（1935）铅印本。

七 贺盛瑞及贺氏族内名士

贺氏宗族亦为河南获嘉县望族，在明末清初时期，其族内名人辈出，"世为获善族"，在当地影响深远。兹将贺氏族内名人简略论述于下。

贺盛瑞（1553—1615），字太微，号凤山，河南获嘉县人，明代皇家建筑专家。万历乙酉（1585），贺盛瑞以《礼记》举乡试第四，己丑（1589），成进士。明万历二十年（1592），授工部屯田司主事。万历二十三年（1595），任工部营缮司郎中。贺盛瑞任职期间，曾负责维修、修建景陵、献陵、公主府第、宫城北上门楼、西华门楼以及乾清宫、坤宁宫等多项工程。其后历升员外郎、湖广参议、刑部主事等，善政甚多。

万历二十年（1592），贺盛瑞奉命维修景陵。景陵为明宣宗朱瞻基的陵墓。因为历经一百多年，陵墓许多地方都需要修缮，花费本应不菲。但贺盛瑞精简节约，处处精打细算，最终竟节省白银7000余两。第二年，贺盛瑞又奉命修缮献陵。献陵是明代朱棣之子朱高炽的陵墓，当时年代更为久远，需修缮之处更多。贺盛瑞受命以来，亲临现场，认真勘察，最终亦缩减经费一万多两，完成了修缮任务。

万历二十二年（1594），贺盛瑞又受命主持修建永宁公主坟。当时面临着经费极为短缺的情形。贺盛瑞面对恶劣局面，通过多方筹措，加上皇太后给予的赏赐，最后只花费了330两银子便修建完成。此后皇太后派人查看，发现坟墓的修建虽然花费少，但是质量却甚佳。皇太后对此甚为满意，还专门赐银，赏赐给劳苦功高的贺盛瑞。

由于贺盛瑞政绩突出，万历二十四年（1596）至万历二十六年（1598），朝廷又任命贺盛瑞主持修建乾清宫和坤宁宫。受命以来，贺盛瑞兢兢业业，不断查阅宫廷档案资料，又在借鉴前人修缮经验的基础之上，大胆创新，成功完成了修建任务。

当时修缮乾清宫工程，朝廷原估算造价为白银161万两。贺盛瑞上任以来，采用60余项改革措施，包括重视经济核算，明确施工组织管理责任制；严格控制办事机构的设置；改革雇工以及备料的旧例；杜绝钻营请托积弊等。最终修缮完成之后，不仅工期大大缩短，而且只用了白银68万两，节约工银93万两，创造了当时建筑界的奇迹。

贺盛瑞主管宫廷建筑的修缮，应该算是个"肥差"，本来有很多生财的机会。但是他始终廉洁奉公，不仅自己不贪渎，还严禁其手下有贪污、中饱私囊的行为。当时很多人手持朝中权臣以及皇亲国戚的信件，请求贺盛瑞给予工程上的照顾，都遭到了贺盛瑞的言辞拒绝和斥责，并将其逐出门外，贺盛瑞还要追究他们的责任。对于朝中一些利令智昏的地方官员，假借工程之名，大肆采购建材，并提出许多非分要求，损公肥私，贺盛瑞也都坚决予以拒绝。当时朝廷官员指挥林朝栋以及百户张文学、李纶清等，在采购木料等原料方面，企图假公济私。贺盛瑞发现后，对他们坚决反对抵制。既没让他们肥了自己腰包，也保护了国家的财产。这些官员利欲熏心，甚至还买通皇帝身边太监，蒙蔽皇上，颁下特旨。然而不管压力多大，贺盛瑞始终坚持原则，毫不退让。

贺盛瑞的清廉，造成了他同企图借工程牟利的相关人员和朝中权贵，诸如百户李纶清以及河西王等，有了直接的矛盾。他们甚至联合上奏，诬陷贺盛瑞"冒销工料"。朝廷最终颁布诏令，将贺盛瑞逐出京师，贬至泰州。1615 年，贺盛瑞去世在官任上。

被诬陷贬官之后，贺盛瑞为了自证清白，悲愤撰写了《两宫鼎建记》《京察辨冤疏》等文章。文章中详细记载了其修建两宫的详细经过，为自己辩白。但文章上奏朝廷后，犹如石沉大海，毫无回音。

《获嘉县志》记载，贺盛瑞曾一度回乡居住。他孝友天成，厚渊族好施，居乡数十年未尝与人有毫发争端，性率真无委曲。①

贺盛瑞子仲轼，字景瞻，万历癸卯（1603）举人，庚戌（1610）进士。贺仲轼与其父贺盛瑞是获嘉历史上著名的"父子进士"。贺仲轼历任醴泉、青浦县令。明万历四十八年（1620）任刑部主事，后迁本部广东司员外郎、福建司郎中，其后又担任镇江知府，升任西宁兵备、山东兵备，迁陕西副使。崇祯十七年（1644）二月，李自成率农民军攻破获嘉，贺仲轼抱着"忠臣不事二主"的信念，率妻妾殉烈而亡，卒年 65 岁。此后当地乡民为之立庙于巨柏村，又崇祀大梁书院。乾隆十五年（1750），祀乡贤祠，并建坊旌。

贺仲轼著述甚多，主要有《柏园论草》《四书率言》《八卦余生》《春秋归义》《不义人》《约族俚言》《景瞻论草》《冬官纪事》等书。其

---

① 《获嘉县志》卷 12《乡宦》，民国二十四年（1935）铅印本。

中《冬官纪事》是仲轼依据其父亲的《京察辨冤疏》等著作撰写的。该书由明朝文学家华亭逸史陈继儒校正并作序，后陈继儒还将其编入自己所著《普秘笈》一书中。

贺仲轼撰写的稿本，被妥善保管在其家中，之后由其后人珍藏。贺氏祠堂修建后，贺氏后裔又将其珍藏于祠堂之中。贺氏一直将此作为"颂祖育后"的重要教育资源。中华人民共和国成立后，贺氏后裔遂将贺仲轼等族人的大部分著作，一并捐赠给获嘉县档案馆。

贺振能，字蓬仙，乃仲轼次子。贺振能拜明末清初大儒孙奇逢为师习文。据称，其嗜文敦行，尤长于风雅。① 贺振能著有《窥园稿》等著作。《窥园稿》今藏于新乡市图书馆。

贺氏宗族乃获嘉县又一世家大族。自明后期贺盛瑞以来，贺氏代有贤人出现。在贺氏宗族中，尤以贺盛瑞最为著名，其在全国范围亦有较大影响。

八　郭淐、郭滰及郭氏族内名士

郭氏系元末明初兵燹后，河南新乡仅存的七姓之一。至明朝末年郭氏宗伯公、朝廷赠礼部尚书郭淐时期，郭氏先后出现了一批读书仕宦之士，此后代有显者，不绝如缕，郭氏逐渐兴盛，成为地方望族。兹将新乡郭氏族中名士简略论述如下。

郭淐（1563—1622），字原仲，号苏门，别号苏门山人，邑庠廪生，新乡县定郭村人，精通兰亭书法。

郭淐自幼天资聪慧，又刻苦好学。万历十六年（1588），郭淐考中举人，万历二十四年（1596），中进士，担任翰林院庶吉士，国史院编修，管理六曹章奏。万历三十一年（1603），郭淐升任右庶子兼翰林院侍讲，荣任帝师。万历四十年（1612），郭淐担任顺天府乡试主考。但因当时与权宦魏忠贤不和，郭淐完成了主考任务之后，遂上奏告老还乡。

天启元年（1621），明熹宗朱由校即位，重新启用了郭淐。郭淐担任南京詹事府少詹事，掌南京翰林院事，后升任礼部右侍郎兼翰林院侍读学士。

---

① 《获嘉县志》卷12《文学》，民国二十四年（1935）铅印本。

郭淐为官公正廉洁，为人大公无私。他对官场的陋习，一贯是深恶痛绝的态度。对于有人请托送礼，请求郭淐给予关照的事情，他都一概回绝，并对这些人大加斥责。他在其所著《策问》中，就曾表明他的心迹，他言道："以天下之好恶为好恶，则公；以天下知识为知识，则明。"

天启初年，清太祖努尔哈赤率兵屡次犯边，先后攻克辽阳、广宁等地，并且逼近顺天。明廷震动，朝纲一时混乱。面对此情景，多年未在官场露面的郭淐以天下为己任，在短短九个月之内，连续向朝廷上书达十六次，详细陈述自己的抗清策略与措施。他在天启元年（1621）四月上奏朝廷的《与政府书》中，动情地谈道："不肖淐，不才配质，久为人弃，业已甘府田野，无复有再见天日之想矣。"但事情有变，面对家国遭侵之局面，"事危主忧"，郭淐提出了解决边境危难的几项措施：一是要有精兵；二是要有强将；三是要有粮饷；四是要有谋臣；五是要有以攻代守的谋略。郭淐认为，唯有满足这五个条件，才能取得抗清的胜利，解决边境的危机。

天启二年（1622）二月，郭淐值此危机时刻，不顾自己虚弱的身体，急于进京面圣，希望当面向明熹宗陈述自己的抗清策略。但事与愿违，在行至彰德府时，郭淐突然病倒。其后又行至河北新乐县时，再次病倒。终于在三月，郭淐抵达京师，但此时病情已经非常严重，不能上朝觐见明熹宗。六月三十日，满怀报国志向的郭淐病逝，时年59岁。郭淐去世后，获赠荣禄大夫、礼部尚书，谥"忠节"。明熹宗曾两次下谕祭祀，并派官员赐银建墓安葬。

郭淐被河南提学李化龙称为"中州第一秀才"，郭氏族人尊称其为宗伯公。其人其事在《新乡县志》及《中州人物传》等皆有记载，祀乡贤、忠义两祠。郭淐著述颇丰，包括《苏门山房文草》四卷，《苏门山房诗草》二卷，《绿竹园诗文集》四卷，《郭氏家乘》一卷，《东事书》一卷等。

郭浍（1573—1640），字季昭，号孟诸，别号石门山人，郭淐之四弟。

郭浍自幼受家学影响，刻苦勤奋，万历三十四年（1606），河南乡试中举，万历三十八年（1610），中进士，初授行人司行人。但郭浍因受其兄影响，仕途最初并不通畅。郭浍后转为南京户部浙江清吏司主事。任职期间，恰巧有一件管理税收的差事让郭浍去办理，据称办事者可从中得到很大实惠。但郭浣对此却有清醒的认识，他以大象因有象牙而招至祸端为例，竭力推辞之后，郭浣擢为户部员外部。

天启二年（1622），郭浣升任户部山东清吏司部中。此时的郭浣对天下大势就有了清醒的认识，时局发生之事，很多都被其言中。天启三年（1623）春，郭浣被授中宪大夫、湖广荆州府知府。在担任荆州知府期间，体恤民情，兴修水利，募兵保民，政绩显著。天启六年（1626），直隶巡按洪如钟上疏朝廷，举荐郭浣。郭浣升任天津海防监军兵备道山东提刑按察司副使。其间，郭浣多次拒绝魏忠贤党羽安排之人担任边疆将领，因此得罪魏党。其后受到魏党诬陷打击，郭浣降为江南扬州府同知。任同知期间，郭浣依旧清正廉洁，不改初衷。

崇祯皇帝即位后，一举铲除了魏忠贤及其党羽。崇祯三年（1630），郭浣升任江西南昌府知府。到任之后，郭浣加强练兵，并积极修缮营房，整顿驻军，加强了军备。之后农民军张献忠部来往两江，却不敢进犯南昌，百姓得以免受侵扰。崇祯五年（1632），郭浣升任山西粮储屯田道按察司副使兼布政司参议，署布政司事。其后郭浣因直言，得罪监军，遭到降职。郭浣遂回归乡里，在辉县孟庄隐居五年。隐居期间，郭浣就曾在当地"每春出粟豆，分给相邻，不责其偿"[①]，又有了许多造福乡族的善行。

崇祯九年（1636）冬，受时任太常寺正卿张镜心举荐，郭浣起为陕西巩昌府知府。十年（1637）二月十四到任之后，郭浣便深挖战壕，厚筑城墙，开荒耕种，减免税赋，受到当地民众的赞颂。一年后，郭浣升任陕西庄浪兵备道按察司副使，到任后亦是政绩颇多。

崇祯十三年（1640）三月，郭浣升任大中大夫，分守陕西凉州兵备道布政司参政。初九到任之后，他积极购置兵器，备饷练兵剿番，加强军备。后因当地有官兵扰民，并发生害人致死事件，郭浣义愤填膺，最终愤恨而死。郭浣著有《宦草诗文集》《家藏集》《荆州三纪事》等著作。

郭氏第十世郭士标，郭涓子，系郭浣第三子过嗣，字公望，号中水，祀乡贤，以子晋熙诰赠朝议大夫，吏部稽功司郎中。据《郭氏族谱》记载，郭涓去世后，郭士标曾上奏朝廷，请求朝廷恩恤，对其父进行旌表。廷议本已通过，赠郭浣太常寺少卿。然而朝廷谕旨却迟迟未下。当时奸相

---

① 《新乡县志》卷 30《人物上》，乾隆十二年（1747）刊本。

宜兴周延儒便乘机向郭士标索要三千金。声言唯有如此，方得谕旨。但郭士标对此言辞拒绝，郭士标曰："先人清介终身，以故位不偿德。今身后以贿得赠，虽荣亦辱。"终不肯贿赂奸臣周延儒。时任巡按甘肃监察御史王璋将郭浍功绩上奏朝廷。朝廷最终仅赐金建牌坊，以示旌表。

据《郭氏族谱》记载，郭士标"立心宅厚，凡遇饥荒，即发粟赈济，存活多人。无论族人外姓，凡有贫穷不能婚葬者，解囊相资，通邑称为义士"。当明季流寇之乱，郭士标、郭士栋兄弟还"佐县令米公讳寿图，缮完城池，召募勇士为守御计，一方赖以安堵"。郭士栋"又于辉县孟庄，恪遵父命，建立围寨，凡遇流寇扰乱，远近男妇同入寨内，悉保无虞"。

郭士标之子郭氏第十一世郭迈熙，字癸臣，号愚谷，康熙三十年（1691）岁贡，候选训导，族人尊称其为愚谷公。其弟郭遇熙，字骏臣，号省斋，康熙己未（1679）进士，历任广东从化县知县，刑部湖广司主事，族人称其为省斋公。康熙三十五年（1696），郭遇熙发动新邑中"绅士社甲之好义者"共力翻修了邑内义学德化书院。新邑旧有德化书院，乃新邑县令李登瀛"分俸以建"，后又"延师以训弟子"，义学建成，在当地影响很大，引得当地学子纷纷入学，"阖邑之英俊黄童出入拥匝，咸欲占片席以为荣"。但此书院"屋宇湫隘，户外履满，常有立星露宿之虞"，因此当郭遇熙回乡时感到"甚非所以广施教铎而收罗人才至意也"，因此才首发倡议，遍邀邑内好义者共同将德化书院修葺扩建一新，为更好地培养人才创造了有利的条件。①

另据《郭氏族谱》记载，值清初吴三桂叛乱时，郭遇熙"念切桑梓"，保全一方安宁。"当吴逆之变，大兵过卫，山贼窃附其后，假大兵名以恣掳掠"，郭遇熙"毅然修辑孟庄围寨，远近男妇俱入寨内，携兄弟童仆，设法捍御，始得无恙"。诸如此类保全乡里的记载，无不说明了郭氏在当地有着举足轻重的地位。

新乡郭氏宗族称得上新乡当地的名门望族。至明朝末年郭氏宗伯公、朝廷赠礼部尚书郭涅以来，郭氏先后出现了一批读书仕宦之士，郭氏宗族也逐渐兴盛。在郭氏族人郭遇熙撰写的《重修族谱序》中就言称："廊邑之称巨族者，谬以吾郭氏为最，且以明经起家，再传而登贤书，数传而列

---

① 《新乡县志》卷20《学校下》，乾隆十二年（1747）刊本。

公卿，祖孙、父子、兄弟之间，甲第连绵，学宫岁荐之士，累累若若，于今不衰。"文中郭遇熙自豪之感溢于言表。而郭氏族人郭两铭也曾言道："自三世祖陵川公以下，九列乡贤，六祀名宦，两祀忠义祠。"可见郭氏在当地有着良好的声誉，获得了巨大的声望。依靠郭氏族人历代不绝的仕宦，对当地社会有着十分重要的社会影响。

九　张缙彦及张氏族内名人

张氏宗族是明朝永乐年间由山西洪洞迁居河南新乡的北方宗族，是明清时期与上文中郭氏宗族起名的新乡另一望族。在明清之际，该族异常重视族人教育，开始出现科举仕宦族人，并涌现出以张缙彦为代表的科举入仕之人。兹将新乡郭氏族中名士简略论述如下。

张缙彦（1599—1670），字濂源，号坦公，别号大隐，又号外方子、筏喻道人、萧居先生等，河南新乡县人，明末清初历史人物，明兵部尚书，后降清，《清史列传》以及《清史稿》中均有传。

张缙彦自幼聪慧过人，十岁博览经史，崇祯四年（1631）进士。初任延安府清涧县、西安府三原县知县。崇祯九年（1636），授户部浙江司主事，旋升边饷郎中。次年（1637）连擢翰林院检讨、兵科给事中。崇祯十四年（1641），张缙彦回籍丁父忧，但守制未完，于崇祯十六年（1643），受诏以馆卿用，旋升兵部侍郎，次日又报升兵部尚书。但此时明王朝已岌岌可危，于次年（1644）三月，被农民起义军攻陷京城，明朝宣告灭亡。明亡后，张缙彦被俘，但随即逃脱，曾短暂组织明旧部抗击农民军。

张缙彦于清顺治九年（1652），应诏出任山东右布政使，顺治十一年（1654），迁任浙江省左布政使，顺治十六年（1659），改任工部右侍郎。

顺治十七年（1660），张缙彦因受文字狱之累，初被判拟斩，后被顺治下诏免死，发配宁古塔。康熙四年（1665）夏，张缙彦邀集同为被流放人士姚其章、钱威、吴兆骞、钱虞仲、钱方叔、钱丹季六人，发起成立"七子诗会"。这是黑龙江省第一个诗社，每月集会一次，分派题目，限定韵律，作诗唱和。康熙九年（1670）病逝于谪属地，终年71岁。张缙彦在仕宦之余、贬戍之时，著述也颇丰，平生著有诗文《河北杀贼始末》

《宁古塔山水记》等数种。①

　　张缙彦一生不仅仕途之辗转反侧让人兴叹，而且其晚年境遇之凄凉也令人扼腕叹息，可谓跌宕起伏，颇富于传奇色彩。因此张缙彦也自然成为张氏宗族的旗帜，而张氏宗族也自然成为当地的望族，受到世人的瞩目与敬仰。

　　张缙彦之后，张氏虽不比缙彦时候显达，但仍代有贤者出，读书求功名之人甚多。由于清朝中后期随着人口的增加等因素，举业成功已经变得颇为艰难，张氏大多都成为低等功名拥有者，但并未影响到张氏在当地的望族地位。张氏第十五世、邑庠生张资汉就是其中杰出的一位。

　　张资汉，邑庠生，性谦和，端品力学，恤贫周急，尤笃于宗族，建先祠，修宗谱，乡党重之。② 资汉与当时新乡县前后两任知县关系都颇为融洽，在知县修建本县各种文化教育设施时，当时为生员的张资汉都得以参与并具体负责。乾隆二年（1737），时任新邑县令的时正决定重修梓潼祠。梓潼祠"其先名讲堂，邑人敦书说礼会文肄业之所也"，但因年久失修，院内垣壁残坏，"栋瓦倾颓"，可谓破旧不堪，影响了其正常使用。张资汉携同当时邑中另一士绅郭培墉从中协助时正，共勷其成，将梓潼祠修缮一新，为当地学人营建了一个好的读书识礼的环境。③

　　新乡在明朝时建有聚奎楼一座，当地人认为"奎壁主文，故五星聚奎，则天下文明"，故建此楼，作为新邑文脉兴旺所在，以此来护佑新邑文运昌盛，举子高中。当至乾隆年间，因为新邑连岁霪雨为灾，聚奎楼"栋楹大坏，沙碛沉零。向之巍焕崇隆者，几有荒烟漫草之慨焉"。乾隆六年（1741），新任新邑知县赵开元因念今年乃学子大比之年，遂捐俸重修聚奎楼。张资汉协助赵开元倡其事，号召全邑士绅"轮赀致力，众志金同"，张资汉具体负责并"资助肇工"。聚奎楼于当年五月落成，焕然一新，从而使新邑士子科举吃了一颗"定心丸"，据称当年果有新邑学子

---

　　① 张缙彦的生平可参见《清史稿》，中华书局 1977 年标点本，第 32 册，第 9638 页以及民国《张氏族谱》下卷《墓志铭》，惟中撰《司空公墓志铭》，其中《清史稿》中称缙彦是河南新郑人当为河南新乡人之误。有关张缙彦的籍贯问题在王兴亚、马怀云《河南历史名人籍里研究》（中州古籍出版社 2002 年版）中有专文探讨，可参见。

　　② 《新乡县志》卷 5《人物·义行》，乾隆十二年（1747）刊本。

　　③ 《新乡县志》卷 11《学校上》，乾隆十二年（1747）刊本。

科举高中。① 乾隆十一年（1746），知县赵开元又捐资对邑内多项文化教育设施进行整修，包括大成殿明伦堂、敬一亭、肇圣宫、名宦忠义孝弟节孝等祠、儒林坊及教谕宅、文昌阁等。此次大规模修整，县令赵开元又令张资汉具体负责施工等事，将这些建筑修建一新并增其旧制。②

此外，在清末光绪、宣统年间，张氏族人张积芝在当地启迪民风、兴办教育方面起到了积极的作用。光绪年间，朝廷实行"新政"，废除科举制度，开设新学堂。张积芝在地方也积极响应，热心于本县的教育事业。光绪二十三年（1897），张积芝选为新邑第五区劝学员，深入所辖各村进行劝导，"无远弗届，不辞劳怨"，于第二年春劝设两等小学校。张积芝因该校为全县最优学校，受到县知事韩秀岭表彰并赠"热心兴学"匾额。宣统二年（1910），张积芝又劝办简易识字学塾数十处，并且代购简易识字课本，每塾各发一卷，为普及基层教育尽心尽力，当时新邑知事王荃士亦敬赠"为国储材"匾额，河南提学使孔祥霖奖赠"劝学有方"，对张积芝予以表彰。③

明清时期，以张缙彦为代表的新乡张氏宗族，亦是当地的名门望族。黎阳（今河南浚县）刘至东在《张氏族谱序》中盛赞张氏道："张氏一门，允为世族大家，其源远而流长者，固大有在也。考厥先代十世以上，未曾显达，然多以耆德为乡饮大宾，则门第品望久已重于一邑。十一世后登科第者累累。司马公，才猷勋业，著于有明之季，尤为杰出不群。其余隐德高风，标诸闾里；文章著述，行诸世宙，以及贤媛节孝，被旌奖入郡志者，指不胜屈。"张氏宗族名士在地方社会中，积极参与地方事务，兴办教育设施，具有一定的影响力。

第二节　思想文化名士

一　北方大儒孙奇逢

（一）孙奇逢生平及成就

孙奇逢（1584—1675），字启泰，号钟元，原籍直隶容城（今河北容

---

① 《新乡县志》卷11《学校上》，乾隆十二年（1747）刊本。

② 《新乡县志》卷11《学校上》，乾隆十二年（1747）刊本。

③ 详见民国《张氏族谱》下卷《族贤列传》。

城），清初迁至河南辉县苏门山下夏峰村定居，故世称夏峰先生，明末清初，朝廷曾 11 次征召其入仕为官，其皆托辞不就，据此，世人又称其为"征君"。孙奇逢是明清之际著名的思想家、教育家，被北方学界奉为"泰山北斗""中原文献"，曾与黄宗羲齐名，时称"南黄北孙"。同时又在王夫之蛰居猺洞并不为世人所熟之时，孙奇逢与当时学者黄宗羲、李颙并称为"三大儒"。《清史稿·儒林传》中首列其传，黄宗羲在其所著《明儒学案》中为其独立列传，足见其在明清儒学史中的地位之高。

孙奇逢自幼情操卓越，蓄有大志。其一度曾热衷功名，以拯民救世为理想，7 岁入学，14 岁中秀才，进邑庠，后回家随其长兄孙奇儒研习程朱理学。17 岁时，应顺天乡试，中举人。19 岁后，又从学于其叔父孙成轩，学习内容先是程朱理学，继而转学王阳明心学，可以说对程朱理学与心学皆有造诣，这也为之后其能调和二学打下了坚实基础。孙奇逢在考中乡试之后，曾先后四次参加会试，但皆落第。孙奇逢 22 岁、25 岁时，其父、母先后逝世，前后守孝六年。六年期间，家庭状况日渐困顿，生活困苦。在守孝完成之后，孙奇逢的思想也有了很大的转变，一方面是家庭变故；另一方面也是目睹朝廷的腐败和官场的黑暗，逐渐灰心仕途，不再妄意功名，开始走上了专意学问、以恢复儒家礼仪秩序为己任的道路。

奇逢中年时期，曾一度离开家乡，赴京师一带寻访名人逸士，与当时名士鹿伯顺、魏大中、左光斗等皆有交往，其间与之切磋学问、研习儒家经典，名气与影响大增。明天启年间，宦官弄权，东林党人魏大中、左光斗、杨涟等，因反对魏忠贤独专朝政，被阉党诬陷下狱。孙奇逢知晓后，与鹿正、张果中不避祸灾，冒死犯难，竭力营救，倡议筹金，以图将其赎出。然事终未成，孙奇逢等又积极行动，将东林诸公尸骨赎回。孙奇逢的义行备受世人称赞，"燕、赵悲歌慷慨之风久湮，人谓自先生而再见"[1]。当时人将孙奇逢同鹿正、张果中并称为"范阳三烈士"，孙奇逢名望更盛。

崇祯年间，清军入关，奇逢曾积极组织乡勇抗击清军，保卫容城。明朝灭亡后，顺治二年（1645），由于清统治者在京畿附近实施"圈地"政策，孙奇逢家园亦被圈占。至此，他开始过上了漂泊生涯。直到顺治七年

---

① （明）黄宗羲：《明儒学案》卷 57《诸儒学案下五》，中华书局 1985 年版，第 1371 页。

（1650），奇逢听从友人薛所蕴的劝告，并"慕苏门百泉之圣，为宋邵康节、元姚许诸儒高尚讲学之地"①，决意前往辉县苏门山下定居。顺治七年四月，孙奇逢一行到达辉县，次年又接受了时任水部副使的马光裕的馈赠，得到苏门山下夏峰村的田地与房舍，筑兼山堂，从而开始了在夏峰著述理学、聚徒讲学论道的生涯。从此，百泉再次成为中原学术重镇，其对豫北乃至整个中原地区理学的传播与兴盛均有重大影响。孙奇逢一生学术著述甚多，主要有：《理学宗传》《四书近指》《读易大旨》《书经近指》《圣学录》《北学编》《洛学编》《中州人物考》等，后人编有《夏峰集》《夏峰先生全集》等。

（二）孙奇逢家庭教育思想

目前学界有关孙奇逢的学术思想的研究成果，已经颇为丰硕，而对于孙奇逢的家庭教育思想的研究尚不多，本书在此仅就孙奇逢的家庭教育思想展开论述。

孙奇逢作为当时的儒学大家，相当重视孙氏家庭教育，特别是以儒教纲常为主的品德教育，注意从小培养家族子弟的忠孝观念。奇逢尝言："士大夫教诫子弟，是第一要紧事。子弟不成人，富贵适以益其恶；子弟能自立，贫贱益以固其节。从古贤人君子，多非生而富贵之人，当能安贫守分，便是贤人君子一流人。不安贫守分，毕世经营，舍易而图难，究竟富贵不可以求得，徒丧其生平耳。"教育子弟首先从如何做人开始，应成为贤人君子。其实，孙奇逢自己便身体力行，恪守儒家礼仪，在当时以孝友著称于世。其 22 岁时，"丁父艰"，"哀毁成例，病、丧、葬一准古礼，偕兄若弟结庐墓侧，不饮酒、不食肉、不御内者三年"。旋其母病势，又"丁母艰"，"既葬，倚庐六载如一日"，"督学使者李蕃具以事闻，特旨建坊，旌其孝"。② 孙奇逢迁居辉县之后，在当地仍以孝友著称。时人记载："（公）天性孝友，兄若弟先逝已久，每触其手迹，辄为涕零。当两先人忌辰，惨容素食。九十岁后，犹孺慕如少年。"③ 通过孙奇逢的言传身教，

---

① （明）孙奇逢著，朱茂汉点校：《夏峰先生集》卷首附录《夏峰先生传》，中华书局 2004 年版，第 5 页。

② （明）孙奇逢著，朱茂汉点校：《夏峰先生集》卷首附录《夏峰先生传》，中华书局 2004 年版，第 1 页。

③ （明）孙奇逢著，朱茂汉点校：《夏峰先生集》，中华书局 2004 年版，第 6 页。

使得子孙耳濡目染，培养子孙儒教伦理道德，知晓人生于世的做人道理。

　　孙奇逢在家庭教育中，还时刻注意培养子孙的宗族意识，教育子孙后世懂得尊祖敬宗。其所作《示诸子侄暨诸孙》一文中，就鲜明地表达了他这种观念。文曰："尔等既在祠堂读书，昼间当敛容肃揖，晚退亦然。朔望日，当焚香叩拜，俨然祖父在上。闹哄痰唾，皆不可肆意。神主坐次，宜洁宜清，则生者之伦序，自不忍紊。"这是对家中子弟于孙氏祠堂内礼仪的规定与要求。文中还谈道："入孝出弟，兴仁兴让，有此佳子弟，方无愧贤父兄。我家之祖既称为佛儿，子孙若不孝不友，不仁不让，岂不玷辱祖宗？余病困，远在三十里外，不能昼晚焚修，尔辈个个有尊祖敬宗之心，则老怀可以自慰矣。尔等莫视作泛常之言。"① 字里行间寄托了孙奇逢对孙氏子弟能够秉承儒家传统孝悌仁让礼仪的期望。从中可以看出，孙奇逢对于子孙后代的品德教育异常重视。

　　为进一步规范家内子弟的祠堂祭祀礼仪，孙奇逢还专门撰写《家祭仪注》一文，其中重点谈及了一年之中祠堂祭祀的时间、祭祀礼仪等内容。奇逢撰《家祭仪注》曰："久离丘垄，兼之萍踪未定，苹藻疏违，负疚中夜。逮即次稍安，移先位于斯堂，庶朝夕得依灵爽。凡我子若孙，入庙思敬，不待病子之告教，酌立仪注，愿身先之，不敢与当世论礼也。晨起栉后，入祠三揖，自入小学便不可废。朔望焚香拜。元旦昧爽设祭，四拜。四月仲，用分至日各设祭，行四拜礼，令子孙供执事。凡佳辰令节、寒食寒衣皆拜，设时食。忌辰设食拜，子孙素食，不宜享客。有事出门，焚香拜，归亦如之。吉庆事，卜期设祭。儿女婚姻，焚香以告生辰，弥月设食以献。新妇庙见设祭，主妇率之行礼。凡祭，妇人另行礼，各如仪。"② 由此可以看出，孙奇逢对族内祭祀的各种行为都有较为详尽而细致的规定，族内子孙只需依据执行便可。而这些礼仪的进行，在潜移默化间，加深了子孙们尊祖敬宗的观念，增进了彼此的了解与团结，奇逢用心可谓良苦。

　　在对弟子进行祭祀礼仪等品德教育的同时，奇逢还撰写了一系列加强家族子弟伦理道德建设的文章，包括《孝友堂家规》《孝友堂家训》《孙

---

① （明）孙奇逢著，朱茂汉点校：《夏峰先生集》，中华书局2004年版，第47页。

② （明）孙奇逢著，朱茂汉点校：《夏峰先生集》，中华书局2004年版，第391、392页。

氏族谱》等。这些著作都是研究其家庭教育思想的重要文献。

孙奇逢在其所撰《孝友堂家规》中，首先谈到了进行家庭教育、设立家规的目的，他言道："迩来士大夫绝不讲家规身范，故子若孙鲜克由礼，不旋踵而坏名灾己，辱身丧家。不知立家之规，正须以身作范，祖父不能对子孙，子孙不能对祖父，皆其身多惭德者也。一家之中，老老幼幼，夫夫妇妇，各无惭德，便是羲皇世界。孝友为政，政孰有大焉者乎？舜值父母兄弟之变，汤武值君臣之变，周公值兄弟之变，虽各无惭德，然饮泣自伤，焉能愉快于无言之地？"①

接着孙奇逢具体对家族子弟具体如何为人处世进行了详尽细致的规定，其谈道："吾家先妣以慈孝遗后人，所垂训辞，世守勿替，余因推广其义，为十八则，愿与子若孙共勉之。安贫以存士节。寡营以养廉耻。洁室以妥先灵。斋躬以乘祭祀。既翕以协兄弟。好合以乐妻孥。择德以结婚姻。敦睦以联宗党。隆师以教子弟。勿欺以交朋友。正色以对贤豪。含洪以容横逆。守分以远衅隙。谨言以杜风波。暗修以淡声闻。好古以择趋避。克勤以绝耽乐之蠹己。克俭以辨饥渴之害心。右十八则无非先人所常言者，余参以己意而次第之。盖教家立范，品行为先，故首存士节，养耻心，孝友为政，立祠举祀，其先务也。谢叠山曰：兄弟不和，家庭间尽是戾气，虽有妻子之乐，不乐矣。然兄弟不和多开隙于妻子，易：家人利女贞。夫子以好合。先既翕，而得父母之顺，亦可知矣。婚姻之事，家之盛衰攸关，论财不论德，宜君子不入其乡也。家有长幼，孰是可以诈伪？相接朋友，信之已；不信而能得人之信，其谁与？我子孙不肖，祖父之教不先。古人易子而教，自童蒙即为择师。爱而不劳，禽犊之爱也。与贤豪相对最不可有媚悦之色，与妄人相值亦当存自反之心。衅隙之开，风波之招，非多事则横议。守分谨言，庶乎免矣。声闻过情，君子耻之。趋避不审，不学无术耳。暗修好古，君子日用所从事者，端在于斯。居家之道，八口饥寒，治生亦学者所不废，故以勤俭终焉。凡此皆吾人分内事，人人可行，人人不肯行，余为此规，不敢望之天下，不敢望之一国，窃欲望之一家。"②

---

① （明）孙奇逢著，朱茂汉点校：《夏峰先生集》，中华书局 2004 年版，第 388 页。

② （明）孙奇逢著，朱茂汉点校：《夏峰先生集》，中华书局 2004 年版，第 388—340 页。

孙奇逢还非常注重为家内子弟树立榜样，对子弟们进行榜样教育。孙奇逢“取先圣先贤所以教戒子弟者”，以此作为“家规榜样”，冀望家内子弟们可以见贤思齐，“参观而悟矣”。孙奇逢举例言道：“孔子之教伯鱼也，曰：‘不学诗，无以言；不学礼，无以立。’淑性情，固筋骸，立身之大端尽此矣。周公谓鲁公：‘故旧无大故则不弃。何其仁也；‘无求备于一人’，何其恕也。仁且恕，世岂有外焉者乎？马援戒其子也，曰：‘闻人过失，如闻父母之名，心可知，口不可言。’此涉世之道焉。汉昭烈云：‘勿以善小而不为，勿以恶小而为之。’此真圣贤集义迁善要诀，不谓英雄人能见及此。柳玭之戒其子弟也，曰：‘不识儒术，不悦古道，身既寡知，恶人有学，胜己者嫉之，佞己者扬之，以衔杯为高致，以勤事为俗流。’此最中人膏肓之病。王阳明曰：‘我子弟苟远良士而近凶人，是谓逆子。’亲师取友之谊，夫岂有外焉者哉？”奇逢最后还专门强调道：“此六则之义，千万人言之不尽，千万世用之不尽。凡我子孙，其绎斯言。”①

由上文所列的十八条家规以及孙奇逢所引用的古来六位圣贤的家训语录可以看出，孙奇逢强调的是对子弟伦理道德的教化，探讨人生在世如何为人处世的道理，目的是将孙氏子孙培养成贤人、君子。此外，还可以看出，孙奇逢异常重视家庭内部的团结和睦，家规的许多内容都是针对治家而设立的。他认为：“家之所以齐者，父曰慈，子曰孝，兄曰友，弟曰恭，夫曰健，妇曰顺。反此则父子相伤，夫妻反目，兄弟阋墙。积渐而往，遂至子弑父，妻鸩夫，兄弟相仇杀，庭闱衽席间皆敌国。”② 要求子孙严格遵崇儒家纲常伦理，如此方能达到齐家兴家的目标。

《孝友堂家规》的制定，对当时的家庭教育影响非常深远。顺治时期，直隶清苑人张倓曾专门作文，详细阐述了孙奇逢作此家规的缘由、功用等，其文有助于理解《家规》的产生以及意义等。其文曰：“天地间惟此家人之事、家人之情，愚夫愚妇可与知能，而大圣大贤有不尽知能者。举其名，人尽父子也，人尽兄弟也，人尽夫妇也。稽其实，果能父父子子乎？果能兄兄弟弟乎？果能夫夫妇妇乎？大学所谓辟而好则不知其恶，辟

---

① （明）孙奇逢著，朱茂汉点校：《夏峰先生集》，中华书局 2004 年版，第 390—391 页。

② （明）孙奇逢：《孝友堂家规》，畿辅丛书版。

而恶则不知其美。非家人之难齐，而辟情之难化也。情一辟则繁，然混乱之身，而欲家人之就绳就理也，难矣。征君先生继静修之后，崛起容城，毅然以斯文为己任，耕仁耨义，道心与华岳俱长，暮年著作益富，大约皆名节忠孝、维世砺俗之言。至阐发前圣秘义，尤属深造自得。故信手拈出，随在指示，无非先儒所谓这些子这件事。先生六十年来，孝弟力田所得力者，正在此耳。会得此则一节见全，体会不得则身心意，知家国天下，判然不相属，学荒道丧一线孤灯。先生其鲁灵光兴家规一编，前曾读于夏峰，窃欲公之同志，使人人想见孝友为政之实。先生曰：此偶以教我子若孙，非敢出而问世也。夫家之规，即天下之矩也。能使一家长幼尊卑秩秩然，无参差淆乱之象，国如其家，天下如其国。不居然唐虞三代之世也乎？"①

在张伩看来，孙奇逢作《孝友堂家规》一文意义深远，在"学荒道丧"的不利局面下，孙奇逢勇挑重担，以"继往圣续绝学"为己任，振兴儒家伦理道德。孙奇逢一家之《家规》可视作天下"齐家"之范本，唯有先"齐家"方能"治天下"，言外之意，将治家与平天下置于同等重要的地位。

（三）孙奇逢家庭教育思想的成就

孙奇逢以其独特而严格的家庭教育思想，为孙氏家族培养了许多当地的道德楷模和诗文名家。孙氏家族子弟对推动当地儒家道德礼仪和传播教育文化，均作出了十分重要的贡献。

孙望雅，字君孚，孙奇逢第三子，学者。周岁丧母，十岁就外传读书鄙章句，师从鹿忠节公鹿继善，攻读王守仁学说，接受了严格的儒学教育。孙望雅读了罗洪先的《念庵集》之后，恍然大悟曰："学在是矣。"鹿继善大喜，再传其《传习录》。孙望雅与长兄立雅，互相研习，切磋论证，收益颇丰。孙望雅30岁就学有所成，在当地以闻多识广而著称。康熙六年（1667），孙奇逢带领门徒编撰《理学宗传》一书，孙望雅与师兄耿极合作，协助完成《程颐卷》。夏峰先生去世后，孙望雅"一肩家学"。望雅平日喜怒不形于色，道德涵养纯密，一生多病而又善于自保。孙望雅著有《得闲人集》。

---

① （明）孙奇逢：《孝友堂家规》，畿辅丛书版。

孙博雅，夏峰先生第四子，聪明过人，潜心性命之学，"夏峰先生所著皆手自校录"。清代一代名臣汤斌赞其曰："其字体古健，无一笔苟简"。康熙初年，朝廷曾以"山林隐逸"增招博雅为官，孙博雅力辞不就。孙博雅著有《约斋诗文集》。

孙淦，字静紫，号担峰，奇逢之孙，孙望雅长子。孙淦少年颖慧，从祖父学，年十一即能弹琴赋诗，读书别有领会。康熙六年（1667），孙淦还处在青年时期，即同师叔张灿然参与祖父孙奇逢编纂的《理学宗传》中《薛瑄》卷的编写工作。

康熙十一年（1672），孙淦考中举人。康熙二十一年（1682），后中进士，官中翰，授内阁中书舍人。入朝不久，因思念母亲，即告假探亲。其父亲去世后，孙淦以孝告归，绝意仕进，取祖父遗书抄录玩索，刊以行世。康熙二十九年（1690），孙淦应知县滑彬之请，参与《辉县志》的编撰，并为之写序。康熙三十七年（1698年），孙淦重新修订《夏峰集》，第二年完成，增加了卷首、旧序、纪事、别传、语录、记、议、序、杂著等内容，并刊刻行世。孙淦"居心光明，后伟行事，务持大体，善成就后学"。待祖父遗著整理刊刻完毕后，孙淦在家收徒讲学。闲暇时刻，孙淦广游辉县及附近山水，善于作诗。其诗朴实严谨，并富有生活气息。孙淦年61岁去世，安葬于辉县花木村。孙淦著有《四书醒义》《担峰诗集》四卷、《游记》四卷、《担峰文集》六卷等。

孙用正（1682—1772），原名用桢，字以宁，号缄斋，辉县夏峰人，孙奇逢之曾孙，孙望雅之孙，孙淦之子，清代名儒。

孙用正出身于书香门第，幼年即受良好家风熏陶，8岁能读文章，12岁能阐释古文之意，14岁入郡学为庠生，精通四书五经。康熙二十七年（1688），孙用正参与曾祖父孙奇逢《读易大旨》校订工作，汇集孙奇逢语录若干条，并撰写《义例》。

康熙三十五年（1696），孙用正参加乡试，考中举人。当时适逢祖父去世，孙用正遂守孝灵枢，忧戚祖业，以承家学之担。母亲去世后，孙用正带两孙，为其守墓三年，断绝荤酒。前后两任知县陈勋、张缪因其克敦古礼，故旌表其门，颂扬其家风。乾隆七年（1742），官府为其建牌坊，旌表门庭。

守孝期满后，孙用正出任禹州学正。任职期间，孙用正勤于所职，精于所节，当地士风大变。其后，孙用正调任许昌学正。在职期间，孙用正创建书院，兴办社学，务必使幼有所学，长有所读。孙用正离职之后，当地百姓仍不忘其功，为其建立讲堂，并塑其像，奉祀于中，令后代学士不忘其学德丰功。其后，孙用正主持大梁书院。孙用正亲自为门生讲经授课，为人师表，身体力行。

孙用正告老还乡之后，仍以育人才、变世风为目的。平日，孙用正乐于谈人之长，从不论人之短。每遇见族中有生活贫困者，孙用正常救济其钱粮。遇上特别贫困之户，则送土地、房舍，让其维持生计。孙用正还为孙奇逢祠堂捐地百余亩，以供给守祠堂人员的膳食以及香火费用。

孙用正继承祖宗业绩。他唯恐夏峰先生鸿篇巨著遭遇散失，尽心收集整理，并竭力将其付梓出版，命名为《夏峰先生集》。孙用正还请巡抚汤斌督促知县尹烈，于辉县百泉为奇逢先生建立专祠。后因汤斌忙于公事，没有闲暇，用正冒风顶雪，力推祠成。

孙用正对于家乡事务，也着力甚多。乾隆八年（1743），时任知县李拔桂举行乡饮礼，召集全县德高望重之士绅赴宴，特推举孙用正为大宾首席，可见孙用正在乡里之威望。孙用正89岁去世。孙用正著述甚多，主要有《缄斋集》十六卷，《增删辉县志稿》八卷。孙用正去世后，先葬于辉县城北方山之阳，后又移茔于城西花木村。

孙奇逢为一代理学大儒。他不仅理学思想精深，在授业解惑方面，更是有着巨大影响。在他的影响和感召之下，北方地区出现了一批文人士绅，逐渐形成了以孙奇逢为代表的北方士绅群体。同时，孙奇逢也颇为重视家庭教育。在家庭教育上，有着独特的理念和方法。孙奇逢后世子孙成才者甚众，很大程度上即是得益于孙奇逢制定以及代代传递下去的家庭教育理念。

二 "刚直不阿"屈复

屈复（1668—?），字见心，号悔农，又号金粟道人，清初河南长垣人。屈复生于康熙七年（1668）。康熙二十六年（1687），他19岁，参加县里童子考试，名列"童子第一"，足见其天资颇为聪慧。

屈复一生刚直不阿，为学不耻下问，从不趋炎附势。他终生淡泊名利，冷落宦海，痴心诗文，热心育人，来者不拒。他一生著述甚多，主要有《楚辞新注》《玉溪生诗集》《弱水集》等。

屈复是一位淡泊名利、一心醉心于著述的地方文人。

三 "中原才子"殷梦五

殷梦五（1662—1726），字元福，河南新乡县郎公庙镇于店村人。出生时因其父梦见天赐五福，便为其取名"梦五"。

殷梦五幼年丧父，自幼家境贫寒，曾托教于父的好友刘源渊。因家贫，故常借用旧书，借其母纺棉花用的灯光，彻夜苦读。他天资聪明，学习勤奋，记忆超人，据传殷梦五 7 岁诵小学，11 岁诵"四书""五经"，读诗章好追根求源。

康熙三十二年（1693），殷梦五乡举第一。康熙三十三年（1694），殷梦五又中进士，官翰林。他先后在广西柳城、融县和江苏武进、无锡做过二十余年的县令。殷梦五在任上，倡农业、兴水利、办教育、正民风，功绩颇为卓著。殷梦五曾在柳城任县令两年。当地因遭受水灾，民众无以为生。他遂开国库救济灾民，因此亏欠库银三千余两。待卸任之时，殷梦五便破家产偿还其亏欠之库银。当时民众赞其曰："昔人为贫而仕，今乃为仕而贫，奇事也。"① 在无锡任职时，时任巡抚张伯行委殷梦五复审案件。当时有豪富赇金两万两与之，殷梦五拒收，并处之以法。时人称颂殷梦五为"两江神明"。故柳城、无锡两地民众均为殷梦五建有祠堂，并传颂至今。

殷梦五诗书兼擅，才华横溢。他有"殷圣人""太史公""中原才子""文介先生"之称，并与清同时期同郡士人畅俊、郭彪并称为"新乡三绝"。殷梦五曾发出"推倒洛阳数新乡"的豪言壮语，显示出他的不凡气魄。

当时曾有名人悬金购殷梦五著作，"得其一言声价十倍"。殷梦五的著作颇多，有《寓理集》十一卷、《读易草》上中下三卷，《读易外集》《知非草》各一卷、《侯鸣集》六卷、《庸南书院记》和《崇寿寺记》等。

殷梦五是新乡地区一位知名文人。他为官，有清名，受到人们的称颂。作为学者，其有才华，著述甚多，在当地有一定影响。

---

① 邢亚平主编：《牧野风·新乡人物卷》，河南美术出版社 2008 年版，第 93 页。

第六章　近代牧野名士

第一节　政治军事名士

一　禁烟英雄申启贤

申启贤（？—1839），字子敬，号镜汀，河南延津县城关镇南街村人。清嘉庆七年（1802），申启贤考中进士，被选为翰林院庶吉士，后历任江西道、福建道监察御史、顺天府尹、仓场侍郎、礼部、户部、吏部侍郎以及山西巡抚等职。

申启贤在历史上较早提出了禁烟观点，开启了中国近代禁烟运动先河，比林则徐提出禁烟提前了二十五年之久。他被后人称作"禁烟先驱"。他的禁烟义举，在黄河故道广为传扬。

申启贤目睹当时朝野内外吸食鸦片成风，沿海各省比比皆是，甚至内地各府县也是烟馆遍地。鸦片的泛滥，不仅直接导致国家白银外流，财政困难，更为重要的是鸦片毁坏人的身心健康。申启贤对此极为痛心，决心要上奏朝廷，请禁鸦片。

嘉庆十八年（1813），申启贤拟就了《禁鸦片法》，并进呈嘉庆帝。《禁鸦片法》中，申启贤提出四条禁止鸦片的措施：严禁出洋买运鸦片，以堵塞来源；严禁开设烟馆，堵塞渠道；重惩官员吸食鸦片，以示惩戒；严加贩卖罪责，勿使鸦片流传。① 此法令受到皇帝认可，谕令在各州县实施推行。

申启贤还非常体恤民众，且忠于职守，办事干练。他担任监察御史一

---

① 延津县志编纂委员会：《延津县志》，生活·读书·新知三联书店 1991 年版，第 613 页。

职时，曾两次上书朝廷，提议地方官吏应经常巡查乡里，体察民情，时常了解民众的意见，且要求官员应该身体力行，"崇简去奢以培民气；严禁赌博以靖民风"①。这些合理的建议一经上奏，均为皇帝所采纳。

申启贤还是一位赏罚分明、勤政爱民的官员。道光元年（1821），申启贤升任顺天府尹。顺天府辖内武清县发生严重蝗灾，时任知县刘沄治蝗不力。申启贤果断上奏朝廷，将其革职。之后，申启贤亲自深入田间地头，体察灾情，并为捕蝗拟定了具体要求：凡有生蝻（即蝗虫幼虫）地段，官府必须派人按垄驱赶，将其赶至垄畔，消灭其于水缸中或壕沟内；针对成年蝗虫，则需在田边燃柴，驱赶之使其扑火自焚；趁雨天蝗翅被雨水淋湿时，高价收购蝗虫，以此鼓励民众踊跃捕捉蝗虫。依照此法，三年之后，武清县附近蝗灾得以初步控制。这说明了申启贤经实地调研得出的方法，是有很大效果的。

道光五年（1825），申启贤调任仓场侍郎，主要负责漕粮收贮。当时因运河水浅，南方粮食北运至天津较为困难。朝廷命令申启贤采取有效措施。申启贤经过实地调研和认真思考，拟订了改行海运的官商协作办法十一条。该方法将单一的漕运改为官商协运，在运、转、查、验、折耗、付酬等方面，均考虑较为全面，措施拟定详尽妥善，故而漕运便捷，效果明显，还获得皇上赞誉。

道光十二年（1832），申启贤又转任户部右侍郎，负责具体办理户籍、赋税以及财政收支工作。申启贤与顺天府尹徐镛共同拟订了《保甲章程》四条。该章程从清理稽查户籍着手，"严比伍以核奸慝，散册薄以免滋扰，省繁文以杜需索"，不仅加强了地方治安管理，还有效限制了胥吏勒索百姓，从而巩固了清王朝对地方的统治。朝廷认为该章程条款考虑周全妥善，遂下诏让各地方官员均须"认真稽查，实力奉行"。②

在清朝，各州县均设有以贮粮备荒、平粜米谷为目的的常平仓。常平仓的设立是体恤百姓的便民措施，可有效保障百姓的利益，然而由于在清朝实施年限久远，各种弊端也得以滋生。针对常平仓的利弊，申启贤特意拟定《平粜章程》六条，具体包括：将常平仓场地统一设在城外；仓中

---

① 延津县志编纂委员会：《延津县志》，生活·读书·新知三联书店1991年版，第613页。
② 延津县志编纂委员会：《延津县志》，生活·读书·新知三联书店1991年版，第614页。

谷米严禁掺加糠和土，保证质量；升斗统一由朝廷校准，避免百姓利益受损；粜价严禁私涨；严禁胥吏乘机勒索百姓；严禁囤粮户冒买牟利。此六条章程受到朝廷认可，遂颁布至各州县施行。此举措不仅革除了各州县常平仓种种弊端，还严厉打击了各地贮额不足、挪移银谷的州县官员。

申启贤自己为官清廉，体恤民情，对其家人更加严格要求，绝对不许家人有仗势欺人行为。据传，有一次申启贤老家与其邻居李家，因住宅地界发生过纠纷。李家亦是当地望族，且朝中有人为官。申李两家宅院相隔一条胡同。这条胡同十分狭窄，仅容一人通过，人称"蚂蚁胡同"。申启贤之子派人进京送信，请求援助。申启贤看完信后，认为不可滋长自家人的霸道之风，于是当即修书一封曰："千里驰书只为墙，让他三尺又何妨？万里长城今尤在，不见当年秦始皇。"其子看信后，惭愧不已，连忙召集家人，出示父训。申家立即拆墙后移，主动移出三尺重建。其邻居李家见此情景，亦深受触动，也拆墙退后三尺重建。这样一来，原本狭窄不堪的小胡同，遂变为了较为宽敞的大路。为赞颂这种谦让风范，时任延津知县遂将这条胡同改名为"仁义胡同"。如今随着时间的流逝，当年申李两家的高墙亦不见踪影，但申启贤的宽厚之风以及"仁义胡同"的美名，却代代流传开来。

申启贤忠心爱国，是中国近代的"禁烟先驱"。他为官则体察民情，忠于职守，办事干练，是一位忠君爱民的干吏能员。同时，申启贤还有古时宽厚仁爱之风，气度非凡，受到民众们的称赞。

二 "急流勇退"田芸生

田芸生（1860—1926），字香圃，河南新乡县小西街人，其祖先由山西洪洞迁来河南新乡。田芸生在《本支宗谱序》中曾言道："明永乐三年（1405），迁山西洪洞县民实河北。吾田氏自此迁于新。"

田芸生于1882年得中举人。1890年，田芸生任国史馆誊录。1898年以后，他历任汉阳兵工厂、铜药厂采办、庶务、湖北应城、巴东、钟祥县知县及湖北安陆府知府等职。田芸生为官清正，有名节，居家则以范文正公遗规为训。

在他当官的10余年内，曾与清末洋务派重要人物陈宝箴、张之洞和民国重要历史人物黎元洪等交往甚密。两次担任民国大总统的黎元洪，曾为田芸生书写墓志铭。田芸生墓志，志石首题为《清诰授中宪大夫湖北安陆知府直隶州用应城巴东钟祥等县知县田公墓志铭》，铭文四十四行，正书，共计 1980 字。

田芸生一生中曾参与许多重大历史事件，"庚子之乱"就是其中之一。1900 年，八国联军攻入北京后，慈禧太后和光绪皇帝一行逃避至西安。当时陕西一带大饥，民不聊生。朝廷急令运粮至西安，赈济灾民。此时刻不容缓，如若过多耽误时日，则会出现民众饿死的局面。此时田芸生站了出来，他审时度势，建议朝廷至潼关提前发放粮食，由此救活灾民以百万计。此事在田芸生墓志之中记载甚详。

田芸生还曾经与黎元洪合作，共同整顿汉阳兵工厂厂务，并创办了兵工学堂。汉阳兵工厂，即湖北枪炮厂，是清政府设立的大型近代兵工厂之一。该厂由湖广总督张之洞于光绪十六年（1890）兴建，于光绪二十八年（1902）建成，次年开工投产。该厂耗时十二年，花费合白银七十余万两。该厂能够制造步枪、机关枪、迫击炮、山炮及各种弹药，之后还能炼钢。该厂初名湖北枪炮厂，光绪三十四年（1908）改称汉阳兵工厂。该厂的发展速度之快和成就之大，是与田芸生善于经营以及做出的贡献，密不可分的。

辛亥革命之初，湖北地方经此巨变，政局动荡，各地土匪蜂起，一片混乱。田芸生面对纷乱，"力持镇静，编练团防，值驻防军队冲突，巷战终日，极力维持，卒不得扰"。

但武昌起义之后不久，田芸生就辞官归里，隐居不仕。黎元洪曾对田芸生表示了羡慕之情，黎元洪在墓志中写道："中原竞逐鹿，而天外又冥鸿。"晚年，田芸生赋闲在家，在宁城（今河南修武）教书，传播文化知识，从事教育工作。闲暇之时，田芸生也积极参与公益事业，受到当地民众的拥护。

田芸生生平好书，著述甚多，主要包括《抓痕集》《瓣香集》《帚余尘谈》等，另修纂有《新乡县志》［民国二十年（1931）刊本］。

田芸生之妻吕梦梅，孝敬公婆，勤俭持家，相夫教子。堪称旧时代家庭妇女的楷模，在当时的新乡颇有影响，与田芸生育有三子二女。

田芸生为官，颇有干才，敢于仗义执言，为灾民代言，灾民因此得活甚众。兴办企业，编练团防，均张弛有度，成效显著。难能可贵的是，田芸生对当时所处时代与社会有着清醒的认识，能够抛却名利，急流勇退，独善其身，一心从事教育事业，殊为不易。

三　民国总统徐世昌

徐世昌（1855—1939），字卜五，号菊人，又号弢斋、东海、涛斋，晚号水竹村人、石门山人、东海居士，祖籍天津，出生于河南省卫辉府府城（今河南卫辉市）曹营街寓所。

1879 年，徐世昌结识了袁世凯。在袁世凯的资助之下，徐世昌北上应试，1882 年考中举人，1886 年高中进士。1889 年，他被朝廷授翰林院编修。徐世昌自袁世凯小站练兵时就成为袁世凯的谋士，并成为其得力助手，协助袁世凯创办了北洋军。徐世昌颇得袁世凯的器重，1900 年受到袁世凯保举，得到慈禧太后的召见，从此仕途顺畅，得以扶摇直上，所任之职相继涉足清廷政务、财务、军务以及学务。徐世昌历任商都左丞、兵部侍郎、军机大臣、政务大臣、民政部尚书、东三省总督、邮传部尚书、内各大学士、协理大臣等要职。特别值得一提的是，光绪三十年（1904），徐世昌担任了清朝科举会试的阅卷大臣，这是中国历史上最后一次科举会试，一圆徐世昌十年翰林生涯的主考之梦。

1912 年，徐世昌由于曾在清朝担任要职，不得已而退隐老家。徐世昌起先在邻近老家卫辉的辉县城西水竹村营建别墅隐居，后又因安全问题，赴山东青岛隐居。1914 年，徐世昌担任了"国务卿"一职，再次步入政坛。1915 年，袁世凯推行帝制后，徐世昌预料到当时政局动荡的风险，认为帝制实不为可，不得民心，但又无力阻止，只得辞职，缄口不言，作壁上观，以沉默应之。徐世昌辞官后，再次退隐至辉县水竹村。

1916 年 3 月，袁世凯被迫取消帝制，重新起用徐世昌为"国务卿"。袁世凯去世后，北洋军阀内部分裂，各派系之间明争暗斗，局势一片混乱。1916 年底，徐世昌以北洋元老的身份，应邀赴北京，主要目的是调解当时总统黎元洪与总理段祺瑞的权力争斗。事毕后，徐世昌移居天津，静观局势之变。

1918 年 10 月，段祺瑞控制下的"安福国会"，选举徐世昌担任北洋政府第五任大总统。在北洋政府前五任总统中，徐世昌是唯一一位文人出身的总统，故其自称"文治总统"。就任总统后，徐世昌大力提倡"偃武修文"，主张对南方停战，并召开议和会议。但徐世昌只是"傀儡总统"，根本不能驾驭当时中国各派军阀。他就任总统四年，毫无作为，国内依然是军阀混战，时局无丝毫改观。特别是在五四运动中，徐世昌违背历史大潮，下令逮捕爱国进步学生，受到人们的谴责。1922 年 6 月，在第一次直奉战争后，徐世昌被直系军阀威胁，被迫通电辞职。退隐后，徐世昌隐居天津租界，专心于著书立说、诗词歌赋，终日以书画自娱。

1931 年九一八事变后，徐世昌一直关心政治，并静观时局的演变。1936 年 12 月，西安事变发生。徐世昌对西安事变的后续发展也极为关注，他每天都让侄女给他读报，了解事件最新进展。他还通过对外声明，展现自己立场："中国只有团结抗战，才能救亡。""西安事变"后，蒋介石最终接受张学良等的八项主张，停止内战，一致对外。徐世昌闻听后，不无忧虑地言道："纵然有些诺言，也许是权宜之计，过后未必就能算数。"① 蒋介石后来在抗日中的所作所为，果然应验了他的预言。

徐世昌对日本帝国主义一贯深恶痛绝。尤其是在其担任东北三省总督时，就已深刻洞察日本对东北三省觊觎已久的野心。当其时，他还因此奋力进行了反对与抵制，并收回了部分主权。如今日军的入侵变本加厉，在侵占东北三省，成立伪满洲国之后，又接着发动华北事变。1937 年，卢沟桥事变爆发后，作为隐退的政治家，徐世昌当时在天津寓所中闭门谢客。虽然徐世昌隐居天津，但他对中国面临"亡国灭种"的局面也是时刻忧心忡忡。他经常对身边的人以及来访的宾客谈道："大敌当前，国内应团结协作，一致对外，方可挽救民族危机。"②

华北沦陷之后，日本人曾计划，由徐世昌充当其在华北地区的代理人，组织华北伪政权。为此，日本侵华将领长板垣征四郎以及土肥原贤二等，纷纷约见游说徐世昌。徐世昌均托病不见，严辞拒绝，表现出高度的民族气节。1939 年春，徐世昌病情恶化，医生建议他去北京医治，但他害怕遭到日本人劫持，坚持不去北京。1939 年 6 月 6 日，徐世昌病逝，时年 85 岁。6 月 8 日，时任国民政府主席林森专门为徐世昌下发褒奖令，以赞颂其忠贞爱国。徐世昌去世后，香港《大公报》发表《徐世昌死矣》

---

① 周利成：《徐世昌在津的晚年生活》，《档案时空（史料版）》2004 年第 7 期。
② 周利成：《徐世昌在津的晚年生活》，《档案时空（史料版）》2004 年第 7 期。

的社评，其中一句"徐氏晚节，殆远胜于问政时期"，还是比较中肯的评论。徐世昌遗体先寄葬于天津桃园村原英国公墓，后同夫人一起归葬于今河南省辉县市百泉镇苏门山下。

徐世昌出身翰林，博学多才，国学功底深厚，有很深的传统文化造诣，文章诗词书画皆精。因此，在隐居之时，他一面著书立说，一面精研书法。现今安阳袁世凯墓碑上"大总统袁公世凯之墓"九个大字，就出自徐世昌的手笔。此外，徐世昌还在山水松竹画方面颇有造诣，其代表画作包括《石门山临图帖》等。徐世昌一生编书、著书、刻书30余种，包括《大清畿辅先哲传》《清儒学案》《退耕堂集》《颜李丛书》等。徐世昌还擅长作诗，被誉为"总统诗人"。他平日作诗不缀，作品有《归云楼题画诗》六卷，《水竹村人诗集》十二卷，《拣珠录》七十六卷等。

徐世昌及其家人在河南省卫辉市贡院街内建有"徐氏家祠"一座，现在是河南省重点文物保护单位。

1917年，北洋政府曾于卫辉通过招标方式，拍卖一批官产。当时在卫辉的徐世昌堂弟代表其出面，购买得到原卫辉府参将衙门旧址建筑。其后徐家将此处修建成为徐氏家祠。徐氏家祠于1918年动工，历时三年完工。及至徐氏家祠完成后，徐世昌还邀请已经逊位的清朝宣统皇帝溥仪，一起共赴卫辉，参加了家祠落成典礼。

徐氏家祠约5200平方米，为四进院落建筑。其主要建筑包括照壁、山门、二门、石坊、过厅、东西厢房、大殿、东西配殿、拜殿等。在徐氏家祠中，高大的照壁位于最前面。照壁乃是仿木结构砖雕额坊，影壁正中内外各镶着青石浮雕，浮雕绘有五颗谷穗组成的"嘉禾"图案，寓意为汉、满、蒙、回、藏"五族共和"。在影壁的两侧有对称的东西华门。在第二进院落的中轴线上，建有石坊一座。柱以及额坊皆为嘉禾图案浮雕，上书"东海世家"四字。两边柱上，刻有徐世昌亲笔书写的楷书楹联："亭育托燕畿佳气常浮白云观，宗枝分卫水清波远溯绕湖桥。"在石坊东面，最先竖有一个高大旗杆。西面建有木结构四方攒尖顶碑亭一座，碑亭内立徐世昌撰写《创建汲县徐氏家祠记》石碑一通。第三进院落中，有东西厢房，面阔三间，进深两间。第四进院落里，则有拜殿，面阔三间，进深两间。拜殿卷棚灰瓦顶，与正殿连为一体。正殿面阔五间，进深三间。大殿前砌月台，周围则有青石雕刻栏杆。徐氏家祠四面封闭，依照中国古代传统建筑布局，充分体现了封建社会家庭的内聚力。整座建筑，气魄雄伟，规模宏大，设计独具匠心，是中国近代优秀传统建筑的杰出代表，同时也蕴含着丰富的历史与文化。

综观徐世昌一生，他作为晚清民国时期的官员，政治品德算不上完美，也曾经做过逆时代潮流的事情，如曾经下令批捕过爱国学生。但徐世昌身上体现了中国传统知识分子的优秀品质，他施行新政，博学多才，热爱国家，坚持和平，具有民族气节，表现出中国旧式文人的追求与品质。

四　革命先驱陈伯昂

陈伯昂（1880—1964），原名陈庆明，河南延津县北关人。陈伯昂幼年家贫，但勤奋好学。12岁时，即读完了"四书""五经"《左传》等古代典籍，能诗善文，为师友所称道。13岁时，陈伯昂辍学，随其父开饭馆，但仍旧利用闲暇时间不断学习。后来其具备深厚的国学文字功底，实奠基于此时。

1898年，陈伯昂入开封普育堂义塾继续学习。1900年，他参加科考，当年入邑庠（县学），次年即被补增生，又次年补廪生，后留义塾任教读。1905年，陈伯昂考入河南武备学堂。1906年，他赴日留学。陈伯昂先在振武学堂学陆军科，后转入士官学校测绘科，学大地测量专业。

当陈伯昂一行抵日时，正在日本从事革命活动的孙中山闻讯后，遂派中国同盟会会员张继、邹鲁、曾昭文等，前往横滨码头迎接陈伯昂等人。陈伯昂受到了孙中山先生的亲切接待。同年，经曾昭文介绍，陈伯昂、刘积学、杜潜等16人加入中国同盟会，并与孙中山、黄兴等合影留念，正式开始了其革命生涯。

加入同盟会后，陈伯昂和同学曾昭文、杜潜等在日本创建了同盟会河南支部，并筹集资金创办了《河南》杂志，以扩大宣传阵地，与保皇派、改良派论战。陈伯昂担任编辑，以"太憨"为笔名，先后发表了《论二十世纪之黄河》《创办小轮船通告书》等文章，并制插图多幅。由于思想激进，该刊发行至第19期，被日本警方查封。

1911年4月，陈伯昂从日本回国，随即参加了举世闻名的广州起义，但起义不幸失败。10月10日，举世瞩目的武昌起义爆发。陈伯昂等留日学生奉孙中山电令，赴上海参加攻打制造局（高长庙兵工厂），获得成功。为稳定局势，陈伯昂还参加了组织都督府和编练沪军、北伐军等工作。陈伯昂先在都督府军政处任职，后入北伐军任参谋。

武昌起义后，清廷命令袁世凯率北洋军南下，图谋反攻武汉。为阻挠清军南下，孙中山在上海命陈伯昂北上联络河南、山东的反清组织"在园会"。希望同"在园会"合作，破坏京汉线黄河铁桥及其他重要桥梁、涵洞，并组织小股军队扰乱清军后路。当时"在园会"有会员近10万人，声势浩大，势力遍布京汉、陇海、道清各路沿线。陈伯昂受命后，携带孙中山先生密函、赠品和大量爆破器材，兼程北行。他在新乡拜会了"在园会"总领王虎臣，共同商讨炸桥及编组部队计划。正欲举事之时，忽接孙中山密电，言南北议和成功。双方遂停止了军事行动。陈伯昂旋即结束各项手续，回南京复命。

1912年8月，中国同盟会改组为国民党，中国同盟会会员转为国民党党员。陈伯昂奉孙中山先生函示，到北京铁狮子胡同找黄兴领到五万元经费，负责筹建国民党河南支部，·并创办机关报《民立报》。陈伯昂领款后，又到天津订购了印刷机、铅字等办报设备。同年10月，国民党河南支部宣告成立，《民立报》也于翌年在开封出版发行，由陈伯昂任总编辑。报社共有编辑、采访员十余人，职工四五十人。所印报纸日发行量二至三千份，最多时达到七千份。

当时，袁世凯杀害革命志士宋教仁，罢免苏、皖、赣三省督军，叛变民国迹象已露。《民立报》针对袁世凯媚外、祸国、残害革命志士、阴谋称帝之行径，明讽暗刺，无情揭露，抨击袁世凯杀害革命志士和复辟称帝的种种行径。《民立报》的创办，深为时任河南都督张振芳（袁世凯之表弟）所忌恨。张振芳先派人与陈伯昂谈判，威胁其不要对袁世凯的攻击过于激烈，否则恐有不测发生，到时悔之莫及。第二天，又采取怀柔方式，派人送去五百元钱，作为报社津贴补助。陈伯昂在其威胁利诱面前，毫不动摇，断然拒绝其提出的要求。

同时，为削弱袁世凯的军事实力，陈伯昂还与其他同事密谋一项重大举动。1913年7月1日，陈伯昂安排人手炸毁了开封火药库。数日后，报社被查封，陈伯昂遭到通缉，报社有五人被当局逮捕。陈伯昂不得已，化名王殿元，潜至天津，在当地贩卖水果，时间长达三个月。

1915年，袁世凯自以为复辟帝制条件成熟，为了收买人心，遂大赦天下。陈伯昂的通缉令也被取消了。陈伯昂得以公开露面，赴北京参谋本部担任调查员。此时陈伯昂的反袁世凯目的一直存在。陈伯昂又与袁仲德、赵铸鼎等革命志士密议，准备在新华门一侧埋下炸弹，以暗杀袁世凯。不幸的是，行动暴露，计划被人识破，袁仲德当场被捕。被捕后袁仲德将责任揽于自己一人身上，壮烈牺牲。而陈伯昂和赵铸鼎则幸免于难。

1916 年，陈伯昂被调至北京测绘局，担任审查。1917 年，又转保定军校担任了两年地形教官。1919 年之后的十几年间，由于政局愈加动荡，军阀混乱，陈伯昂先后游走于武汉、巴东、开封、上海等地，担任过教官、参谋、营长等军职，其间也干过临时统计员、工会文书、河堤包工头等工作。

北伐成功后，政局趋于稳定。1931 年，陈伯昂到南京任军官团地形教官。两年之后，转任测量总局总务科长。1937 年，陈伯昂出任河南测量局长，领导测绘河南全省五万分之一地图。七七事变后，该局改属中央领导，易名总局第二测量队，奉命迁驻南阳，测绘豫、鄂、陕边界图。1937 年年底，全省五万分之一地图，共计 442 幅，全部绘制完成。1938 年，当日军逼近南阳时，陈伯昂率队迁驻内乡县马山口。1940 年，测量队奉命并入总局第四测量队。1942 年，陈伯昂办理完毕全部移交手续后，辞去公职，以经营药材、土产维持生计。1946 年，他又迁居邓县。1948 年，陈伯昂偕妻迁居上海。

中华人民共和国成立后，陈伯昂回到河南开封从事测绘工作。他先后在四明营造厂、商丘市建国公司、开封群力营造厂、市测量队等单位任工程师。1955 年，陈伯昂退休，1964 年病逝于开封，享年 84 岁。

陈伯昂是中国近代革命先驱之一。他很早就投身于中国革命之中，一生经历丰富。他在河南创办《民立报》，并与袁世凯做了针锋相对的斗争。之后的陈伯昂继续以自己的测绘专业知识，从事相关工作。陈伯昂是一位为中国近代革命和建设作出贡献的杰出人士。

五　革命志士杜潜

杜潜（1887—1952），字扶东，河南封丘县居厢乡安上集人，知名民主革命家。杜潜出身于世代耕读之家，家风清正。其父杜凯山，系饱读诗书之士，曾设馆教书，其母樊氏，乐善好施。杜潜是兄妹五人中最幼者，自幼聪慧好学。1905年冬，杜潜还未毕业，适逢清廷推行"新政"，杜潜遂以优异的成绩，被选派至日本留学。

到达日本后，杜潜入东京法政学院攻读政治、法律。如前文所言，杜潜同陈伯昂等受到了孙中山先生的亲切接见。自此之后，杜潜开始追随孙中山，从事反清革命活动。1906年，杜潜也加入了同盟会，并与同学陈伯昂等于东京成立了河南支部。

鉴于河南地处中原，战略地位十分重要，1908年，孙中山派杜潜、程克等人回河南开封，发展同盟会组织，以联络内地革命志士，准备发动武装起义。杜潜等人遂秘密回到开封。回去后，他们当即密邀河南学界人士20余人召开会议。会议决定，暂时在开封南关繁塔附近的中州公学内，设立秘密机关，并正式宣布同盟会河南分会成立。同盟会河南分会成立后，即在河南地区积极发展同盟会员。短时间内，河南各地入盟者即有200余人。当时，中州公学监督杨勉斋、学监暴式彬、庶务长刘镇华、教员杨名西、郭仲隗等人均加入了同盟会。同盟会河南分会工作步入正轨后，杜潜返回日本，会务交给刘纯仁等负责。

1911年武昌起义爆发，留日学生们闻讯亦极为振奋，纷纷要求回国。当时孙中山先生也电告日本东京中国同盟会总会，要求不失时机地组织留日学生回国，参加革命。就在这样的大背景下，杜潜在东京政法学院毕业后，返回河南工作。

杜潜回到河南后，由于袁世凯派人严密监视，其活动受到很大限制。于是他便奔赴上海，开展革命活动。杜潜到上海后，会同国民党元老陈其美组织沪军先锋队，并配合粤、浙二军攻打江宁。同时，他们推举黄克强为大元帅，黎元洪为副元帅，电请孙中山由美回国，成立临时政府。之后杜潜被任命为秘书长。不久，孙中山又任命杜潜为山东都督。杜潜遂率沪、粤两军，攻克烟台。而此时烟台警卫军统带虞克昌乘隙作乱，带兵包围都督府，胁迫杜潜下野。杜潜致电孙中山，请增派兵力赴鲁。不久，兰天蔚、商震等奉孙中山令，集结部队北上。杜潜也命刘基炎部，驰返烟台。此间，恰逢南北议和，杜潜遂奉命返回上海。

1912年8月，陈伯昂、杜潜等筹建了河南社会党（即国民党河南支部前身），事务所设在开封双龙巷。杜潜、刘积学各自筹措经费数万元。是年，选举各省参议院、众议院议员，杜潜也成功当选。

在大小军阀混战期间，杜潜为军务，不辞辛苦，南北奔走。1917年，段祺瑞北洋政府拒绝《临时约法》后，杜潜又赴广州，参加孙中山组织的护法运动，并充任非常国会议员。1927年，在北伐军进驻河南驻马店、西北军冯玉祥部出师潼关进攻洛阳时，杜潜带领别动队，夜袭驻郑州的奉军司令部，奉军溃败。同年，杜潜又进入刘雪亚部，参与军机，率领军队，出奇计、突出重围，渡河袭取长垣、濮阳、大名等地。1928年，杜潜北抵京津，率部驻坝头，巩固河防，兼领河务局。1929年，时任河南省民政厅厅长张钫，特邀杜潜回河南，代为主管赈务工作。

1932年，河南遭受荒年，民不聊生，又恰逢病疫流行，顿时饿殍遍野。杜潜不遗余力，四处奔走呼吁，筹募粮款。他还在开封、郑州等地，筹办河南灾童教养院和豫南灾童收养院。此外，他开设多处施粥场，呼吁中央政府为河南拨付赈济粮200余吨，赈济款项10余万元，以赈济灾民。他组织医疗队，免费为灾民接种伤寒、霍乱等疫苗。他还冒着酷暑，奔赴去上海，邀请梅兰芳剧团到开封，为灾民募捐演出。1935年，黄河决口。杜潜又设立妇孺救济会，为灾民筹集赈灾款300余万元。

1936年，商震主持河南工作，一再邀请杜潜回河南承担工作。但此时的杜潜已经厌倦了官场生活，遂婉言谢绝。在当时，河南省政府要派一官方代表，常驻焦作中州煤矿。因在民国初年，杜潜曾与王安澜等人在开封成立过矿务研究会，谋求收回英商攫取的豫北焦作一带的煤矿开采权。同时杜潜还组织过统心煤矿公司，以抵制英商办的泽盛煤窑厂。于是，商震致函杜潜，请求其出任官方代表一职。杜潜接信后，欣然赴任。

1937年，全面抗日战争爆发，日寇沿平汉铁路南犯。杜潜协同总工程师等为保全采矿机器设施不受破坏，精心谋划，将煤矿的机器、设施进行拆迁。由河南经湖北，历尽险阻，安全运抵四川重庆与天府煤矿合营。器械抵达后，立即投入生产，时称"中福煤矿公司"。杜潜其后又相继投资了嘉阳、咸远、石燕等煤矿公司。杜潜以创办实业的方式，支持抗日事业。

1939年，杜潜在重庆中福煤矿公司主持工作。当时，河南一些至交好友，如郭仲隗、胡石青等，每逢去重庆开会，必到杜潜寓所，与之畅谈通宵。杜潜虽深居矿区，却时时惦记着河南家乡的一切。当他听到汤恩伯部队在豫骚扰百姓，拉夫征兵，摊派苛捐时，总是义愤填膺，痛心疾首。

中华人民共和国成立以后，杜潜定居上海。杜潜亲身感受到了中华人民共和国成立后，政令一新，国事欣欣向荣的大好局面。他衷心拥护中国共产党，热爱新中国。1952 年 5 月 10 日，杜潜因患脑溢血，病逝于上海，终年 65 岁。

杜潜作为中国近代的知识分子，早年追随孙中山先生，为旧民主主义革命，做出了较大的贡献。之后，杜潜又凭借其卓越的才能，经营煤矿公司等企业，实现了其"实业救国"的理念。

六 "仗义执言" 郭仲隗

郭仲隗（1887—1959），字燕生，河南新乡大召营人，老同盟会员，曾任第二、第三届国民参政会参议员。由于郭仲隗敢于仗义执言，为民请命，当时人送绰号"郭大炮"，又被人们亲切地称为"民国海瑞"。中华人民共和国成立后，郭仲隗曾任政协河南省委委员，民革河南省委创始人。

1905 年，郭仲隗进入河朔中学堂读书。1908 年，他参加了同盟会。1912 年，同盟会改组为国民党，郭仲隗任总部机要。之后郭仲隗长期从事反对袁世凯的斗争，故其被当局通缉，被迫流落于山西与河南之间。1914 年，郭仲隗加入了中华革命党。

1915 年，郭仲隗与张钫、暴式彬等秘密聚会于天津，共商讨袁大计。按照当时孙中山的指示，张钫被任命为中华革命军豫陕联军总司令，郭仲隗被任命为联军旅长。护法运动发起后，靖国军崛起于陕西，郭仲隗入陕西，参赞靖国军军务。

1924 年，胡景翼任河南督办，郭仲隗被任命为豫、陕、晋、冀四省联络员，任督署总参议。1925 年，孙中山病逝后，郭仲隗返乡隐居。在家乡期间，郭仲隗兴修水利，倡导植树，捐资办学，造福乡里。

九一八事变后，由于日军侵占东三省，大批东北难民流亡关内。许多平津学生来到河南，宣传抗日救国运动。当时在新乡、安阳政府任专员的郭仲隗积极支持抗日。他出面组织了豫北抗战后援会，并与友人在新乡创办了《豫北日报》，在焦作创办了《焦作日报》，吸收部分中共地下党员及爱国人士参与办报，启迪民智，宣传抗日。

此外，他还积极支持自己的儿子郭海长（中共地下党员）投身抗日救国活动，为中共在新乡创办八路军豫北联络处提供便利。为了缅怀辛亥革命先烈暴质夫、张宗周，郭仲隗与一些民国元老在新乡创建了暴张公园。为了发展家乡教育文化事业，郭仲隗还与同乡张善与等，共同创办了河朔图书馆。1940 年，郭仲隗出任国民参政员，并当选为驻会委员。

1942 年，河南发生了大灾荒。而当时，日军正侵犯河南中部和北部地区，正可谓天灾人祸齐至。更为恶劣的是，面对日军入侵河南，国民党将领汤恩伯竟然拒不抵抗，空有数十万大军，却临阵脱逃。汤恩伯为了掩饰，反而诬陷河南人民为土匪。当时的河南可谓民不聊生，饿殍万里。

郭仲隗闻讯后，从重庆赶来河南，亲自实地调研，搜集了大量第一手资料。之后，他又克服了重重困难，带着资料和物证，来重庆参加参政会，誓要为河南人民讨回公道，还给河南人民一条生路。

1942 年 10 月，第三届一次国民参政会在重庆召开，郭仲隗等豫籍参政员已经做了充分的准备。他们不仅准备了《河南灾情严重，请政府速赐救济，以全民命而利抗战案》等提案，还将观音土、雁粪、榆树皮等十几种河南灾民的"食品"带到会场展示。会上郭仲隗等人不顾国民党要员王世杰、张厉生、朱家骅等关于"不谈军事，不涉及驻军将领"的劝告，涕泣陈词，勇敢揭露了汤恩伯拥兵十万，却拒不抵抗，遇见日寇，望风而逃的罪行。同时，他们还呼吁中央政府对河南减免征粮，开展救济，引起全场震动。会后，郭仲隗等人，还奔走于财政部、粮食部等中枢主管机构，呼吁、敦请减免军粮，赈济灾情。郭仲隗等人的正义之举随后见诸报端，当时的《新华日报》《大公报》等报纸均进行了详细报道，形成了巨大的舆论压力。

1945 年秋，郭仲隗出任国民政府监察院豫鲁监察使。抗日战争胜利后，郭仲隗于新乡创办河朔中学，并与张钫等创办私立中原工学院，任董事长。郭仲隗又协助儿子郭海长在开封创办了《中国时报》。该报纸以"宣传革命、反对内战"为宗旨，反对国民党反动派的倒行逆施，在当时影响较大。1947 年冬，郭仲隗当选南京政府监察委员。而解放前夕，郭仲隗还先后两次严辞拒绝了国民党当局送来的赴台机票和船票，毅然决定留下，迎接全国解放。

中华人民共和国成立后，郭仲隗历任河南省人大代表、中国人民政治协商会议河南省委员、省人民政府委员、省人民委员会委员、省政府参事室第一任主任等职。1959 年 1 月，郭仲隗因脑溢血医治无效，病逝于郑州。

郭仲隗为人敢做敢言，一身正气。他屡次不惜得罪权贵，为民请命。尤其是在 1942 年，河南发生天灾人祸后，郭仲隗历尽千辛万苦，辗转来到重庆，将河南的灾情以及发生原因公布于众，挽救了无数河南灾民的生命，这是非常难能可贵的。此外，郭仲隗还为家乡的文化教育建设作出了重要的贡献。这都使得郭仲隗至今仍然受到家乡人们的赞颂。

第二节 文化教育工商界名士

一 教育先驱李时灿

李时灿（1866—1943），又名敏修，号暗斋，河南汲县（今河南卫辉市）西街人，河南著名教育家。

李时灿自幼聪慧好学，16 岁考中秀才。17 岁时，在家聚集 20 余名读书人，他作为主持人，创办了汲县读书学社。学社创立初期，由于尚无读书与讲学的固定地点，李时灿便与士绅王锡彤、高幼霞三人轮流做东道主，于每月初一、十五两日在各自家中举行活动。会上，他们与学社会员一起讲学文章，答疑解难，互阅日记，讨论时事。20 岁，李时灿考取举人。光绪十八年（1892），李时灿 26 岁考中进士。第二年，他被清廷授予"刑部比部曹"官职，正式入仕。其后，他历任河南教育总会会长、学务公所议长、救灾总会会长等职。民国时期，他出任河南教育司司长。李时灿还与江南的张謇、天津的严修，共同被誉为"教育三杰"。

清末民初，正值废科举、创新学之际，李时灿顺应时代潮流，提出"学无新旧，唯其是耳"的正确主张，大力提倡新学。①

在京城为官时期，他目睹了清政府政治腐败、国事日益衰敝等丑恶现象，毅然于光绪二十四年（1898）弃官返回故里。回乡之后，为支持学社发展，李时灿首先捐出薪俸银 200 两，与同乡高幼霞、王锡彤等人，合力创办经正书舍，广泛招收豫北三府各县学子，进入学社学习。为了解决

---

① 卫辉市地方志编纂委员会：《卫辉市志》，生活·读书·新知三联书店 1993 年版，第 663 页。

校舍问题，李时灿曾把当地三仙庙改建为学堂。此举遭到了当时保守势力的反对，李时灿还因此被人报复，被砸了家。但李时灿并不退缩，他发表《告汲郡父老书》，向乡亲讲明利害，继续倡行新学。为了解决办学资金，他还贡献出自己的家产，以及自己担任汲县车马局总董一职的薪水。除此之外，他还邀请汲县、新乡、开封、禹县、巩县等有名望的学者，前来学社讲学。一时之间，中原各地、大河南北，慕名前来就读的四方贤才，人数常达数百人之多。

李时灿治学要求严谨，反对浮华。他提倡"知一字，行一字，知一名，行一句"；反对"饱食终日无所用心，群聚终日言不及义"；要求"敬以修己，乐于诲人，处世为公，视人如己，决不以身累天下"。他在各地设帐授课，培养学生，发展教育事业。除了卫辉经正书舍外，还有淇泉书院、长垣寡过书院、武陟致用精舍、禹县颍滨书舍、开封明道书院等，都留下了他的足迹，真可谓桃李满天下。①

光绪三十二年（1906）十月，李时灿担任河南学务公所议长一职，同时兼任河南省教育总会会长，配合河南提学使管理河南教育行政事务。在主政河南教育期间，李时灿主持制定了《学务管见十六条》，提出发展河南教育大计。他在全省大力提倡义务教育与普及教育，提出教育应与社会发展相适应，提倡新学，倡议创办法政、师范、实业、工艺等各类专业学校等。他是河南封建教育改革的第一人。他针对教育经费的筹措、教育政策的制定、课程的设置、教法的变更等方面，均提出了具体修改意见。在由他倡议兴办的学校中，皆开设中、西课程。他倡导，河南省兴办的各级各类新学，应开设算学、理化、格致、博物、外语等学科，应全面革新旧式州县儒学及书院的教法。他还曾组织河南省学务公所议员、督学等人，分六路对省内各地进行调研、督导。考察之后，他雷厉风行撤换了50余名不称职的堂长和教员，令河南教育学界气象焕然一新。

光绪三十三年（1907），李时灿创办河南法政学堂（今河南大学法学院前身）和中州公学。他亦被公推为中州公学总办。他除忙于全省教育行政事务外，还在河南优级师范学堂、河南法政学堂、中州公学三校担任

---

① 参见卫辉市地方编纂委会员：《卫辉市志》，生活·读书·新知三联书店1993年版，第663页。

教师，教授中国文学课程。在李时灿的直接影响倡导下，这三所学校很快形成"学术空气浓厚，思想新颖活泼"的良好校风。

同年 7 月 1 日，李时灿主编的《河南教育官报》正式出版。该报辟有章奏、文牍、本省学务报告、本省学务统计、著述、杂志六个专栏。栏目内容涉及光绪二十八年（1902）至宣统三年（1911）间，河南省各高等学堂、中学堂、女学堂、小学堂、半日半夜学堂以及师范、实业、蚕桑、农业、艺徒等各类学校的设置、分布和教育内容，还包括河南热心新学之士绅集资办学等方面的详细记载。在创建该报的四年多时间里，李时灿倾注了极大的心血。他对每一期内容都亲自审阅定稿，这就使清末教育大变革时期，河南地区极为丰富的教育资料得以保存下来。

为推动河南教育事业的发展，1912 年 9 月 16 日，李时灿成为《河南教育公报》主编，并担任社长，该报是《河南教育官报》的延续。1918年 1 月，李时灿创办《河南教育月刊》，并任该杂志社社长。梁启超为《河南教育月刊》题写了刊名，在全国发行。他在该刊《发刊简章》中明示："本杂志以提倡教育，振兴学术为宗旨。"该杂志辟有图画、评述、学说、研究、译述、专件、艺林、文献、杂志九个栏目。其中译述、图画栏目独具特色。译述栏目专门翻译介绍西方资产阶级国家及日本的先进文化教育情况，对促进河南各类学校效法资本主义教育制度起一定引导作用。图画栏目则选载当时河南文化教育界名人的肖像，省属重点学校毕业生的集体合影，省内历次体育运动会实况摄影，河南省名家书画真迹照，中州各地罕见的碑文影印图等各种实物、人物照片。图画栏目，可谓李时灿办教育杂志的一个创举。

李时灿对家乡有很深的感情，为收集整理河南文献呕心沥血，成绩卓著。民国初年，他被清史馆馆长赵尔巽聘为清史馆名誉协修，并被委任为河南文献总编辑，负责征辑和整理中州文献工作。1914 年，他在北平创立中州文献征辑处，并在开封和洛阳设立分处，在各县设立分点。为广泛进行宣传，1915 年，他在《国权报》上刊登了中州文献征集启示。

文献征集到后，李时灿组织专门人员，将征集到的大批文献分门别类，编辑成册。经统计，共得文献 1500 余部，其中包括《中州艺文录》四十二卷，《中州先贤传》三十七卷，《中州文征续编》二十八卷，《中州诗征》三十卷等。这批文献中，有许多价值较高的善本和珍本，其中有

37 种、125 册，被编入《全国古籍善本书目》。

后来时局动荡，李时灿为了保护这批珍贵文献，冒生命危险，千方百计把它从北平运回卫辉。解放后，其子李季和将保存完好的 700 余部、1700 余册共 3000 万字的这批中州文献，献给了平原省图书馆（现为新乡市图书馆）。

李时灿时刻怀着忧国忧民之心。青年时期，他积极参加反对英国在焦作、安阳等地开采煤矿，对华进行经济侵略的斗争，倡导实业救国。李时灿在禹县开办三峰矿业公司，以同英人抗衡。

李时灿同情民众疾苦。早年，他目睹家乡人民的苦难，曾找巡抚、知府等为民请命。1920 年，汲县大旱，他除募捐外，还积极兴办"凿井社""振民社"等自救组织，组织灾民开展生产自救。他还同慕名来访的张学良将军协商，迁徙豫北数千饥民，赴东北地区谋生，为灾民广开生路。

李时灿一生忧国忧民，自己却过着十分简朴的生活。1935 年，恰逢李时灿七十寿辰。他的亲友及学生们不约而同地要为他庆祝七十大寿。时灿闻听消息后，深感不安，特意撰写《乞言私启》一文。文中他婉言拒绝了亲友及学生们为其祝寿，其中有言："吾尚有自知之明，同人知我，或不如我之自知"，他还对其子说："不要为我做寿。如果你们夫妇有钱，还是捐给百姓吧，虽属杯水车薪，也算有益。"寥寥数语，足可见其生活淡泊、严于律己以及关心民间疾苦的高尚品德。[①]

七七事变后，李时灿为了保持民族气节，他迁居禹县沙坨里村，继续从事讲学活动。在他的热情帮助下，卫辉的省立汲县中学、省立汲县师范等先后迁到禹县，得以继续办学。他曾书写出一帧条幅："忧时如忧病，救国先救民"，时刻以条幅内容自勉，并不断警醒自己。他还创办"谷音"诗社和"谷音"书画社，以团结流亡的知识分子，并开展抗日救国道理宣传，号召大家团结御敌，一致对外。

李敏修为人正直，主持正义而不避权贵，坚持真理而不惧危险。1901年，岑春荣主持豫北防务时，曾经私自挪用赈灾款。李敏修闻讯后，义愤填膺，多次向官府提出诉讼，终将赈灾款如数追回。1923 年，他旗帜鲜

---

① 参见李季和《汲县经正书舍和茗香楼藏书楼记》，《河南文史资料》第九辑，1984 年 4 月。

明地抵制军阀曹锟的贿选活动。1941 年，他的门生、著名教授、中共党员嵇文甫被国民党当局抓捕入狱，他不避风险多方营救，终于使嵇文甫获释。

1943 年，李敏修病逝于禹县。噩耗传开，奔丧吊唁者络绎不绝。当时的国民党中央政府以及河南省政府，特地从重庆、洛阳派专使前来吊唁，以示"尊儒重贤"。军政界要员、文教界名流及八方学子都送了花圈。

李时灿一生治学勤奋，著作甚丰，主要著作包括《李暗斋先生讲演集》《暗斋日记》《梓里纪事》《题扇集》《暗斋家书》《东窗余墨》《毋自欺斋文学纪年》《颍滨经舍讲语》《续论语语汇赘论》《读易杂感》《论语之政治学》《论语之道德学》《论语之辞学》《中州人物考》《中州学系考》《汲县志》等。此外，经李时灿编纂出版的中州文献也有很多，包括《中州艺文录》四十二卷、《中州先贤传》三十七卷、《中州文征续编》二十八卷、《中州诗征》三十卷等。

李时灿称得上近代河南教育事业的奠基人之一。他一生中，兴办学校，著书立说，培养人才，为近代河南教育事业的发展做出了巨大贡献。同时，李时灿在保护中原珍贵典籍方面，也做出了杰出贡献。他还倡导实业，热心公益，关心民间疾苦，受到了世人的赞颂和各界的敬重。

二 教育大家嵇文甫

嵇文甫（1895—1963），原名嵇明，河南省汲县（今河南卫辉市）吕村人，著名哲学家、史学家、教育家，中国科学院学部委员，中共早期党员，郑州大学首任校长，郑州大学历史学系的创始人。

嵇文甫 6 岁时入私塾启蒙读书，之后又就读于卫辉李氏私立小学。他自幼聪慧，记忆力极佳。通常一篇文章，他读上一两遍，便能完整背诵。

1910 年，嵇文甫在卫辉中学读书。当时正值辛亥革命爆发前夕，革命反封建思想在全国迅速蔓延。他所就读的卫辉中学，是豫北地区革命思想传播的一个重要阵地。在卫辉中学中，嵇文甫接受了革命思想的最初洗礼。

就学于卫辉中学期间，卫辉中学的教员中，有好几个是同盟会会员。其中，对嵇文甫影响最大的是刘粹轩先生。刘粹轩学识广博，思想进步，虽然他讲授经学，但在课堂上会给学生介绍《民报》《黄帝魂》等进步报刊，将民主革命的思想灌输给学生。嵇文甫后来在《辛亥杂忆》中回忆道："我那时才 15 岁，只天真地佩服他。有一次，也不管他是否担任国文课程，就拿一篇作文去请他指正。他看了很高兴，就叫我常到他那里去。从此每隔三五天或十天半月，我就到他那里去借书阅读，他总是详细查问和指点。他给我讲过韩愈的《柳子厚墓志铭》，讲到'士穷乃见节义'一段，若不胜其感慨……"①

当时，革命活动已在卫辉中学秘密展开。一次，一个推车的"小贩"来到学校，住在刘粹轩处，一住就是 20 多天。但这个"小贩"从不谈买卖之事，却常和同学们谈些时事问题。还有一次，刘粹轩带嵇文甫到某人家中，从谈话中嵇文甫得知，他们在密谋炸断京汉铁路。多年后，嵇文甫无不感慨地说："当时我校隔壁就是知府衙门，知府华辉尚在梦中，不知道在他眼皮下革命党人就闹得锅滚呢！"② 不幸的是，刘粹轩在豫西反清作战中，壮烈捐躯。数十年后，嵇文甫在《自传》中写道，刘先生"使我的思想开始有了政治意识，启发我开始追求真理与光明的一个人……这是我后来痛恨旧社会、向往新社会，倾心于革命事业的一个开端"。③

对嵇文甫影响甚大的还有李时灿先生。如前文所言，李时灿是清末进士，品德修养高尚，是倡导河南新学的学者之一。他创办了汲县小学、汲县中学，还创办了经正书舍，共收藏图书 30 余万卷。嵇文甫从中得益不少。李时灿非常欣赏嵇文甫的勤奋好学，在学习上给予他多方指教。嵇文甫后来在其所撰《读〈毋自欺斋文字纪年〉》一文中就曾谈道："文自幼得侍先生，亲炙之日久。"④

1913 年夏，嵇文甫中学毕业，考入北京大学预科。此时尽管嵇文甫家境较过去有了一定改变，但仍无法保障在大城市的开销。为节省开支，他吃最廉价的饭菜。最终还是坚持不下去，之后，他因贫困被迫辍学，回到了家乡汲县。

① 嵇文甫：《辛亥杂忆》，《郑州大学学报》（哲学社会科学版）1963 年第 4 期。

② 嵇文甫：《辛亥杂忆》，《郑州大学学报》（哲学社会科学版）1963 年第 4 期。

③ 徐卫东：《河南思想学术界的一颗明星——记河南省文史研究馆首任馆长嵇文甫》，《世纪》2009 年第 4 期。

④ 嵇文甫：《嵇文甫文集》（中），河南人民出版社 1990 年版，第 39 页。

返回家乡后，嵇文甫一度在汲县经正书舍附设小学班工作，教授英文课程，他还在县城小学兼职教授国文、历史等课程。这段宁静的教书生涯教学，对他日后的发展和成长，产生了深远影响。嵇文甫后来回忆这一段生活时，曾动情地说："天真纯朴的儿童曾引起我的热爱，从而我对于教书这一事，也就发生了浓厚的兴趣。这对于我后来数十年一直从事教育事业有很大关系。"①

嵇文甫也是在这个时候成家的。他的妻子为人本分、善良，有着中华民族传统妇女的勤劳与贤惠，成为嵇文甫不可或缺的贤内助。

1915 年，嵇文甫工作一年半后，有了一定的积蓄，便又回到北京。后来他如愿考上了北京大学。他的同班同学中不乏日后学术界的著名人物，如冯友兰、孙本文、陈仲凡等学术大家。由于嵇文甫国学基础扎实，且成绩优秀，他获得北京大学马叙伦等著名教授的器重。1926 年，嵇文甫加入了中国共产党。之后不久，他被选派至苏联莫斯科中山大学留学。1928 年 3 月，嵇文甫回国。他回国后先后在清华大学、北京大学、中国大学、燕京大学、北平女子师范大学、河南大学等国内高校任教。九一八事变后，嵇文甫在课堂上积极宣传抗日，号召学生们毋忘使命，共同抵御日本的侵略。

七七事变后，抗日战争全面爆发，嵇文甫也积极投入抗日救亡运动当中。他与姚雪垠、王澜西等人，共同创办了《风雨》周刊，并经常参与各种抗日会。他们创作了的抗日歌曲《走出象牙之塔》《献给祖国》等，还出版了题为《抗战到底》的歌曲集，通过这些方式宣传抗日，激发民众抗日斗志。

1937 年冬，嵇文甫还与同刘子厚、范文澜等学界名人，一起创办"河南大学抗战工作训练班"，宣传抗日救国纲领与思想。之后又在训练班的基础上，成立了"河南大学抗战训练班服务团"，嵇文甫任团长，范文澜任副团长。

1941 年，震惊中外的"皖南事变"发生后，嵇文甫被捕，被囚禁于洛阳。嵇文甫在狱中，写下了慷慨激昂的诗句："坎坷何足道，磊落此襟

① 徐卫东：《河南思想学术界的一颗明星——记河南省文史研究馆首任馆长嵇文甫》，《世纪》2009 年第 4 期。

期。羑里艰贞日，龙场悟彻时。精金须百炼，健马终一驰。默数平生事，飘然壮志飞。"① 诗中他借周文王被商纣王囚于羑里和王阳明被贬于龙场的典故，表达了自己的革命信念。嵇文甫被囚禁后，在河南文化教育界引起了震动和义愤。河南大学生以罢上军事课，表示抗议，更有一批进步教授向有关部门发出函电，争取社会舆论支持。次年 3 月，国民党河南省当局被迫将嵇文甫释放。

在十四年抗战过程中，嵇文甫始终与学生们站在一起，同甘共苦。他在上课的同时，还撰写了大量抗日救亡的文章。抗日战争胜利后，河南大学迁回开封。嵇文甫通过课堂、报刊等途径，继续向青年学生传授知识，传播进步思想。他一连发表多篇寓言式的杂文，预言国民党统治必然失败。在"反饥饿、反内战、反迫害"的运动中，他积极支持学生们的正义运动。他的家成了当时进步学生和中共地下党员经常出入的地方。

1948 年 6 月，开封第一次解放。数日后，嵇文甫和河南大学教授李俊甫等 300 余名师生，乘解放军开封前线司令部的军车，进入豫西解放区，受到了刘伯承、陈毅、邓小平等中共中央领导的亲切接见，在全国知识界、教育界引起了强烈反响。

1949 年 10 月 1 日，嵇文甫作为全国政协代表，参加了开国大典。中华人民共和国成立后，嵇文甫积极投身于中华人民共和国的教育事业，历任河南大学校长、郑州大学校长、河南省人民政府副主席及副省长、河南省文教委员会委员、中南军政委员会委员、开封师范学院院长、中国科学院哲学社会科学部委员、全国政协委员等职。1959 年 7 月 1 日，嵇文甫重新加入中国共产党，长期致力于先秦诸子及宋明理学研究。1963 年 10 月 9 日，他突患脑溢血，倒在了会议报告台上，10 日与世长辞。

嵇文甫较早运用历史唯物主义的基本观点，进行新史学研究。他称得上中国新史学的先驱者和奠基者之一。嵇文甫尤其擅长中国思想史方面研究，为中国思想史研究做出了卓越和开拓性的贡献。他创办了史学名刊《史学月刊》，该刊物现已成为史学名刊，至今还在为史学发展贡献着力量。他笔耕不辍，著述甚多，著述达 300 余部，约 200 万言，主要著有

---

① 卫辉市地方编纂委员会：《卫辉市志》，生活·读书·新知三联书店 1993 年版，第 666页。

《先秦诸子政治社会思想述要》《晚明思想史》《中国社会史》等，其中《左派王学》《晚明思想》等论著，在全国学术界引起了强烈反响，对王船山思想研究做了突出贡献。至今，嵇文甫的著作已被整理选编为《嵇文甫文集》，共分为上、中、下三卷，现已由河南人民出版社出版。

嵇文甫是中国近代历史上一位杰出的历史学家、教育家。他学识渊博，爱护学生，并积极投身到抗日战争当中，展现出一位近代文人的不屈气节。中华人民共和国成立后，他又全身心地投入到中国的教育事业当中，为中国教育事业做出了卓越的贡献。

三 "教育救国"张善与

张善与（1882—1956），字绍平，号天放，河南新乡县西张门村人，著名教育家。

张善与自幼天资甚佳，进入私塾读书后，刻苦勤奋。清光绪三十三年（1907），时年25岁的张善与考中秀才。1908年，在河南省官府资助下，张善与远赴日本文学院速成师范班留学。待顺利结业后，张善与又考入日本早稻田大学法律系深造。大学毕业之后，他获得了日本国政学士学位。

早在1910年，张善与在日本留学时期，就与孙中山先生熟识。他深受孙中山民主革命思想影响，毅然加入中国革命同盟会。此后张善与积极参与各种革命活动，得到孙中山先生的器重。1911年，张善与学成回国。凭借优异的表现，他一度担任孙中山的秘书。同年，张善与还参与了改变中国历史的辛亥革命。1912年，张善与又担任南京临时参议院的参议员。1919年10月10日，孙中山正式成立中国国民党，并颁布《中国国民党规约》。张善与被委以中央委员重任，后赴北平担任众议院议员。

在孙中山先生信任下，张善与担任北洋政府的驻京议员，职责是监视北洋政府。1923年，北洋直系军阀首领曹锟为争得大总统一位，贿赂每一位在京议员5000银元，以重金贿选。为了达到目的，曹锟还跟踪监视在京议员，并严禁在京议员离开北平。当张善与闻讯自己也收得贿金一事后，他义愤填膺，毅然在选举前一夜，化装离开了北平，前往广州。他将所得贿金5000银元上交至孙中山领导的广州政府。当时恰逢广州政府经费异常艰难，此项义举也获得了孙中山先生的赞颂。1924年，孙中山委任张善与担任国民党河南省党部自治区筹备处处长，从事河南党部的筹建工作。

　　1925 年 3 月 12 日，孙中山先生因病不幸逝世。当时蒋介石公开背叛孙中山生前提出的"联俄、联共、扶助农工"三大政策，阴谋篡权。张善与对其极度反感。同时，张善与对当时国民党官场任人唯亲、贪赃枉法、尔虞我诈等不良风气，亦非常痛恨。因此当国民政府进行总统竞选时，张善与始终保持冷眼旁观态度。

　　张善与在日本留学时，就深刻意识到，中国要想救亡图存，必须从教育着手，为国家培养栋梁人才。为了给革命造就大量有用之才，1931 年，张善与于开封兴办了建国中学。开封建国中学开设有文化班与职业班，其中职业班分为新闻班、会计班，招收学员 400 多名。张善与还经常邀请各界贤达来学校讲学，并聘请当时著名新闻记者给学生讲授新闻课程。

　　当时张善与在三个部门任职，薪水共可得到 1200 块大洋。但他生活简朴，自己每月仅留下 200 元生活费，其余全部充当办学经费。据时任建国中学中学部教导员兼小学部主任魏晓云回忆，张善与办学一律从俭。为了节省开销，学校点火用火石、火镰而不用洋火，照明用油灯而不用电灯。张善与个人生活更是简朴至极。他早饭、晚饭都是吃小米稀饭就咸菜，中午则吃大米、面条，穿戴更是力求简洁。张善与这种苦中作乐、勤俭办学的精神，令全校师生深为感动，并受到社会的一致好评。

　　张善与生活上简朴淡泊，却颇有艺术追求。他闲暇之余，颇好古琴。为弘扬这一传统艺术，他还与当地志同道合之人一起组建了"中州琴社"。琴社集会地址就设在建国中学校内。成立该琴社宗旨是保存古乐，弘扬中国传统音乐艺术。琴社社员多为有艺术修养的读书人。他们因共同爱好走到一起，携琴访友，定期聚会，谈乐论曲，共赏古典音乐，并鉴赏古琴谱、琴的形制等。他们平日交流音乐经验，互相学习，同时砥砺高尚道德。琴社也接待外地来访的音乐人。抗日战争爆发前，著名音乐家刘天华曾来到建国中学，到访琴社，受到张善与等人的热情接待。

　　张善与和琴社琴友们还有意识地搜集了许多古代琴书，如《琴谱大全》（明代），《诚一堂琴谱》（清代）等珍贵琴书。除收集珍贵琴书之外，他们的收集还包括私传之曲。如上文提到的明清之际理学大儒孙奇逢，就留有一首琴曲。该琴曲主要描述清兵入关后实行圈田政策，孙奇逢被迫离开家乡直隶容城，携亲友迁徙至河南省辉县，隐居在苏门山下夏峰村，聚徒讲学，躬耕弹琴自乐。孙奇逢曾自撰琴谱《夏峰曲》，并刊入其撰写的《夏峰集》内。曲词有云："垂老去乡关，听泉声三十年，夏峰烟月浑无厌……"① 该曲词详细描述了他年老远迁、以琴书自乐的场景，极为珍贵。令人惋惜的是，抗日战争时期，开封沦陷，当时收集的很多珍贵古琴和琴谱均遭受劫难，或毁于战火，或落于日军之手，或散落民间，令人悲叹。

1930 年，河南北部大旱，庄稼几乎绝收。张善与积极组织家乡人民，开挖孟庄灌渠，并引辉县百泉水灌溉农田。之后，他又发动乡亲修筑了从西张门至璐王坟车站，以及西张门至李固的公路，并在自家后院开办"友善"小学。此外，他还与同乡杨一峰、郭仲隈在新乡县城创办了河朔图书馆。张善与种种造福乡里的善举，至今还为家乡人们所津津乐道。

1934 年，张善与先后任国民党河南省党部委员、省众议院议员。1940 年秋，他追随国民党 40 军，在豫北山区进行游击抗日活动。

1941 年 11 月 12 日，国民政府召开孙中山诞辰纪念会。在会上，张善与回忆起抗日战争中国民党军队败退的情景，十分气愤。他慷慨进行演讲，向与会人员讲述了革命先行者黄兴、廖仲恺等人的英雄事迹，并表达了自己对"黄花岗七十二烈士"革命先驱崇高牺牲精神的由衷敬意。之后他又大义凛然地揭露了以蒋介石、宋子文、孔祥熙、陈立夫为首的"四大家族"的丑恶嘴脸和恶劣行径。张善与的演讲客观公正、激昂慷慨，得到了参会者的一致共鸣。

1945 年 10 月，在抗日战争胜利之后，张善与重返开封，并恢复因战火停办的建国中学。为了能将自己全部精力放在建国中学的重建上，他毅然辞去国民党河南省党部经济委员职务。张善与始终谨遵孙中山提出的"要做大事，不要做大官"的遗训。他始终相信，中国的根本问题在教育，教育关系到民族存亡与国家兴衰，必须施行教育救国战略，为国家培养大批有志青年，进而提高全民族的科学文化素质。为了更好地开展舆论宣传，他还在开封成立建国通讯社，并担任社长。通讯社成立后，经常与社会各界人士联络，在报刊上发表专题文章，倾听民众的呼声。同时，为了维护当地工商业者的权益，针对当时开封市工商业者面临的沉重苛捐杂税压榨，他毅然以律师身份为他们辩护，争取利益。

---

① 容城县地方志编纂委员会：《容城县志》，方志出版社 1999 年版，第 630 页。

1946 年 6 月，蒋介石撕毁"双十协定"，挑起内战，破坏了国内和平。张善与对此极为反对。恶劣的局势，更加深了其教育救国、振兴中华的愿望。在当时情景之下，他又在其家乡新乡县北部陈堡镇，兴办了开封建国中学分校，继续致力于中国教育事业的发展。他为办学呕心沥血十余载，给国家培养了大批人才。中华人民共和国成立前夕，张善与全家取道香港，赴台湾隐居。1956 年，张善与于台湾逝世。

张善与是一位杰出的爱国人士。他早年追随孙中山先生，进行革命救亡斗争。之后，他又积极投身中国教育事业，为中国的发展培养优秀人才。张善与不仅在河南近代史上，甚至在中国近代史上都留下了浓墨重彩的一笔。

四　"乡村建设"王柄程

王柄程（1895—1936），字怡轲，河南省汲县（今河南卫辉市）人，民国时期著名的经济学教授，中国近代史中河南乡村建设派的代表人物。他将其一生都献给了中国乡村教育和乡村建设。

王柄程出身寒门，但自幼聪慧，又勤奋好学，故深得老师喜爱。及其年岁增长，遂拜本县知名学者高方灏为师。高方灏见他才华出众，对其愈加钟爱，还主动将女儿许配给他。

辛亥革命时，王柄程在河北保定少年陆军军校学习。军校中有一位教官是同盟会员，他同情革命党人，在校宣传民族和民主思想。辛亥革命发生后，这位教师就带领包括王柄程在内的一批军校学员赶赴武汉，参加革命。但当时南北已经议和，民国成立，王柄程遂返回家乡。

返回家乡后，父亲不再让王柄程上军校。不久，他又考入了北京法政学堂。1916 年，王柄程大学毕业。因他与当时权贵毫无关系，故没有找到合适工作，只好回到家乡汲县。当时失意的王柄程在家中买了一台弹棉花设备，靠此谋生。他的两个嫂子见状，便对王柄程冷言冷语嘲讽道："早知道是干这样的营生，又何必去京城上大学堂？"王柄程听后也没有生气，反而笑着回应说："要知道我弹的棉花里，也有一股书生气啊！"①

---

① 邢亚平主编：《牧野风·新乡人物卷》，河南美术出版社 2007 年版，第 120 页。

1918 年后，王柄程跟随倡行实业救国的表兄张赐公，赶赴河南延津县境内的黄河故道开荒，创办了"张维垦殖社"。"张维"之名，取自古齐国宰相管仲提出的"礼、义、廉、耻，国之四维"，谓不忘创业宗旨、立志振兴中华之意。这段开荒的经历虽然不长，但对他的影响很大。王柄程开始将书本知识与实践相联系。更为重要的是，他深刻认识到中国农村落后的现状，开始了对乡村教育和乡村建设的探索与追求之路。

20 世纪 20 年代初，王柄程先后赴河南汝南、开封等地教书，曾任河南大学法科主任。他曾教授经济学，主要讲述"货币学"课程。王柄程自编讲义上课，深受学生们的欢迎。他还将他所写讲义编印成《货币学》一书，由上海商务印书馆出版。民国时期，许多大学都采用该书为教材，该书很快流行至全国范围。

1926 年，爱国将领冯玉祥督军河南。此时王柄程担任河南省教育厅会计主任一职。当时由于连年内战，教育经费极度匮乏，连教职员工的工资都长期拖欠，一直不能到位。王柄程对此极为着急。他勇敢地找到冯玉祥，积极向冯玉祥建议解决河南教育经费短缺的方法。王柄程提出，可将全省"契税"划为教育款，专款专用。由此，王柄程因其提出的建议，得到了冯玉祥的欣赏。冯玉祥明令教育厅长照办。河南教育厅遂设立河南教育款产管理处。而王柄程被任命为河南教育款产处第一任处长。教育经费的独立，在当时的中国各省中是绝无仅有的。经过王柄程的筹划与经营，河南教育经费逐年递增，不仅够用，还十分充足。

王柄程善于理财的名声也传遍全省。他先后被任命为治理黄河委员会委员长和河南造荒局局长等职。此外，王柄程还联络好友共同集资，创办"音丽舍"银号。该银号在开封设立本号，另在汲县和北平设立分号。王柄程对此十分重视。他每天 5 点就起床，投入工作。

20 世纪二三十年代，当时中国以梁漱溟、李济深为代表的爱国知识分子，在全国倡行"乡村自治"运动。王柄程也深受影响，并积极投身其中，逐渐成为乡村建设运动北方派的领袖之一。当时的河南，战乱不断，土匪横行，民不聊生。王柄程根据河南地方特点，提出了乡村自治、自教、自养、自卫的主张。此主张亦得到冯玉祥的支持。

1928 年，王柄程联络彭禹廷、梁仲华、梁漱溟等乡村建设派人士，筹划在河南辉县百泉建设河南村治学院。此举得到冯玉祥和时任河南省长韩复榘等人的支持。河南村治学院因此得以成立。该学院占地数百亩，邀请梁漱溟等知名人士担任教授。开学当天，冯玉祥、阎锡山等都亲自到场，并发表讲话。村治学院的建设，标志着河南村治运动走在了全国前列。1930 年，中原大战爆发，国内一时烽烟骤起。因冯玉祥失败下野，村治学院失去政治靠山，故只开学一年即被迫停办。学院的学员们提前毕业，分赴全省各地，遂成了各地进行乡村建设的中坚力量。

王柄程回到家乡后，先在其表兄张赐公创办的孤儿院里教书，管理和扩建孤儿院。不久，他们在汲县西北香泉寺，创办了香泉师范学校，继续从事乡村建设的实践和人才培养。该校聘请河南省第五师范学校的校长王功隆为校长，并得到李敏修、梁漱溟、黄炎培等人士支持，一时闻名全国，远近的学生们纷纷来此报名求学。后来，王柄程参加了在南京召开的乡村建设全国会议。

1932 年，在香泉师范学校成立不久，王柄程受邀赴山东与梁漱溟、梁仲华等人共同创办山东乡村建设研究院。在山东当局的支持下，他们决定先将邹平县作为乡村建设试验县，由王柄程担任实验区邹平实验县县长和济宁实验区代理专员。王柄程在山东的实验区内，大力引进和推广美国长绒棉花、苹果等，还介绍打井专家到家乡汲县传授打井技术。

王柄程一生忠厚，热心公益。他与其表兄张赐公的公益事业一直联系在一起。两人在家乡共同创办了救济孤儿的福民孤儿院。张赐公就曾经谈道："我与表弟创业，是他离不开我，我离不开他。"[①] 此外，王柄程和河南教育界著名学者嵇文甫也有密切联系。两人在中学时就是至交。1926 年，嵇文甫受中共的委派赴苏联莫斯科学习。1928 年回国时，当时正值蒋介石背叛革命，国内处于白色恐怖的特殊阶段。王柄程不畏艰险，极力向开封当局疏通，从而使嵇文甫的工作有了着落，生活也随之安定下来。

王柄程在政治上反对内战，同情共产党人。他曾经写过一本著作，名为《农村自卫研究》。在书中，他详细论述了如何组织和训练农民的相关问题。蒋介石对该书甚为欣赏，对王柄程本人也十分赞赏，极力想把他拉到反共的阵营当中，邀请他参加到江西的"剿共"战争当中。时任江西省主席熊式辉还亲自到河南约见王柄程，并拿出红军编印的报纸，让他研

---

① 邢亚平主编：《牧野风·新乡人物卷》，河南美术出版社 2007 年版，第 122 页。

究。但这些都遭到王柄程严辞拒绝。王柄程曾对朋友说："我搞村治，本意是对付小日本的，不是对付共产党的，共产党是不会被消灭的。"① 话语之中，他明确表明了自己的态度。

王柄程为其村治理想日夜操劳，积劳成疾，不幸于 1936 年病逝。梁漱溟写了长篇悼念文章《纪念王柄程先生》。悼文高度评价了王柄程的为人，特别是其在乡村建设方面的贡献。悼词中说："如果我们追叙这些年来乡村建设运动之所以有此局面，柄程先生实在是其中的一个最有力的分子！因河南村治学院的成立，大部分都是靠着他，尤其是经费一项完全是由他筹划的，有了河南局面而后方才有山东的局面。如果往前去乡村运动能开大能扩展，柄程先生要算是当时最有功的，他是我们永远不能忘记的一个人！"

山东省主席韩复榘为显示其尊贤重视人才，让铁路局专门安排一专列，护送王柄程的遗体回家乡汲县安葬。灵柩回到家乡后，就停放在赐公创办的海藻庵女子学校内。当地群众以各种方式对王柄程进行悼念。王柄程的葬礼由时任汲县县长褚怀礼主持，名儒李时灿致悼词。香泉师范学校和福民孤儿院闻讯赶来的学生以及孤儿院孤儿，均悲痛不已。王柄程一生不留财产，连藏书也遵照他的遗愿，捐献给了家乡图书馆。家乡人们送给他一副挽联，"一腔热血都洒去，两袖清风独归来"，来表达对这位乡贤的敬仰、爱戴和思念。

王柄程一生著作很多，主要包括《中国货币学》《中国农政学》《农村服务精神陶练》《华北农村问题》《农村自卫研究》等。

王柄程的一生，虽然短暂，但却波澜壮阔。他早年参加乡村建设运动，是中国乡村建设运动的奠基人之一。他还投身于家乡的教育事业以及公益事业，为河南的教育和公益事业均贡献出了自己的力量。

五 爱国实业家王锡彤

王锡彤（1866—1938），字筱汀，号悔斋，河南汲县（今河南卫辉市）城关人，著名爱国实业家。此外，他能诗善文，也是一位著名的学者、诗人和教育家。

---

① 邢亚平主编：《牧野风·新乡人物卷》，河南美术出版社 2007 年版，第 122 页。

王锡彤自幼聪慧好学。19 岁时，他就获县试第一，并考中秀才。其后他又接连高中，获府试第二，院试第三。1887 年，王锡彤考入开封大梁学院，在大梁书院肄业。

青年时代的王锡彤以教书为主，主要在河南从事教育事业。王锡彤居家授徒凡 8 年，在众多学生中还有数名是慕名远道而来的新生。之后因为义和团运动的兴起，应河北道岑观察之邀，王锡彤暂且告别私塾，与同乡李时灿共同赴武陟，筹议团防。王锡彤在当地工作尽心尽责。他日记中曾记载道："余以一乡贡士受本道观察知遇，欢如鱼水，谊若昆弟，当然知无不言，言无不尽。凡筹防局之募勇筹饷，余无不参预者。"

王锡彤还与李时灿等志同道合之人，共同创办了经正书舍。他本人曾在经正书舍担任主讲。王锡彤除了在家乡兴办新式学堂之外，还毅然将自己以前教书的私塾改办为女学堂，并招收当地数十名女童进入学堂学习，具体事务由其妻负责管理。女子学堂开当时风气之先，受到当地士人瞩目。

1906 年，王锡彤应禹州知州曹广权之聘，主讲禹州三峰实业学堂。在此期间，王锡彤积极参与地方具体事务。他曾负责创办禹州三峰煤矿公司，同时积极参与河南铁矿、洛潼铁路等企业的创办。王锡彤由此走上了实业救国之路。

甲午中日战争之后，帝国主义列强纷纷通过在中国开矿、办厂、兴修铁路等方式，掠夺中国宝贵的矿产资源，加强经济侵略。对此，王锡彤义愤填膺。他一面痛斥李鸿章等人的卖国行为，一面鼓舞学生，"我君可欺，而我民不可欺"，[①] 劝谏青年学生们救亡图存。当地学生受到王锡彤极大影响，被他的救国热忱所感动。

1906 年，当中国修建洛潼铁路时，外国列强企图从中牟取暴利，纷纷插手其中。王锡彤对此有着清醒的认识，他一直鼓励国人，呼吁铁路自建。他还身体力行，积极筹措资金，购买设备。在修建铁路过程中，解决了一个又一个难题，最终洛潼铁路成功竣工通车。在本次事件中，第一次显示了王锡彤的实业救国热心和才干。宣统元年（1909），当河南人民面

---

① 卫辉市地方志编纂委员会：《卫辉市志》，生活·读书·新知三联书店 1993 年版，第 661 页。

临收回矿权斗争时，他作为四位谈判代表之一，又赴京同当时的英国福公司进行谈判。

1909 年，在摄政王载沣威逼之下，袁世凯被迫暂时退至汲县等地隐居。隐居期间，袁世凯积极谋划东山再起，他一面加强军队建设，一面积极发展经济，寻求实业人才。袁世凯以邀请王锡彤讲经论史之名，向王锡彤表态道："官可不做，实业不能不办。"① 此后在袁世凯的大力引荐下，王锡彤加入了当时在国内实力强大的周学熙资本集团。作为袁世凯的亲信幕僚，王锡彤成为袁世凯、周学熙等重要成员组成的董监会中的核心人物之一。周学熙两次担任北洋政府财政总长时期，王锡彤一直受到重用。王锡彤先后担任北平自来水公司总理、天津启新洋灰公司总代理、恒丰公司主任董事、兴华资本集团主任董事、滦州矿务公司董事、南洋铁路维持会理事长、华新纺织总公司董事、中国实业家协会副会长等职。

当时周学熙资本集团主要包括启新洋灰公司、华新纺织公司、滦州矿务公司三个主要企业。当时水泥工业可谓在中国民族工业中占有举足轻重的地位。全中国范围内，天津启新洋灰公司和湖北水泥厂是主要的两家水泥企业。其中湖北水泥厂始建于 1907 年，是较早建立的水泥企业。其规模最盛时，曾一度控制着中国东南各省的水泥市场。但后来因资金周转问题，该企业经营不善。1909 年以来三年内，连续向日本三菱公司借款白银 72 万两。该企业一度处于被日本企业兼并的险境。为避免这种情况发生，在 1914 年，王锡彤通过"华丰实业社"的名义，代管湖北水泥厂，并由启新洋灰公司出面向企业注入资金白银 140 万两。该资金一部分偿还债务，其余部分作为企业流动资本。湖北水泥厂脱离险境，改名为"华记湖北水泥公司"。自此之后，国内两家主要水泥公司生产的水泥，处于绝对垄断地位，占到国内市场份额 90% 以上。

1924 年以后，在外国水泥企业的挤压之下，上海华商水泥公司一度也面临困境。此时王锡彤作为启新洋灰公司代表，同上海华商水泥公司签订协定，声明采取一致行动。此举再次加强了对中国水泥市场的控制，王锡彤也因此被业界誉为"中国水泥大王"。

---

① 卫辉市地方志编纂委员会：《卫辉市志》，生活·读书·新知三联书店 1993 年版，第661 页。

　　1916 年以来，由于国内政局动荡，当时尚处于筹建阶段的华新纺织公司处于困境之中。又是王锡彤挺身而出，多方筹措协调，最终华新纺织公司成功成立。该公司的建立，也成为北方纺织工业发展的重要契机。之后该公司又连续在天津、青岛设立分厂。当时王锡彤还有了谋惠家乡的想法，希望通过"以工代赈"的办法，在北方他的家乡设立分厂。

　　1919 年 6 月，在王锡彤回家乡省亲之时，他积极游说汲县政府在当地建立纱厂。同年 8 月，在王锡彤的倡议下，天津华新纺织股份有限公司董事会同意分别在唐山、汲县两地创办纱厂。当时决定两地纱厂各定股额 80 万元，实行当场集股、过半为定方式。唐山纱厂，因其位置距离天津较近，集股过半相对容易。但汲县则远离天津千里之外，难以达成目标。为了振兴家乡工业，王锡彤慨然认购 2000 股（10 万元）。其时他自身资金并不宽裕，但还是毅然选择泽惠家乡。1921 年，在他的大力支持下，汲县华新纱厂终于建成。该厂建立后，为汲县、新乡乃至全国的经济发展，均作出了较大贡献。

　　王锡彤为人一身正气，一心为公。他一生同情革命，反对封建专制。袁世凯为了拉拢王锡彤，曾力荐他任河南总督。但他却竭力推辞。在袁世凯倒行逆施、一心复辟帝制时，王锡彤内心苦闷，深感愤怒，但又无可奈何，故只有洁身自好，将精力转向实业。他曾向朋友表明心迹："宁终其身于商贾，免遭身败名裂之祸。"

　　1925 年之后，王锡彤陆续辞去其在实业界的相关职务，后定居天津，将兴趣点转向研究中外史籍上。王锡彤一生笔耕不辍，编撰了 2000 余万字的文史著述，包括《抑斋自述》《抑斋诗文集》《清鉴（前编）》等著作，为后世留下了一份宝贵的精神财富。1938 年 6 月 9 日，王锡彤病逝，葬于北京。

　　王锡彤凭借其卓越的经商才能，在中国近代实业界，发挥过重要的作用。尤其是其能够坚持立场，勇敢同外国企业、外国资本进行有理有利的竞争，非常值得人们赞颂。同时，王锡彤也为家乡企业的发展，作出了突出的贡献。王锡彤称得上一位儒商，一位典型的学者型实业家、爱国实业家。

六　"实业救国"张赐公

张赐公（1890—1952），河南卫辉市人，著名实业家。他的父亲望子成龙，曾给张赐公取了一个乳名名叫"创儿"，希望他将来能做出一番大的事业。

（一）创业艰辛

张赐公5岁时，父亲不幸去世，留下他和两岁的妹妹，与母亲相依为命。张赐公的母亲为了谋生，依靠日夜纺花织布来贴补家用。张赐公当时虽年幼，却十分懂事。他曾用自己的压岁钱买了一只小羊，放学后到卫河边放牧。半年后，小羊长大了。他到集市上卖掉后，又买了两只小羊。就这样，一年之后，他攒了满满一小罐铜钱，把它捧给了母亲，让母亲补贴家用。

张赐公从小目睹下层人民的苦难，痛恨社会的种种不公，于是便自己改名为"赐公"，立志为大众谋福利。中学毕业时，从武昌传来辛亥革命的消息，这让张赐公感到非常振奋。于是，他便带领几个同学到庙里砸碎了泥胎，宣传革命，结果遭到了清政府的通缉。张赐公只得离开家乡，逃到南方。南行的一路上，到处都是逃荒避难的人群。农村贫穷的情景，让张赐公大为震动。后来在南方，由于受当时革命党人黄兴等人的影响，张赐公萌生了"实业救国"的念头。

念头虽有，但究竟该如何"实业救国"？这令张赐公苦苦思索。经过深思熟虑，张赐公终于想到了自己可以在渺无人烟的黄河故道，实现"实业救国"的理想。经过两年的考察，1914年，张赐公联络了大学毕业后在家赋闲的表弟王柄程。他们俩共同奋斗，肩背干粮，步行70华里，来到位于黄河故道的延津县胙城乡垦荒造林，开始了艰难的创业之路。

但不久，如前文所言，他的表弟也是创业伙伴王柄程，到河南大学教书去了。张赐公没有气馁，暗暗发誓：不干出样来，决不回家！他四方寻找人才，广招破产农民和逃荒的灾民加入创业队伍之中。当时黄河故道一带环境非常恶劣。费心栽上的树，被风吹倒了，他就再栽；苗被沙埋没了，他就再种。寒来暑往，张赐公和他的创业伙伴儿们，在这无边的荒野上，一共奋斗了十几年的时间。功夫不负有心人，他们的付出终于有了回报。原本的荒野沙地，变成了绿洲。他们种植了杨柳，开垦了一望无际的田地，并且有了大片大片的各色果园。当他们看到自己的收获，当看到自己种下的果树有了丰厚的回报，大家都开心地笑了。但只有张赐公百感交集，他忍不住失声大哭起来。这其中的酸甜苦辣，张赐公都一一品尝。背井离家，离家虽然不太远，却很少回去。甚至自己的孩子生病夭亡了，张赐公都不在身边。

如上文在介绍王柄程时所言，张赐公自己开办的林场命名为"张维垦植社"。他在这里引进先进技术，用喷药治虫，定时修剪整枝、疏果，选种嫁接等，还引进意大利蜜蜂、美国棉花、牛奶葡萄、来克亨鸡、乌克兰猪等优良品种。这些举措在今天看来，已不足为奇，但在 20 世纪 20 年代闭塞落后的豫北农村，却是石破天惊的新奇事。由于取得了好的效果，吸引着当地人们争相学习、效仿，农村科技开始在豫北地区传播起来。

经过二十余年的苦心经营，垦植社逐渐发展壮大起来，林场田地等发展到 4 万多亩。这里春天繁花似锦，秋日硕果累累，里面还配套有工厂、学校、养殖厂等，四季兴旺。与四面萧条的农村相比，这儿宛若"世外桃源"。

"张维垦植社"的巨大成功，使得张赐公在豫北地区也名声大震。当时许多人争相和他交朋友，并极力邀请他参加创业。30 年代初，华新纱厂这个豫北最大的纺织企业，由于亏损严重而停业停顿。新任经理董嘉会慕名找到张赐公，力请他出任华新纱厂"植棉试验田"场长和新建的布厂厂长。

（二）热心公益

张赐公经济富裕之后，并没有忘本，没有忘记自己的创业初衷是为了"实业救国"。他自己生活简朴，把钱全部用在了社会公益事业当中。从 1923 年起，张赐公和表弟王柄程一起，在卫辉德化街办起了"福民孤儿院"，使大批由于战乱、灾荒而流落街头的孤儿有了一个温暖的家。他的钱不够，就劝孀居的妹妹捐献了全部 150 亩土地。20 世纪 30 年代初，他积极支持以梁漱溟为首的"乡村自治"运动，为推动乡村教育，让不识字的农民学习文化，他与表弟王柄程一起在卫辉香泉寺办起了"香泉师范学校"。

1931 年，九一八事变后，张赐公积极加入了抗日活动当中。1936 年，他又在辉县西部太行山区办起了规模宏大的"石门垦植社"，不久他还建起了"太行纺织厂"。在崇山峻岭中办企业，困难可想而知。许多人不理解，但张赐公却极力推进。他对朋友们说："总有一天，这里会成为抗日的大本营。"①

1937年，七七事变后，全民抗日战争爆发。张赐公把全家搬入太行山中。他还对不愿离家的老母亲做工作说："抗战将是长期的，不能在家坐当亡国奴。"② 张赐公在辉县西部太行山区积极抗战，名声大震，吸引了众多抗日志士前往会合。张赐公与共产党员朱程、闻允志等结为知己，大力帮助其发展抗日的军民部队。这支部队后来成为八路军中的一支骁勇善战的队伍。部队在豫北山区和华北平原纵横驰骋，狠狠打击了日本侵略者，为解放豫北山区和创建、巩固冀鲁豫边区立下大功。他们的抗日活动，多次受到八路军朱德总司令的表彰。

张赐公为八路军筹集军需物资，建立地下交通，搜集日伪情报，动员民众抗日，做了很多工作。他为了抗日，可谓出生入死，历险无数。有一次，张赐公不幸被敌人抓去。敌人将他打得皮开肉绽。就在他即将被处死之际，幸得他的战友们相救，他才得以生还。

1943年秋，晋冀鲁豫边区最高领导人申伯纯亲自接见了张赐公，并亲切地对他说道："张先生为抗日立下了大功，共产党、八路军、边区政府和人民都不会忘记您的。"③ 此后，张赐公肩负特殊使命，又回到敌占区卫辉。在卫辉，他打入敌人内部，冒着生命危险，掩护和救助抗日爱国人士，其中就包括八路总部的路展、冀鲁豫边区情报站长冯剑仇以及汲、淇、延、浚四边县工委书记李先贤等人。

1952年，张赐公因病去世。他虽然去世了，但他的事业，他为抗日战争做出的贡献，却永载史册，永远为人们所敬仰。

张赐公的一生，是极其不平凡的一生。他年少贫穷，却立有大志。在历尽磨难之后，他兴建的"张维垦植社"取得了巨大成功。之后他又在豫北一带开办企业。他的"实业救国"的理念得以实现。更为可贵的是，

---

① 邢亚平主编：《牧野风·新乡人物卷》，河南美术出版社2007年版，第119页。
② 邢亚平主编：《牧野风·新乡人物卷》，河南美术出版社2007年版，第119页。
③ 邢亚平主编：《牧野风·新乡人物卷》，河南美术出版社2007年版，第120页。

张赐公热心于公益事业，对豫北地区公益事业的发展，做出了贡献。在抗日战争期间，他还积极参加抗日活动，也为当地的抗日活动贡献了自己的力量。张赐公称得上一位爱国的实业家。

七　金融才子王晏卿

王晏卿（1886—1984），名静澜，晏卿是他的字，他以字行世，河南新乡人，著名的爱国实业家，曾任新乡市政协副主席和新乡市工商联副主任委员。1912年，他在新乡开创了"同和裕"银号，其后在全国各地建分号43处，开办工商企业105家，在当时的河南乃至全国金融工商界占有重要地位。

（一）工商实业发展

王晏卿出生于一个经营银楼首饰的商业家庭中。他父亲王清臣，经营当地的同和银楼。王晏卿从小就经常与商贩接触，逐渐对商业产生了浓厚的兴趣。他立志要做大生意，以"鸢飞月窟地，鱼跃海冲天"为座右铭，自我勉励。

18岁时，王晏卿到新乡最大的商号"道生长"当学徒，从此走南闯北，增长了见识，被人称为"长腿伙计"。1911年，已经25岁的王晏卿，决心自己创业。他辞掉了父亲为他安置的会计工作，不顾父亲的强烈反对，和赵清泉、李炳玉三人共筹集资金9000两纹银，合股在同和楼后柜设立字号，取名"同和裕"，王晏卿任经理，经营存、放款等金融业务。但此时由于资金较少，"同和裕"半年内并没有打开局面。

1912年，王晏卿又同赵安侯、姜含清各出资4200元大洋，在新乡顺河沿街再次成立"同和裕"银号。"同和裕"仍然由王晏卿任经理，经营货币兑换以及存、放款等业务。银号在新乡很快获得了发展。在当时国内政局不稳、军阀混战的大背景下，"同和裕"银号却得到迅速发展。银号不断设立分号，扩展经营规模和范围。到了1933年，"同和裕"的金融业务已经扩展到了北平、上海、天津、哈尔滨、南京、武汉、青岛、济南、西安以及河南境内的多个大中城市和地区，共设银号43处，员工达到850余人。"同和裕"银号被称为河南银钱业的巨擘。

"寓金融于商业，以商业固金融，从金融起家，大量涉足工商实业"，这是王晏卿的独特经营之道。因为金融业、工商业并举，有利于摆脱社会动荡对经济活动的影响，建立以工商业为基础的牢固金融阵地。"同和裕"成立后的20多年中，王晏卿在经营银号的同时，开办的工商企业有天津大东洋行、天津环海贸易公司、道口货柜、新乡货柜、修文印刷厂、万顺机器制造厂、造纸厂、榨油厂等。他还以大量的社会存款为资本，接连开办了纺织厂、火电厂、食品厂、砖瓦厂、出口公司、百货商场、中药店、布铺、棉花行、五金店、杂货行等20余家企业。大多企业发展良好，有的企业还形成了垄断经营。

王晏卿在办好自己企业的同时，还十分注重家乡的发展。1931年，他出资20万元现洋，在新乡保安街购地40亩，筹建了水电公司、纺织厂和机器厂。1933年，水电公司建成，使新乡工商业用上了电动力，也使得新乡的马路第一次用上了电灯照明。他先后在新乡创办了9家企业。这些企业的创建，奠定了新乡早期工业的基础，王晏卿因此被后人称为"新乡现代工业之父"。

王晏卿还积极投身于新乡公益事业之中。1925年，王晏卿与郭泉林在新乡共同创办了私立静泉小学。1928年，他又出资12万元，扩建了中学部。学校设立了新乡第一个具有各种科学读物的图书馆，使新乡有了第一所现代化教育的学校。1930年，王晏卿又出资1.9万元，在新乡创办了由中国人兴建的第一所西医医院。1931年，王晏卿在新乡建立了电话交换所，后来他又创办了社会福利院，主要收养孤儿、残疾人以及生活无着落的穷人。

（二）独特经营理念

王晏卿创办的银号以及企业能够获得迅速发展，这与他独特的经营之道密不可分。

王晏卿首先是凭借其过人的胆识，使得他的经营风生水起。早在"同和裕"成立之前，新乡原就有十几家钱庄，而且都经营存、放款业务和其他商业。王晏卿发现自己若单搞存、放款业务，很难获得发展。于是他首先开办了汇兑业务。当时社会正处在铜元取代铜钱之际，老百姓普遍以为旧铜钱要作废，纷纷要求兑换成铜元，即使赔钱也愿意兑换。而当时河南没有银行，其他钱庄心存疑虑，迟迟不敢开展兑换业务。此时王晏卿果断组织人员大量收兑，不仅在城里兑换，还派人分赴各县城定点收兑，甚至走家串户，为老百姓兑换。结果不到一年时间，王晏卿获利达到一万余元。1922年，在第一次直奉战争之后，河南发生现洋奇缺局面，纸币则没有人要。王晏卿又大胆派人分赴山西、河北、湖北等地，大量收购现洋回河南兑换，每万元获利两千元，又为其赚得不少利润。

王晏卿的经营之道中，重视人才是其中一个显著特点。他在郑州设分号时，认识了在汉口"跑单帮"的谭伯麻。王晏卿认为谭伯麻是一位不可多得的商业人才。于是，他用高价收购了谭伯麻的生意，再聘请他出任自己郑州分号经理。谭伯麻果然不负信任，郑州分号在他的带领之下，获得了迅速的发展。而王晏卿的三弟才干平平，当他的父母求情，想令其三弟在银号中谋得一职位时，王晏卿宁可出资让三弟出国留学，也不将就为其安排职位。

为提高自己银号职工的整体素质，王晏卿还建立专门职工学校，对职工进行分期、分批培训。当时是一个信息十分闭塞的时代，王晏卿异常重视信息的搜集和利用。他经常雇请军政人士及铁路邮差等消息灵通人士，为其打探各种商业经营方面的消息，保持信息快捷畅通。

王晏卿的经商原则是诚实守信，凡是店规规定或契约上写明的，不论遇到什么情况，即使是赔钱，他也会信守承诺，一一兑现。如遇到某地银根吃紧、汇水上涨，别的金融机构都加汇费，他的"同和裕"宁可贴钱，也不增加汇费。他创办的火柴厂，某个时期生产的火柴，火不上杆，质量出现了问题。他发现之后，马上贴出告示，发出信函，通知买家前来退货。王晏卿的诚实守信原则，为他赢得了良好的社会声誉，成为他生意扩展的巨大无形资产。

此外，王晏卿十分重视企业形象。他要求自己企业职工服装整洁，礼貌待客。久而久之，王晏卿企业形成了独特的企业文化，与同时期其他企业有了很大的不同。

凭借过人的胆识、严格的管理和诚信经营，"同和裕"异军突起，经济实力在中原银号中首屈一指。1930年进入内地金融界的官僚资本，一时间也难与之竞争。它也因此与官僚资本水火不容，遭其打压排挤，"同和裕"银号最终没有逃脱失败破产的命运。

1935年9月，时任河南省政府主席刘峙下令，将王晏卿羁押于开封县看守所。同年9月，法院判处王晏卿无期徒刑，转押新乡县监狱。1937年10月4日，经新乡县司法处民事裁定，"同和裕"银号宣布破产。

抗日战争期间，王晏卿不仅独善其身，还显示出自己的爱国气节。当时日本人出于政治目的，极力逼迫王晏卿担任伪政府的财政科长，但他巧辞不就。他还冒险掩护抗日志士蔡志康、王锡璋等，并于 1943 年通过义兴洋行营救共产党遇险的干部。1944 年，他亲自赴豫鄂边区，同共产党边区政府做生意，支持抗日战争。

中华人民共和国成立后，王晏卿曾任第一届新乡市政协副主席、河南省工商业联合会副主任委员等职。1984 年 2 月 24 日，王晏卿逝世，享年98 岁。

王晏卿可谓民国时期的一位工商业经营奇才。在他的独特经营理念之下，所开办的工商企业均发展迅速。他为中国近代工商业的发展，做出了一定的贡献。更加难能可贵的是，王晏卿始终感念桑梓，大力支持家乡工商业的发展，并热心于家乡公益事业，这是值得家乡人民敬佩的。

第七章 当代牧野名士

第一节 先进群体

一 刘庄支书史来贺

史来贺（1930—2003），河南省新乡市刘庄村原党委书记，全国著名劳动模范。他与雷锋、焦裕禄、王进喜、钱学森新中国杰出人物并列，被中共中央组织部誉为"在群众中享有崇高威望的共产党员的优秀代表"。中共中央组织部将其树立为全国人民学习的榜样。史来贺连续数届被选为全国人民代表大会代表和全国人民代表大会常务委员会委员。

他18岁入党，21岁担任村党支部书记，直至去世。20世纪50年代以来，史来贺的名字就响遍全中国。史来贺曾荣获全国优秀党务工作者、全国优秀共产党员、全国乡镇企业功勋等荣誉称号。他时刻以共产党人的标准要求自己，竭力帮助乡亲们脱贫致富。党的十一届三中全会以来，史来贺带领刘庄的群众们，通过科学技术，形成了以农促工、以工建农、农工商并举的新型乡村格局。

农村党支部书记的榜样史来贺，在担任新乡市七里营镇刘庄村党支部书记50年来，坚持走社会主义道路，从实际出发，坚持实事求是原则，坚持走群众路线，坚持发展生产力不动摇，把一个贫穷落后的不足2000人的村庄，建设成为文明富裕的社会主义新农村。

刘庄位于豫北黄河故道旁边，由于过去黄河多次改道，刘庄仅仅1.5平方公里的土地上，就有4条3米多深纵横交错的荒沟以及700多块贫瘠的"蛤蟆窝""盐碱洼"荒地。在解放以前，刘庄异常贫困，是当地远近闻名的的"长工村""佃户村"。当地有这样一首民谣："方圆十里乡，最穷数刘庄。住的土草房，糠菜半年粮。逃荒把饭要，忍痛卖儿郎。"刘庄的贫困可见一斑。

刘庄解放之后，当时驻地工作队队长曾对史来贺言道："共产党是为穷人办好事的，是领导人民建立一个没有压迫剥削、大家都过好日子的社会。"① 这句话深深地震撼了史来贺。一年之后，他庄严地在党旗下宣誓，光荣地加入了中国共产党。1952 年 12 月，史来贺时年 21 岁，他担任了刘庄村党支部书记，从此肩负起带领全村百姓脱贫致富的重任。自任支部书记起，他就暗下决心："跟党走，拔掉穷根，让老百姓过上好日子！"

1953 年以来，刘庄百姓在史来贺带领下，花费了 20 年时间，通过肩挑、人抬、车推等方式，填沟盖碱，硬是把刘庄 750 多块"蛤蟆窝""盐碱洼"荒地，变为了肥沃的农业园区，全村粮食产量有了大幅度提升。他还利用科学技术进行棉花种植，使全村皮棉每亩平均产量达到当时全国平均亩产量的 3 倍。1957 年，刘庄粮食亩产达到 215 公斤，皮棉亩产达到 53.5 公斤，创了当时的历史最高纪录。刘庄也因此远近闻名，成为全国学习的典型。当时史来贺还受到了周恩来总理的亲切接见。周总理鼓励他道："千亩棉花亩产百斤以上，你们带了个好头。希望你们高产再高产，彻底改变贫困面貌，给全国树立个榜样。"②

史来贺为人正直，一直以来坚持发展生产力不动摇。史来贺带领刘庄百姓开展畜牧业，成为刘庄人新的收入增长点。为了真正带领刘庄百姓致富，史来贺还在刘庄发展工业，成立了机械厂。紧接着，他又带领刘庄百姓接连兴办起食品厂、面粉厂、造纸厂、轧花厂、淀粉厂等企业。很多企业在全省全国都有一定影响。刘庄成立的机械厂生产的小喇叭，响遍了全国各地；小型奶粉机不仅填补了河南省的空白，而且销售到全国 20 多个省、市、自治区。刘庄村办企业的发展，实现了全村从第一产业向第二产业的转移，既有效地解决了剩余劳动力问题，也为集体积累了越来越多的财富。刘庄在发展经济的道路上越走越快，为壮大集体经济打下了雄厚的基础。

① 完颜亮：《共和国脊梁之史来贺：农民心中鲜红的旗帜》，《党史博采（上）》2012 年第 12 期。

② 邢亚平主编：《牧野风·新乡人物卷》，河南美术出版社 2007 年版，第 183 页。

　　史来贺还是思想解放的开拓者。改革开放之后，随着农村家庭联产承包责任制的实行，中国农村大地逐渐有了生机和活力。肩负刘庄发展重任的史来贺，也在反复认真学习着中央相关文件精神。经过认真钻研，他发现，党的十一届三中全会的精神，其实质就是解放生产力和发展生产力。当时，刘庄已经从传统的自然经济过渡为商品经济生产。全村有三分之二的劳动力已经开始从事第二、三产业，集体经济实力雄厚。通过广泛征求群众意见，史来贺从本村实际情况出发，决定进一步大胆改革。具体做法是：只保留少部分人从事农业生产，组织大部分人进入第二、三产业，兼容家庭联产承包责任制的优点，克服"大锅饭"的弊病，成立农工商联合社，把农、牧、副、商、工等统一起来，实行"综合经营、专业生产、分级管理、奖惩联产"的联产承包责任制。

　　事实胜于雄辩。史来贺的做法以及刘庄村道路的选择是正确的。刘庄新的发展道路，一方面充分发挥了集体经济的优越性；另一方面又极大地调动了个人生产的积极性。同单一家庭经营相比，这种商品经济的发展模式具有更为充足和旺盛的活力。1980年之后，刘庄率先实现了"小康"目标。

　　在搞好刘庄经济的同时，史来贺把思想政治工作看得也很重。他认为，集体经济得有集体主义，共同富裕得有共同理想。他生前常说："经济搞上去，思想政治工作也要跟上去。既要把群众带到富路上，又要把群众带到正路上。把人教育好，比啥都重要。"①

　　在几十年的时间里，史来贺与村党委成员始终将对人的教育作为头等大事来抓。刘庄村党委共有15名党员，其中就有6名党委成员负责村民的思想政治工作。刘庄业已形成了党委联系支部、支部联系党员、党员联系农户、干部党员人人有任务的成熟做法，编织绵密的思想政治网络。全村每户人家都选举擅长理财的成员，担任家庭组长，负责全家生产生活安排和思想政治工作。如此一来，全村实现了由村上、工厂、家庭协同配合管理思想政治工作的新模式。与农民特点相结合，刘庄村还通过开展内容为新旧社会比较、改革开放前后比较、待遇与贡献比较等活动，让村民们

---

　　① 完颜亮：《共和国脊梁之史来贺：农民心中鲜红的旗帜》，《党史博彩（上）》2012年第12期。

进行自我教育。通过这些活动的开展，村民们认识到如今幸福生活的来之不易，也成功激发了他们的干劲和奉献精神。

1985 年，在史来贺的带领下，刘庄村经过多次考察研究，一致同意兴建一座高科技生物工程类工厂，决定创办生产肌酐为主的"华星药厂"。制药行业是公认的高、精、尖行业，科技含量高，技术难度大。当时大多数人心中还是有一定疑虑的。但史来贺坚信"事在人为，路在人走，业在人创"。他采取"送出去，请进来"的方式，大力培养本村的技术骨干队伍。1986 年 5 月 20 日，刘庄人自己设计并安装的华星药厂正式投产。如今有三十多年历史的刘庄华星药厂，已经发展成为能生产肌酐、青霉素钾盐、青霉素钠盐、红霉素等多种原料和成品药的科技型企业，其中青霉素分厂还曾是河南省唯一、全国第三大生产青霉素的厂家。

史来贺还重视刘庄人素质的提高。在华星药厂，有一次一位工人因为疏忽大意，清理发酵罐后，忘记插上皮管，这直接导致了下一班工人向罐内输入的培养基被白白排入了地沟。工厂半小时内，损失了 1000 元钱。工厂以往只需对违规操作的工人进行批评教育、处分，使其他人引以为戒，这就足够了。然而史来贺却有更为深远地思考。他认为，这件事告诉了大家，提高刘庄人的科学文化素质是当务之急、重中之重的大事。史来贺对干部们说："农村现代化需要农民知识化，没有农民的知识化，农村现代化的基础不牢靠。"①

史来贺坚信"知识就是力量"，号召村民树立新观念，学习新本领，增长新才干。为全面提高刘庄人的素质，刘庄投巨资建起了高标准的幼儿园、小学、中学，盖起了教学大楼、实验大楼和教师办公楼，使村里的孩子不出村就可以受到从幼儿园到高中的系统教育。刘庄一方面在村内在选拔有培养前途的优秀青年，送至科研院所、国内高校进修；另一方面还邀请国内高校教师来村内办各类培训班。村里还兴建了科技大楼、卫星地面接收站等，并开办有图书馆、阅览室以及青年民兵之家，每年订阅 500 多份相关报刊杂志，为村民学习科学文化知识打下了坚实基础。目前，华星药厂已经实现了管理电脑化，并通过互联网获取世界最新医药信息。

---

① 完颜亮：《共和国脊梁之史来贺：农民心中鲜红的旗帜》，《党史博彩（上）》2012 年第 12 期。

　　史来贺还为刘庄村制定了几项特殊的规定，包括不安排高中不毕业村民的工作；高中以上文化的外村姑娘才有资格嫁到刘庄来；新嫁入的媳妇，需要到科研队接受村里的科技培训后，通过考试后方能安排工作。现在，刘庄有一百多名大、中专毕业生，有近两百人被评为工程师、农艺师、会计师、技师和一级、二级技术员，一大批土生土长、具有现代工业生产和管理才能的优秀人才，在各个岗位上发挥着骨干作用。

　　在史来贺的精心治理之下，刘庄村一片祥和。村里几十年来没有出现过刑事案件，也没有党员违纪现象发生。在婚丧嫁娶、尊老爱幼等方面，刘庄都展现出社会主义道德的新风尚。

　　史来贺本人生活简朴，清正廉洁，先人后己。平日里，他自己以身作则，坚持看书读报学习。他当选为村干部以后，一直按群众平均水平拿工分，上级按照规定给干部的补贴，他一分也不要。从 1965 年开始，他拿了国家干部工资。当他的工资高于群众平均收入时，他就把工资交给集体。1976 年，刘庄建设新村。当第一批楼房盖好之后，干部群众一致推选他先搬新居，但他拒绝了。等到第二批、第三批楼房又建好了，他还是住在自己在 50 年代初建好的房子里。村里的干部实在不忍心让他再住旧房，就趁他到北京开会，留给他一套新房。史来贺回来后，立即将留给他的新房让给了群众。直到 6 年以后，刘庄住宅楼全部建好，他才最后一批搬进了同群众一样的新居。

　　如今半个多世纪过去了，无论经历怎样的风风雨雨、沧桑巨变，刘庄村在史来贺的领导下，始终不断前进。刘庄村始终高举着社会主义旗帜，走在脱贫攻坚、乡村振兴的前列。2003 年春季，史来贺因病逝世。史来贺虽然去世了，但他将永远被后人铭记，他的精神仍然被后人所传承。

　　史来贺是中华人民共和国成立后老一辈基层领导者的杰出代表。他一心带领着刘庄群众谋发展，找寻致富之路，从农业到畜牧业，再到工业以及高科技企业，实现了农、牧、副、商、工等行业的融合发展。在史来贺的努力下，刘庄老百姓团结一心，最终走上了富裕之路。富裕之后的刘庄群众，又在史来贺的倡导之下，大力加强精神文明建设，提高文明素质，取得了明显成效。刘庄老百姓走上了文明之路。史来贺无愧为新乡地区乃至全国的一名优秀共产党员、杰出英模代表。他的精神，对后来新乡地区连续出现具有全国影响力的杰出英模，起到了极大的激励和示范效应。

二　红旗渠缔造者杨贵

杨贵（1928—2018），汉族，中共党员，河南省汲县（今河南卫辉市）狮豹头乡罗圈村人，曾用名杨绍青、杨苏牲。杨贵曾经担任河南省林县县委书记，是林县红旗渠的总设计师。

（一）早年经历

1936 年，时年 8 岁的杨贵就读于罗圈村私塾。不过到了 1941 年，当时的国民党把村里私塾老师抓捕，并将其关入监狱，因此罗圈村私塾被迫停办，而杨贵也不得不辍学回家。回家后的杨贵，便帮助母亲操持家务以及农活。

至 1942 年秋起，杨贵组织参加了反对国民党政府的抗粮斗争。之后因被人告密，一度受到官府通缉，幸而并未被捕。1943 年春，在中国共产党解放汲县山区之后，杨贵被选为罗圈村农民抗日救国会副主席，主要负责减租减息工作。同年 4 月，杨贵光荣加入了中国共产党，担任村党支部书记。6 月，杨贵又被选为汲县一区农民抗日救国会副主席。

1945 年春天，杨贵被选为淇县五区抗日救国联合会主席。1947 年 4 月，杨贵又担任淇县五区区长。同年 7 月，在淇县三里屯村反击国民党匪军包围战斗中，杨贵不幸负伤，被送至后方养伤。9 月，杨贵伤还未痊愈，又被调往淇县前方指挥部工作。1946 年 10 月，杨贵担任中共淇县六区区委书记兼区长。1949 年 7 月，杨贵任中共淇县县委委员，仍兼六区区委书记。

1949 年 10 月 1 日，中华人民共和国成立后，杨贵任中共淇县县委委员，县委办公室主任兼任淇县五区区委书记。1950 年 8 月，杨贵担任了中共汤阴县县委宣传部长。1952 年 12 月，杨贵调任中共安阳地委办公室副主任。

（二）修建红旗渠

1953 年夏，时任林县县委书记因病住院，杨贵受安阳地委领导委派，率领工作组去往林县，协助林县县委指导春耕春种工作。此时杨贵不会想到，他的人生已经和林县以及林县人民紧密地联系在了一起。1954 年 5 月，时年 26 岁的杨贵，被河南省委正式任命为中共林县县委书记。

当时杨贵常年在豫北一带生活和工作，对林县当然也不陌生。林县位于河南北部，地理位置上与山西、河北交界。林县是一个典型的贫瘠山区县，平地少山地多，山高坡陡，资源较为短缺，尤其是水资源缺乏，当地群众用水极为困难。林县十年九旱，可以说水贵如油，当地很多群众吃水都要走几十里的山路。当时全县没有一项水利工程，耕地甚至饮水都是靠天吃饭。当地姑娘嫁人还流行一句民谣："不图你的万贯家财，就图你有水洗脸。"由此可见，当地缺水已经上升到人生大事中来。

针对当时林县面临的困境，尤其是用水困境，杨贵的心被深深地刺痛了。他暗自下定决心，一定要想尽办法，解决百姓们的饮水、用水困难。杨贵协同林县县委、政府经过了深入群众、实地走访、周密调研，制定了"充分利用好河里的水，挖掘出地下的水，蓄存住天上的水"的打井挖泉蓄水规划。依据这个规划，杨贵带领林县群众经过了三年多的奋战，打了很多旱井，并相继修建了抗日渠、天桥渠以及三个中型水库。到了1957年初，林县全县共打井、修建水窖、挖通山泉7000多口（眼）。林县的旱情得到了缓解，群众饮水、用水问题也得到了初步解决。

然而好景不长，1959年夏季，林县发生了一场史无前例的大干旱。这次干旱，令流经林县的河流断流，水库无水，旱井干涸。当地百姓只得又像过去一样，翻山越岭远道取水。面对严峻的干旱形势，杨贵认识到要想彻底解决林县缺水问题，必须走出去，走出太行山，去外地引水。

当时林县派出了三个实地调查小组，进行细致引水考察。杨贵率领的小组去山西开展考察。杨贵来到了山西平顺县一带进行调研。经过认真调查研究，杨贵带领的小组发现当地漳河水流湍急，水资源丰富。杨贵通过咨询当地水利部门相关人员，进一步了解到，漳河最大流量在7000立方米每秒，最小流量也达到13立方米每秒，常年流量达到每秒25立方米左右，即便在枯水期漳河每秒流量也会在10立方米上下。获知这一信息，杨贵异常兴奋。他上报安阳地委、河南省委，通过河南省委与山西省委协调，又通过国家水利部的协调，经过多方努力，"引漳入林"工程最终通过。但由于当时国家经济困难，虽然同意了该工程的上马，但国家并不下拨钱和粮食，也就是修建该工程，很大程度上都需要林县政府和人民自己负担。

但顽强的林州人民并没有被困难吓倒。1960年2月7日，林县召开"引漳入林"筹备会议，研究通过了"引漳入林"组织机构和"引漳入林"工程施工方案。会议决定成立"引漳入林"筹备委员会和总指挥部，杨贵担任了筹备委员会主任。在前期测量工作结束后，"引漳入林"工程正式宣布开工。在杨贵书记的号召下，3.7 万多名民工迅速从全县各村汇集至太行山中。他们自带干粮、行李以及工具，带着对胜利和幸福的渴望，投入到了这场前所未有的战役中去。

工程开工之初，杨贵和县委相关领导对于工程建设还比较乐观。他们认为，工程总干渠全长 70 公里，渠宽为 8 米，高为 4.3 米。如果当时林县 15 个公社社员每人承包 1 米，也就达到 34 个土方，如此计算下来，工程 100 天就可以完成。在工程开工 20 多天后，杨贵从郑州参加完当时召开的省委四级干部会议回来，就立即投身到工程的实地调研之中。他徒步从坟头岭沿着开渠路线一直走到了当时工地指挥部盘阳村，后又继续沿渠线西行，连续步行了三天到达了渠首。

通过细致调研，杨贵发现了工程建设中的许多问题，有些问题还十分严重，原来的乐观心态荡然无存。面临的首要问题是战线拉得过长，3 万多名修渠人员分布在七八十公里长的渠线上，人员、交通和后勤均很难保证工程进度。其次是工程难度较大，开工之后缺乏经验，人们急于求成，缺乏有效的规划，造成了很多资源的浪费。当时工地上很多施工人员看不懂图纸，漫山遍野打眼放置炸药，结果炸得到处坑坑洼洼，不但施工效果很不明显，而且也带来了工程质量和安全方面的隐患。

面对较为严峻的形势，杨贵认为必须采取措施，调整施工对策，如此才能改变这种不利局面，使施工进度得到保证。杨贵为此同民工、技术人员开展了细致交流。在广泛听取了相关人员意见以及做了大量调研的基础上，杨贵于 1960 年 3 月 6 日至 7 日召开了由县委常委参加的"盘阳会议"。会上最终大家取得了一致意见，对原来的施工方式与进度等实施变革，制定出新的策略，即改变过去全线出击的被动局面，缩短战线，分段突击，集中优势兵力打歼灭战，把施工的主要力量放在山西境内 20 公里长的渠道当中，尽快将漳河水引入林县境内。这样做的好处是，通过施工，集中优势兵力率先拿下山西段工程，就可以干一段，成一段，让广大群众看到取得的成绩，同时克服悲观情绪，起到鼓舞信心与士气的重要作用。

针对这次施工对策的调整，杨贵曾经谈到，集中兵力打歼灭战是毛主席的军事战略思想，"引漳入林"也必须采取集中力量分段突击的战略战术，把渠分成几段，一段一段地修，首先集中力量突击修成山西这近 20 公里。修一段渠，通一段水，再修一段渠，再通一段水，以通水促修渠，鼓舞群众，教育群众，催人奋进。杨贵还专门提出，把这次林县的"引漳入林"工程命名为"红旗渠"。因为红旗渠象征着革命，象征着胜利。把"引漳入林"工程命名为"红旗渠"，既表明林县人民不畏艰险打开一条人工"天河"的雄心壮志，也表明林县县委要力挽狂澜，高举毛泽东思想伟大红旗不断前进、走向新的胜利的坚强决心。

施工新对策制定后，林县参与施工人员仅仅用了 5 个多月，就将山西境内的约 20 公里渠道修建完毕。至 1960 年 10 月 1 日，林县红旗渠第一期工程全部竣工。英雄的林县人民群众，用勤劳的双手和顽强不屈的创业精神，共斩断了 45 道山崖，填平了 58 道沟壑，搬掉了 13 座山头，凿透总长 600 余米的隧洞 7 个，建筑渡槽、路桥、防洪桥等大小建筑物 56 座，共完成土石方 445.65 万立方米，砌石 42.86 万立方米，最终在太行山的悬崖峭壁上成功修成了 19 公里长 8 米宽的盘山渠。

红旗渠第一期工程如期顺利竣工了。为了彻底解决工程遗留问题，杨贵还考虑解决与调水的上游山西平顺县水源使用权的问题。经过协商，林县政府专门出资，和平顺县政府签订了《红旗渠工程使用权协议书》。协议书中，林县将红旗渠占用的耕地、林地以及山坡，包括浊漳河引水点至红旗渠渠首拦河大坝的河滩，全部出价买断。这样一来，有效保证了林县人民对红旗渠拥有永远使用的权利。这充分显示出杨贵的远见卓识，不禁让人心生敬佩之意。

1960 年 10 月 17 日，面对大好形势，杨贵又顺势下达新的部署：红旗渠总干渠第二期工程——林县河口至木家庄工程全线实施。第二期工程都是在林县境内开展，参与工程人员的热情更加高涨，劲头也越来越大。但就在施工形势越来越好的情况下，全国整体形势却又出现了新的变化。当时正值国内自然灾害时期，由于国内长期"大跃进""浮夸风"等盛行，许多地方人民的基本生活受到了极大的影响，有些地方甚至每日的口粮供应不足。在这样的大背景下，中共中央下发通知，在全国实行"百日修整"政策，即国内基本建设项目全线停工，红旗渠当然也在停工修整的序列之中。此政策传达下来，无疑给正在热火朝天动工的红旗渠工程浇上了一盆冷水。

　　杨贵对于中央下达的"百日修整"政策也进行了认真的思考。杨贵经过深入考虑认为，中央下达此项政策，要求全国范围内建设项目停工，主要出发点是为了保障广大人民的利益，特别是他们基本的生存权利和生命，这在当时来说，无疑是正确和必要的。但林县当时的情况又有其特殊性。因为在全国盛行"浮夸风"时，林县并没有跟风，故此林县还存留有几千万斤的储备粮，林县人民的基本生活基本能够得到保证，并不会出现饿死人等极端现象。因此，如果严格执行中央提出的停工政策，则红旗渠工程很可能就会因此而夭折，没有了完成之日。如果不停工，那么就会违反中央政策，这也是不允许的。

　　面对如此两难局面，杨贵经过深思熟虑，顶住了压力，根据林县的实际情况，制订了一个折中的方案：一方面，命令大部分红旗渠工程施工人员返回各自所在生产队修整；另一方面，又留下了300多名青壮劳力，继续开凿二期工程的关键阶段——600多米长的狼牙山上隧洞"青年洞"。因为只要狼牙山上隧道能够开凿完毕，就可以为红旗渠二期工程的完工打下坚实基础。

　　红旗渠工程的建设，充分体现了林县人民自力更生、艰苦奋斗的可贵精神。为了弥补当时施工所面临的资金短缺问题，杨贵和林县县委还决定，从撤下来的施工人员中选择一部分人员组成了建筑队，并从全县科技领导干部中选调出38位，担任38支建筑队的负责人。建筑队的主要任务就是去全国各地承揽工程。一年多的时间里，建筑队为红旗渠工程带回来1800万元收入，解决了资金不足的难题。此外，县里还建立了化工厂，开始生产雷管等物资，基本上保证了工程的顺利施工。

　　当时林县狼牙山施工条件非常恶劣。狼牙山上大部分是绛紫色的石英砂石，异常坚硬。施工时，一个工作面的日进度仅仅为0.3米。留下来的青年施工人员们，大多时候还是依靠原始的大锤在山体上进行施工。最终他们就是依靠着坚强的意志，啃下了这块难啃的骨头，"青年洞"隧道成功开凿完毕。红旗渠工程取得了又一个阶段性胜利。

　　从1968年7月开始，林县共有近万名施工人员参与，开始了修建红旗渠支渠的新征程。截至1969年7月，杨贵和他带领的员工们，花费了整整一年的时间，成功地完成了红旗渠支渠的施工任务。至此，红旗渠工程宣告彻底竣工。在建设红旗渠支渠的一年中，不畏艰辛的林县儿女们又挖平了 1004 座山头，跨越了 850 条沟壑，修建渡槽 90 多座，凿通大山隧洞 70 多个，共修建了 41 条支渠，完成了 3000 华里建设的任务。

　　林县红旗渠工程从 1960 年 2 月宣布开工开始，至 1969 年 7 月彻底完工，举世闻名的"人工天河"就此诞生。在这将近十年的时间里，杨贵带领林县人民共削平了 1250 座山头，凿通隧洞 211 个，架设渡槽 150 座，完成工程土石方 1640 万立方米。经过近十年的艰苦奋战，林县人民一直期盼的漳河水终被引入林县，红旗渠干、支、斗渠星罗棋布，蛛网全县，渠、库、塘相连，引、蓄、排、挖结合，使全县灌溉面积由解放前的几百亩扩大到 64 万亩，解决了 50 余万人和 3 万头牲畜的饮水困难，粮食产量大幅度提高，林县的山区面貌发生了很大变化。①

　　（三）杨贵与后红旗渠时代

　　随着红旗渠的全面完工，红旗渠的名声也越来越大，尤其是红旗渠的精神更是随着新闻媒体的报道，传遍了中国，甚至名扬海外。1969 年 7 月 8 日，《河南日报》刊登了《规模宏伟的林县红旗渠工程全面竣工》的文章。在此篇文章中，详细报道了红旗渠修建完工的全过程。同年 7 月 9 日，《人民日报》又以《林县人民十年艰苦奋斗，红旗渠工程全部建成》为标题，对红旗渠的修建过程进行了详细报道，并配发了题为《独立自主，自力更生方针的一曲凯歌》的专门社论。此后《红旗渠》的纪录片也得以与全国观众见面，越来越多的人，包括一些外国人都慕名前来林县考察红旗渠。红旗渠的名声在全国各地彻底唱响。周恩来总理在 1969 年年末接见外宾时也曾专门说到，当代中国有两大奇迹：一个是南京长江大桥，一个是林县红旗渠。足见红旗渠在当时影响之大。

　　根据周总理的提议，河南省委任命杨贵任安阳地委书记兼林县第一书记。1973 年 8 月，在中国共产党第十次全国代表大会上，杨贵被选为中共中央候补委员。1974 年 1 月，在周总理的安排下，杨贵调到公安部工作，被任命为公安部副部长。此后杨贵一直在中央任职，自 1979 年以来，杨贵先后在五机部、兵器工业部、农业部工作。1985 年，杨贵被任命为国务院扶贫开发领导办公室主任。但不管杨贵在哪个部门工作，林县、林

---

① 石红刚：《红旗渠总设计师杨贵的传奇人生》，《文史月刊》2005 年第 2 期。

县的红旗渠都是杨贵一直难以忘怀的地方。可以说杨贵的人生已经与林县红旗渠密不可分了。

1990年5月，国务院扶贫办在河南省信阳大别山区召开扶贫会议，杨贵又一次回到了河南。此时的杨贵迫切地想回到他曾经工作、奋斗过的林县红旗渠看上一看，这个念头越来越强烈。5月9日上午，杨贵乘车悄悄来到林县。故地重游，杨贵有着无限的感慨。杨贵最先来到林县河涧乡东三羊村马有金家中。马有金曾经担任红旗渠第三任工程指挥长。老友重逢，双方都是不胜唏嘘感叹，马有金更是忍不住痛哭起来。之后，在马有金的带领下，杨贵又与当年红旗渠建设中的特等劳动模范任羊成、王师存、郭秋英、李改云等人见了面，众人皆是激动不已，大家有倾诉不完的离别之情。

当天晚上，为了欢迎杨贵的到来，林县县委、县政府特意准备了一场文艺晚会，命名为《红旗渠之歌》。在晚会结束之后，与会的演员和观众都不约而同地欢呼起杨贵的名字，大家就用这样纯朴的方式来欢迎、感谢林县人民的老朋友——杨贵。杨贵也是深有感触，眼含热泪，不住地向大家挥手致意。

此后，在1991年1月5日，时任全国政协主席李先念特地为红旗渠题词"发扬红旗渠精神，建设社会主义新农村"。为了纪念此次题词，1991年4月27日，在林县体育馆里，专门进行李先念主席给红旗渠题词的揭匾仪式，并召开河南省红旗渠杯竞赛表彰大会。杨贵作为特邀嘉宾，也专门参加了这次活动，并被安排到了主席台第一排就座。这是杨贵又一次来到了林县。在会场，当主持人念到杨贵的名字时，与会的五千多名观众顿时沸腾了，大家热烈地鼓掌来欢迎杨贵。同时，"杨书记"这样包含林县人民热情的呼唤声也不绝于耳。

林县人民的热情给了杨贵最正确的肯定。杨贵与林县人民、林县红旗渠也分不开了。此后杨贵又多次来到林县。杨贵对林县的山山水水，对林县的村落，对林县的人民都饱含深情。在接受中央电视台记者采访时，杨贵就非常动情地说："作为一个共产党员，一个人民的公仆，这一生我能够带领人民群众做这么一件大事，造福一方百姓，我没有愧对共产党员这个光荣的称号，没有辜负党和人民对我的重托，没有辜负毛主席和周总理对我的关心。"

2018 年 4 月 10 日，就在本书正在撰写之际，传来了噩耗，杨贵在北京逝世，享年 91 岁。杨贵虽然去世，但他带给我们的红旗渠精神永垂不朽。目前，为纪念杨贵，卫辉市狮豹头乡罗圈村杨贵故居正在修缮当中，现已进入布展阶段，不久就会与人们见面，供人们参观。

杨贵的一生是奋斗的一生，是勇挑重担、敢为天下先的一生。这在其一手牵头缔造的红旗渠工程中，表现得尤为突出。正是在杨贵的号召、带领和坚持下，英勇的林县儿女修建了几乎不可能完成的工程——红旗渠。在现今社会，战天斗地、敢叫旧貌换新颜的红旗渠精神，依然会闪耀着其耀眼的光芒。这是需要我们继续保持和发扬光大的。

三　"太行公仆"吴金印

吴金印，1942 年生，河南省卫辉市人，中共党员，大学文化，农艺师，全国优秀乡镇党委书记。1960 年 1 月，吴金印加入中国共产党。吴金印历任河南汲县李元屯公社大队会计、大队长、大队党支部书记、公社党委委员、团委书记、新乡市人大常委会副主任，曾经连续当选为党的十五大、十六大代表，第十五届中央候补委员，河南省第十三届人民代表大会代表。现任卫辉市唐庄镇党委书记。

吴金印出生在卫辉市一个贫苦农民家中。18 岁时，吴金印就入党当了村长，19 岁时担任村党支部书记，26 岁时担任乡党委书记，到现在已经 50 多个春秋了。50 多年来，吴金印在村镇领导岗位上，取得了骄人成绩。因此，1994 年，中组部推荐他为"全国百名人民好公仆"宣传人选，1996 年又授予他"优秀党务工作者"光荣称号，被誉为"乡镇党委书记的榜样"。2018 年 11 月，吴金印光荣入选中国 100 名中国改革开放杰出贡献人物。12 月 18 日，党中央、国务院授予吴金印同志"改革先锋"称号，并为他颁授改革先锋奖章，他还获评乡镇基层党员干部的优秀代表。2019 年，吴金印又入选了"最美奋斗者"。

（一）奋斗狮豹头

"老百姓养一头猪，一年能挣几百元；养一只鸡，一年能攒一罐鸡蛋。咱们当干部的，吃的是人民的粮食，花的是人民的税收，如果不替人民办事，还不如一头猪、一只鸡！"这是吴金印的一句名言，被党内和媒体奉为经典。早在 1959 年，吴金印就参加了工作；1966 年 8 月，他自中央团校毕业之后，甘愿放弃担任团地委领导的机会，主动申请到位于山区的狮豹头公社工作。1969 年 1 月，吴金印担任狮豹头公社党小组组长、革委会主任。当时这个位于太行深处的穷公社，两万多口人，分别居住在方圆百余里的 2600 多道岭和 2700 多条沟里。全公社大部分村民还是靠吃返销粮，领救济金度日。当地甚至有老人一辈子没有下过山，从没见过平原。他们竟然以为天底下只有山地。公社村民吃饭，经常是汤水泡野菜，汤水里甚至都没有放盐。

面对如此贫困状况，吴金印深感自己责任重大。他暗下决心，一定要带领群众脱贫致富。为此，他带着公社班子成员克服重重困难，开展深入调研。他们经常一天要翻越五六座山，渴了喝凉水，饿了啃干粮，终于把全公社的沟沟坎坎全部梳理一遍。经过反复调研，吴金印定下了"向荒山要耕地，向秃岭要粮食"的规划。

在吴金印的带领下，大家经过细致讨论，最终达成一致意见；可以将石头缝里的土挖出来造梯田，还可以通过河水改道，闸沟造地。办法总比困难多，狮豹头的干部群众展开了一场轰轰烈烈的挖土造梯田的运动。冬去春来，在大家的艰苦奋斗之下，他们在当地修筑了十多条拦河坝，并开垦了 200 百多亩梯田。

形势本来一片大好，但没有想到的是，夏季当地暴发山洪，湍急的洪水将新造的拦河坝和梯田冲得荡然无存，大家的辛苦成果功亏一篑。在这种情况下，吴金印没有气馁。他越挫越勇，认真分析，总结教训。经过认真分析，他们决定将原来修建的平面坝改建为拱形坝。在村民们又一次的艰苦努力之下，200 多亩梯田再次被开垦完成。村民们还在开垦的田地里种上了庄稼。但不幸却再次降临，第二年夏季的汛期到来后，洪水又一次冲毁了新垦的良田和庄稼。再一次遭受毁灭打击，乡亲们心里苦啊，有的乡亲甚至失声痛哭起来。

面对一次又一次的打击，吴金印仍然没有丧失信心。他懂得，共产党员越是在面对困难的时候，越要冲锋在前，更应经受住考验。吴金印再次将干部和乡亲们召集起来。他鼓励大家，一定不能失去信心，要下定决心，和山斗，和水斗，和恶劣的自然环境斗争。他们再一次总结经验教训。通过科学的分析与总结，他们得出结论：应将修改建成的拱形坝，再次修改为建塔形坝，而且还在每道坝下面再修建一个跌水池。如此一来，当夏季洪水来临之时，可以减缓冲击的速度。当洪水流入水池后，还可以从底部的暗渠泄出，梯田受到的影响不大。果然，在第三年夏季洪水来临时，当地200多亩梯田，经受住了洪水的考验。昔日的荒山秃岭，终于变废为宝，成为让大家欢欣鼓舞的粮仓。

吴金印并没有满足现状。1973年10月，他又带领狮豹头的干部群众，进行拦河造田。他们来到当地位于沧河中游的羊湾村，搭起茅草棚，实施拦河造田工程。经过调研，他们认为想要达到河滩上造田的目标，首先需要让河水改道。经过科学测量，要想保证河水改道成功，隧洞溢洪能力必须达到1000个流量。在悬崖峭壁上测量异常困难，吴金印和技术人员可以说是冒着生命危险进行测量。功夫不负有心人，他们在山上最终精准定位了凿洞的最佳位置，并完成了前期设计工作。当时定位开凿的山洞，共长162米，宽20米，高8米。为了节省时间，在吴金印的带领下，施工人员采取了东西两侧同时开凿的施工方案。在环境恶劣、硝烟弥漫的条件下，吴金印亲自参与施工，与乡亲们并肩战斗。

经过将近两年的不懈努力，1975年夏，开凿的山洞终于贯通。当时西洞口的修筑基本完工，东洞口也即将完工。但恰在此时，当地汛期提前来临，暴雨连绵。这天晚上，吴金印一行手拿马灯，想要下洞里察看水位。当时突击队长抢着要下洞，却被吴金印拒绝道："还是我下。我万一有个闪失，抢险你来指挥……"话还未说完，便毅然拽绳而下。但就在这时，意外出现了，山顶上一块巨石在暴雨冲刷之下，坠入洪流之中。情况异常危险，守在洞口的乡亲们连连惊呼，纷纷对着洞口大声高喊着"吴书记"。

万幸的是，一会儿后吴金印从巨石之间慢慢地爬了上来。众人这才止住了担心。大家都怕洞里出现塌方，劝吴金印尽快离开。但面对不断上涨的洪水以及还未完工的东洞口，吴金印明白现在还不是休息的时候。他一面召集抢险队，一面身体力行，自己迅速背起一块石头，直奔东洞口的拱顶。当时的情景异常危险，在抢险队的头顶之上是塌方的石块和泥土簌簌而下；脚底下又有咆哮的洪水滚滚而来。然而抢险队员们都毫无惧色，在吴金印的带领下，整整奋战了两天两夜，克服了重重困难，最终成功地完成了东洞口的圈顶工程。胜利完工之后，吴金印却因身心俱疲，晕倒在工地之上。大家急忙把他抬出工地，暂时送进工棚。在对其进行救治过程中，当医生解开他的衣服后，发现他的衣服补丁连着补丁，手掌上布满厚厚的老茧，虎口处结着紫黑色的血痂，手指粗糙得像一把把钢锉，脚上的鞋子烂得开了花。昏迷两天两夜后，吴金印终于苏醒过来。他醒后对身旁的人说："万一我不行了，就把我埋在洞顶的山上，好看着你们把沧河治好……"听着这些感人的话语，大伙儿不禁潸然泪下。①

吴金印在狮豹头担任主要领导的十多年间，他带领群众共凿山洞 6 个，筑大坝 85 道，建小水库和蓄水池 25 座，修渠道 3.8 万米，修筑高标准山区公路 20 公里，建公路桥 8 座，植树 20 万株，造田 2000 多亩。在吴金印的努力之下，当地秃岭上长满了庄稼，乡亲们也吃上了白馍。他使得原来一穷二白的山区发生了巨大变化。

（二）发展唐庄镇

1987 年 11 月，组织上任命吴金印为卫辉唐庄乡党委书记。当时的唐庄乡也是在当地闻名的穷地方。吴金印来到唐庄乡上任之际，正值寒冬时节。他漫步在在乡里的山岭田地之间，竭力思考着带领这一方百姓脱贫致富的道路和方法。他认为，当地的百姓踏实肯干，朴实勤俭，但就是思想比较保守，不善于开拓创新。曾经对当地的乡亲们谈道："困在家里跳不出小圈子，发展很难；打破封闭走出山门，我们才有出路。"

不仅思考琢磨，吴金印还带领唐庄乡党委班子成员深入基层，去到每一个下辖村子实地调研，细致考察。经过全面系统考察调研，吴金印对唐庄乡的认识与了解日益深刻。他认识到，唐庄乡地形较为复杂：它的东部、南部是平原，北部是丘陵，西部则是山区。唐庄乡的东部平原地区适宜种植蔬菜；南部的洼地土地肥沃，可以建良种基地，发展高效农业；北部是干旱的丘陵地带，适宜种植各类果树；西部山区的资源较为丰富。而唐庄地理位置较为重要，107 国道和京广铁路穿境而过。根据这些情况，吴金印反复深入老百姓中间，与大家商量，经过几上几下、反复论证，充分吸收群众智慧，提出了唐庄乡经济发展的新思路。新思路可以简要地概括为这样一句顺口溜："西抓石头东抓菜，北抓林果南抓粮，乡镇企业挑大梁，沿着国道做文章。"②

---

①　参见邢亚平主编《牧野风·新乡人物卷》，河南美术出版社 2007 年版，第 186 页。

②　邢亚平主编：《牧野风·新乡人物卷》，河南美术出版社 2007 年版，第 187 页。

所谓"西抓石头"，指的是利用好唐庄乡西部丰富的石材资源，围绕石材做文章。为了发展石材经济，乡里先后投资 500 多万元，共修筑 3 条长 26.5 公里高标准水泥路，发动西部山区的 7 个村群众开采石头，向石头要钱花。同时，在唐庄乡还致力于发展运输业。在不长的时间里，山区 7 个村就拥有了 1000 多部大型运输车辆。就这样，当地的石材经济兴盛起来，这里的村民们有不少成为了运输专业户、厂长、老板，7 个村子很快就富裕起来。

所谓"东抓菜"，指的是在唐庄乡东部平原地区发展蔬菜经济。唐庄乡东部代庄、田庄、仁里屯等七八个村，人多地少，人均仅有七八分田地，但这些村子地理位置优越，距离县城近，交通便利，且当地土壤肥沃、水利灌溉资源丰富，这都为发展蔬菜经济奠定了很好的基础。俗话说："一亩园十亩田。"唐庄东部村子利用优势资源，改变过去的种植结构，兴建温室大棚，大力种植反季节蔬菜。目前，唐庄乡东部村子已经兴建了万亩反季节蔬菜基地，当地村民收入增长有了明显提高，过上了富裕的生活。

所谓"北抓林果"，指的是在唐庄乡北部丘陵地区种植果树，发展水果经济。北部丘陵地区土地较为贫瘠，历年来粮食产量偏低。因此，当地走传统农业道路，很难达到脱贫致富的目的。在进行充分考察实践的基础上，当地决定种植果树，大力发展水果经济。在几年的时间里，唐庄乡北部村子已经形成了万亩桃园生产基地。与此同时，当地还利用桃园资源，适时发展了文化旅游产业。从 1995 年开始，通过举办"唐庄桃花节"，不仅打响了唐庄桃子的品牌，还吸引大量游客来当地旅游以及众多客商来当地投资，起到了多赢的效果，村民们的经济收入直线上升。

所谓"南抓粮"，指的是唐庄乡南部地区土地肥沃，适宜发展粮食经济。南部地区依靠科技，开展高效施肥，开发高效农业，大力发展"馍篮子工程"。如今，唐庄乡南部地区通过将田间道路硬化成高标准水泥路，成功打造成万亩超高产样板田，形成了田成方、沟相通、路相连、树成行、旱能浇、涝能排的高效农业种植格局。同时，当地还凭借丰富的农作物资源，养殖肉牛、奶牛，大力发展养殖业。

所谓"乡镇企业挑大梁"，指的是自 20 世纪 80 年代末以来，唐庄始终坚持大力发展乡镇企业，将其作为当地腾飞的重中之重。为此，唐庄陆续兴建了钳子厂、水泥厂、淀粉厂、无纺布厂等乡镇企业。当地乡镇企业的振兴，为全乡（后改为镇）各项事业的发展提供了强力的经济支撑。

所谓"沿着国道做文章"，指的是唐庄积极利用 107 国道穿境而过的交通便利，大力发展马路经济。唐庄利用地理位置优势，在 107 国道两侧修建临街商铺，如商店、饭店以及车行等。当地百姓，凭借优惠政策和便利条件，很快达成了发家致富的愿望。

时间来到 20 世纪 90 年代末期，在吴金印的带领下，在一系列惠民政策的支持下，唐庄面貌已经焕然一新，群众们正在实现富裕的道路上不断迈进。当地流传着这样一首"幸福谣"："山区变粮仓，丘陵果飘香，天堑变通途，窑洞变楼房，平地起工厂，日子苦变甜，感谢共产党。"① 从中可以看出，唐庄的变化之深，老百姓生活的幸福美好。

唐庄变得越来越好，这和吴金印对乡镇干部的严格要求密不可分。他始终要求乡镇干部坚持"四同"：和群众同吃同住同劳动，有事同群众商议。遇有大项目，干部住山上，住工地，住群众家，吃派饭。吴金印曾深有体会地说："与群众相处时，要把那些年龄比自己大的当长辈，把同龄人当兄弟姐妹，把那些年龄更小的当作自己的孩子。这样和群众心贴心，群众才会把你当自己人。"②

现如今，唐庄的生活条件好了，乡亲们也越来越富裕，但吴金印在日常生活中的衣食住行却依然如过去那般朴素。他在池山驻队时，对村里的"五保"老人杨务新特别关照，每天都会为老人忙里忙外，挑水扫地。当派饭轮到老人家时，老人为了表达感谢，专门为他把下蛋的母鸡杀了，为他炖汤。吴金印到老人家中后，见此情景，连忙拒绝，借故离开了。尽管当时老人都急哭了，但他始终坚持自己的信念，不占百姓一分便宜。他一直认为，共产党员决不能搞特殊，不能脱离群众。一旦搞特殊，脱离群众，自己就不能够走得长远，不能赢得民心。

从年轻时当上乡党委书记，吴金印这一干就是 50 多年。鉴于吴金印所取得的工作成绩，组织上也曾提拔过几次，但都被他谢绝了。如今的吴金印已年近八旬，他早已过了退休的时候，然而他始终挂念着唐庄镇上的

---

① 吴金印：《吴金印：我当乡镇党委书记的体会》，《共产党员：下半月》2017 年第 2 期。
② 吴金印：《吴金印：我当乡镇党委书记的体会》，《共产党员：下半月》2017 年第 2 期。

乡亲们，他和乡亲们可谓心连着心。如今的唐庄镇，各项惠民工程仍在吴金印的带领下有条不紊地进行着。他一辈子在基层埋头苦干，为人民谋幸福，这股劲，从来没有松懈过。

2014年3月17日傍晚，对于吴金印而言是一个难忘的夜晚。当时习近平总书记正在焦裕禄干部学院与在此学习的兰考县部分乡村干部学员座谈。而此时，身负讲课任务的吴金印也恰好在场。在会后，习近平总书记专门来到吴金印面前，这时河南省委书记介绍说，这是卫辉市唐庄镇党委书记吴金印。习总书记亲切地握着吴金印的手，对他说："我认识你。最近身体咋样？"吴金印之前在北京开会的时候，曾经见到过总书记。吴金印听到总书记亲切的话语，十分感动，他没想到总书记还记得他这样一个基层干部。吴金印动情地说："我真的很感动，总书记心里面有咱们基层干部啊！"

吴金印凭借着自己的勇于担当、满腔热血、科学务实、一心为民，赢得了当地乡亲们的由衷敬佩与赞颂。他身先士卒，带领狮豹头、唐庄的群众在奔小康的路上，一路奋斗，砥砺前行，取得了丰硕的成果。当地老百姓对吴金印的感激之情难以言表，多次都想通过立碑表达心意，但每次都被他拒绝了。最后当地的乡亲们就把碑文高高镌刻在了巍峨的太行山峭壁上，以此来表达他们的敬佩感激之情。

四　"人民永和"郑永和

郑永和（1922—2007），河南省辉县拍石头乡四里厂村人，中共优秀党员。他1944年参加革命工作，1947年加入中国共产党。生前历任区长、区委书记、县委组织部长、农工部长、辉县县委副书记、书记、新乡地委书记、河南省生产指挥部副指挥长兼任石化厅厅长，后又担任中华人民共和国水电部副部长、中共河南省委副书记等职。1977年8月，郑永和还曾担任中国共产党第十一次全国代表大会党代表。1989年退休后，郑永和自主创建并领导了一支"辉县市老干部服务队"，发挥余热。已故前新华社社长、杰出新闻工作者穆青退休后也自愿加入他的队伍。

（一）在其位，谋其政

辉县老县委书记郑永和带领全县人民治山治水，劈山开路，拦河造田，创造了"辉县人民干得好"的辉县精神——自力更生、艰苦奋斗、团结实干、无私奉献、百折不挠、敢为人先，这已成为一代又一代辉县人开拓进取、奋勇争先的精神源泉，新乡"坚韧不拔，敢于担当"的太行精神在此得以完美体现。

穆青曾经在一篇文章中深情地言道："走遍河南山和水，至今不忘仁书记。"① 这里提到的"仁书记"除了原兰考县县委书记焦裕禄以及前文中已重点介绍的原林县县委书记杨贵外，另外一位就是郑永和。身穿补丁衣，脚蹬打掌鞋，下乡时带着劳动工具，沿途为群众挑担、拉水……这就是当年辉县县委书记郑永和。他说："要让群众干，干部先流汗。"

20 世纪五六十年代，辉县因为特殊的多山地理环境，境内有七条主要行洪河道由北向南贯穿。每到汛期来临之际，汹涌而下的洪水如同猛兽一般，无情地吞噬着附近的村庄，淹没良田，同时还会对位于下游的新乡等地，尤其是铁路等设施造成巨大危害。有鉴于此，为了有效保障京汉铁路以及新乡、天津等卫河下游城市的安全，1956 年，国家参照苏联专家的建议，决定在新辉交界等处修建滞洪区。当时计划该滞洪区控制面积为 3470 立方千米，区域东自新乡县范岭，沿卫河北岸，途经辉县、获嘉、修武，西至博爱县。该滞洪区建设一旦付诸实施，辉县西部 20 余万亩肥沃良田就将被淹没，水位以下的 20 万群众，也将被迫远迁至甘肃、青海居住生活。

知晓该计划后，时任辉县县委书记谷占春和县委副书记的郑永和等人出于辉县长远发展，并对辉县百姓高度负责的考虑，在郑永和等县委常委多次进行调查研究之后，县委最终制定出一个"洪水不出山，平原、城市、铁路不受淹，蓄住洪水能浇地，腾出河滩能造田"的一举三得的治水方案来。县委希望，通过在太行山中修建五座控制性大水库，来截住汛期太行山上倾泻的洪水，以此来代替原来修建滞洪区的计划。新的治水方案确定下来后，辉县县委多次通过口头、书面和集体汇报等形式，向新乡地委、行署等上级机构反映。最终上级机构同意了辉县的意见，在"洪水不出山"的前提下，撤销了原来修建滞洪区的决定，改由辉县在太行山区修建水库。

---

① 杨有金、原天：《穆青念念不忘的县委书记——记河南省原辉县县委书记郑永和》，《中国老区建设》2009 年第 1 期。

为了兑现诺言，辉县人民在县委书记谷占春的率领下，于 1957 年至 1959 年，在辉县山区和丘陵地带连续修建了 28 座小型水库，大大缓解了洪水出山的问题。但时间到了 20 世纪 60 年代中期，一些库容小、质量差的水库，已经逐渐处于报废的边缘。在原县委书记谷占春去世之后，重任便落到了新任县委书记郑永和的身上。

郑永和与辉县县委的领导在总结工作中的经验教训和多次调研的基础上，认为"洪水不出山"的承诺应该与彻底治理辉县山水的综合计划结合起来。当时以郑永和为代表的辉县县委，结合群众意见，适时提出了"学大寨，赶林县，重新安排辉县河山"的响亮口号，确定了山、水、田、林、路综合治理的初步规划，即修好渠，筑好路，几个山沟修水库，西山植山楂，东山栽柿树。

为了实现规划目标，郑永和带领辉县群众，以太行山人"说了算，定了干，再大困难也不变"的豪情和大无畏的气概，发扬革命老区的光荣传统，开始了轰轰烈烈的治山治水之路。他们扎进深山窝棚里，顶酷暑，战严寒，在太行山上，在烂石滩中，开辟了一个又一个战场，创造了一个接一个辉县奇迹。

1966 年，辉县成功打通石岭隧道以及愚公洞，紧接着北河道"陈家院水库"也开工建设。但此时，全国"文化大革命"爆发了。在这个特殊时期，由于郑永和的坚持，辉县并未受此太大影响，各项建设工程仍然在继续进行着。

至 20 世纪 70 年代末期，全县人民在郑永和的带领下，经过不懈的努力与奋斗，取得了丰硕的成功，辉县的面貌得到了极大的改变。全县共建成中型水库 4 座，小型水库 14 座，水电站 63 座，总库容达 1.3 亿立方米；修建灌溉干、支渠 5122 条，长 3200 多公里，打配机井 7000 多眼，修蓄水池 900 多个，有效灌溉面积达 73.2 万亩；修整水平梯田 29.2 万亩，治理水土流失面积 650 平方公里；开凿公路隧道 34 座，修筑公路桥梁 59 座，新建、扩建公路 556 公里，基本形成了中小型水库群库汇流、西水东调、北水南调、地表水和地下水联合运用的综合性水利工程体系。同时，全县还建起了水泥厂、发电厂、化工厂、化肥厂、制药厂、小煤矿等，电力、邮电、工业等都有不同程度的发展。1979 年，全县财政收入达到 1998.1 万元，比 1965 年增长了 4.1 倍之多。经过辉县人民的实干、苦干加巧干，连续十余年的努力，当地的生产和生活条件均得到了根本改变，呈现出"高峡出平湖，灌渠绕山转""走山不见山，一马趟平川""光山披绿装，生活大变样"的新景象。多年来，辉县老百姓口中流传着这样几句顺口溜："吃着白面馍，不忘郑永和；看见水浇地，想起郑书记；拿起人民币，感谢郑书记。"① 从这些朴实的话语中，可以看出郑永和在其中的功绩。

在郑永和书记带领下治山治水的过程中，涌现出许多可歌可泣的动人故事以及值得记载的感人事迹。郑永和最让人钦佩的就是他"身先士卒，奋不顾身"的拼搏精神，他始终相信"身教重于言传，行动指挥最好"的理念。在修建辉县第一座中型水库"陈家院水库"时，工地面临缺乏大量石匠的困境。工地上技术娴熟的工匠仅有 300 多名，工匠数量存在极大缺口，远远满足不了工程的进度。对此情况，郑永和就组织县委班子进行专题研究，决定全县干部走出办公室，拜群众为师，依靠群众想办法。郑永和召集各工地指挥长开会谈道："有太行山，就有石匠，生在太行山，不敢斗石头，不是愚公是智叟。"② 最终，通过自己学石匠、在干部中考核石匠、在群众中奖励石匠的方法，成功地解决了这一困扰施工的大难题。郑永和也和大家一样，认真学习石匠技术，还手把手教年轻的新手。郑永和还和其他干部一样，参加了对全县公社书记以上领导干部的石匠技术考核，并成功地通过了考核，还获得了全场第三名的佳绩。

就这样，在以郑永和为代表的领导干部的推动下，全县涌现出学习石匠技术、大干特干的热潮。不仅教师、学生学，全县的妇女们也参与进来。为了发挥妇女在"改变辉县旧山河"中的积极作用，辉县还打破旧传统的束缚，将女青年组织起来，和男青年一起参加到修水库、建桥路等建设活动中来。这些女青年形成了后来有名的"石姑娘队"。这个名字的诞生，也要归功于郑永和书记。郑永和曾说道："大寨有个铁姑娘队，你们就叫石姑娘队吧。"于是，"石姑娘队"这个响亮的名字不胫而走。"石姑娘队"成为辉县人民战天斗地中的一张响亮的名片，也成为辉县妇女

---

① 张海：《苏门通览》，中州古籍出版社 2012 年版，第 167 页。

② 韩文广：《群山作证——追忆原中共辉县县委书记郑永和》，《河南水利与南水北调》2007 年第 5 期。

治山治水的一把尖刀。

为贯彻"身先士卒"的理念，在郑永和的倡导下，辉县机关干部还实行了"三三制"。具体规定：辉县机关中三分之一的人坚持机关工作，三分之一的人到基层蹲点，三分之一的人到农村或建设工地参加集体劳动，半年轮换一次。郑永和还在全县范围推广了辉县拍石头公社总结的"三簿"（心得簿、记工簿、请假簿）经验以及占城公社总结的"三田"（每个干部种好一亩小麦、一亩玉米、一亩棉花试验田）经验，取得了良好的效果。①

郑永和更是以身作则。为了绿化荒山，他曾经率领一批青年团干部，在无人、无房、无水的辉县方山山顶，风餐露宿，在"不洗手、不洗脸、不刷碗"的艰苦环境中，植树造林。他们大干一冬，最终摸索出一套荒山植树的经验，并培养了一批全县的绿化骨干，为全县的绿化工程作出了贡献。

辉县人民战天斗地、实干创业的精神风貌不胫而走，受到了国家和省市领导高度评价。众多新闻媒体也争相报道，各地参观代表纷至沓来。当时一部《辉县人民干得好》的新闻纪录片，也因辉县人民的自力更生、艰苦奋斗的治山治水精神，在全国播放，一时间享誉全国。据不完全统计，从1974年至1979年，有170多个国家和地区共计200多个代表组团莅临辉县参观访问。不同国度、不同肤色、不同民族、不同语言的人们共赞："辉县人民干得好。"例如，1976年10月14日，加拿大人查理·普雷沃就曾感慨地说道："我在毛泽东著作里知道了《愚公移山》，今天我看到了千千万万愚公所开创的伟大事业。来中国参观，不来辉县看看是很大的遗憾。"②

（二）老骥伏枥，志在千里

1976年后，郑永和先后调任国家水电部副部长、中共河南省委副书记。20世纪90年代，离休后的郑永和，始终放不下自己一直牵挂着的故乡。1989年，郑永和放弃了在省城郑州的舒适生活，返回了自己的故乡辉县。为了辉县各项事业的发展，他按照"乐于参加，身体第一，无偿

---

①　张海：《苏门通览》，中州古籍出版社2012年版，第79页。

②　朱宏斌：《郑永和：辉县山水永在心中》，《河南水利与南水北调》2007年第5期。

服务，力所能及"的原则，把曾经在十年大干中立过汗马功劳的一批离退休老同事、老部下组建成老干部服务队。这群人中，年龄最大的83岁，最小的也有60岁，平均年龄约为70岁。他们退而不休，力求发挥余热，继续为辉县人民的脱贫致富服务。

郑永和当时动情地说："国家干部有退休制，共产党员没有退休制，是共产党员就要做到生命不息，奋斗不止。"因此，他鼓励当年的老同事、老部下，要退而不休，继续为人民服务。组建成立的老干部服务队，在成立之后的十多年时间里，一直发挥着奉献精神，竭尽全力地帮助辉县山区人民，在植树造林、引水修渠、凿洞修池、架桥铺路、科技扶贫等多个领域均发挥了重要作用，让辉县的老百姓实现脱贫致富的梦想。老干部服务队还吸引了原新华社社长穆青、红旗渠的缔造者杨贵等退休干部参加进来，共同发挥余热。在郑永和的带领下，老干部服务队发展为近百人左右，他们的足迹踏遍了附近4（县）市15乡镇45个村庄。他们凭借年迈之躯，植树13万株，凿益民、惠民、思源3个洞，修明渠1.6万米，建蓄水池4座，解决了41个自然村、7310口人和14803亩耕地抗旱用水问题。

老干部服务队先是在防治果树病虫害方面作出贡献。辉县所属的太行山区盛产柿子等山果，当地种植了大量果树。但在20世纪80年代，这些果树遭受了严重的病虫害侵袭，极大地影响到辉县山区群众的收入。以郑永和为首的老干部服务队获悉这一情况后，立即行动起来向病虫害宣战。他们多次向专家学习病虫害防治技术，并组织科普人员编制防治病虫害的资料，为果农服务。除此之外，为了获得第一手的实践经验，郑永和还特地到常村乡雁窝村，在当地一个病虫害严重的柿子园中进行病虫防治的试验。然后再将防治果树病虫害的经验向别处推广，并无偿为果农们治理。经过多年的努力，辉县山区果树基本上实现了"核桃不黑、柿子不落、山楂没虫、楝子（熟前）不红"的目标，干果鲜品的数量和质量均得到了明显的提升。

荒山植树，是老干部服务队为辉县人民作出的又一重要贡献。为了满足辉县山区群众的需求，郑永和带领的老干部服务队继续扩大服务范围，将在辉县山区植树造林作为改变山区群众生存环境、造福子孙后世的重要方式，常抓不懈。十多年来，老干部服务队帮助群众义务植树达到13

万棵。

在辉县抗旱用水问题上，郑永和一直以来是有着自己的遗憾的。在前文提到的郑永和书记带领辉县人民大兴水利工程时，就曾在辉县西北部山区建起了一系列水库。当时通过"群库汇流"输水工程，把水送到了辉县北部和东部一带山区缺水的地方。经过百姓们艰苦奋斗，大部分水利工程当时已经修建完工。但却留下最后一段扫尾工程——东分支渠（后此渠改名为"北干渠"）未修，致使辉县东北部数乡镇百姓一直饱受缺水之难。

北干渠是20世纪六七十年代在郑永和任县委书记时就已经规划了的一项重要水利工程。该工程是实施辉县北水南调、西水东调的骨干工程之一，涉及东北部山丘区5个乡40多个行政村4万多人的饮水以及3333立方千米农田灌溉问题。但因为种种原因，当时该工程被搁置下来，未能施工。这成了老书记郑永和心头最大的遗憾。老干部服务队成立后，郑永和又重燃了修建该工程的心思。为此，郑永和怀揣地图，多方奔走呼吁。其间，郑永和还连续七八次带领技术人员实地勘察，对渠线进行合理规划。功夫不负有心人，1999年4月30日，在求得部分外援资金后，辉县市委、市政府决定开工修建北干渠，并将修建北干渠列为"扶贫一号工程"。在社会各界的鼎力相助下，经过连续苦干，2002年，北干渠工程全线顺利竣工。该工程全长37.68千米，其中明渠26.33千米。北干渠共穿越15个山头，11道河沟，引陈家院、三郊口以及黑鹿河水库的水，从根本上解决了辉县东北部山区百姓吃水难、灌溉难的问题，结束了当地"种粮靠天收，吃水贵如油"的辛酸历史。

2003年冬，为充分发挥新建成的北干渠的功效，更有效地利用水资源，在郑永和的倡议以及"身先士卒"之下，老干部队依靠捐款共筹集资金26.7万元，修建了北干渠赵窑倒虹吸工程。经过几十天的奋战，2003年12月11日，赵窑倒虹吸主体工程竣工。工程建成后，黑鹿河的水缓缓穿过"思源洞"，流到了辉县方山脚下，注入当地的川底池和滴灌地，当地平岭、赵窑、汪沟、和漫等村村民均从中受益。

以郑永和为代表的老干部服务身上蕴含的全心全意为人民服务的精神，正是中国共产党宗旨的体现，也是"自力更生、艰苦奋斗、团结实干、无私奉献、百折不挠、敢为人先"的"辉县精神"的集中体现，受到了广大干部群众的一致称颂。1998 年 8 月，中央电视台曾以辉县老干部服务队为题材，播出了纪录片《太行不老松》。该片的播映，在全省乃至全国都产生了较大影响。同年 10 月，前文提到的新华社原社长穆青以及曾于 20 世纪 70 年代常驻辉县的新华社记者、《嘹望》杂志主编陈大斌，也申请加入老干部服务队。他们还亲自撰写了长篇通讯《老书记和北干渠的故事》以及评论员文章《三讲好教材》。该文章于 1999 年 6 月《人民日报》头版刊登后，立即在全国各地引起了强烈反响。

河南省委、省政府也曾在全省老干部工作会议上，对以郑永和为代表的老干部服务队进行了高度评价，称"其规模之大，时间之长，成绩之著，在全省乃至全国是绝无仅有的"。现在辉县老干部服务队活动服务基地——尖山洼村，挂上了"青年干部艰苦奋斗教育基地"和"青少年艰苦奋斗教育基地"的两块牌子。周围数县市来此考察学习者，络绎不绝。

如今，在辉县市 2007 平方公里的土地上，实现了"群库汇流"。此外，辉县还建起了国家重点工程——宝泉抽水蓄能电站。郑永和带领全县人民兴修的各项水利工程，至今仍发挥着重要作用。

郑永和在担任辉县县委书记时，就"在其位，谋其政"，带领辉县人民为了改变落后面貌而大干特干，取得了丰硕的成果。更为难能可贵的是，在他退休之后，"退而不休"，反而以更大的热情和激情，投身到辉县的各项建设发展当中，更值得我们赞颂。老书记现在虽然已经离我们而去，但他带领辉县人民战天斗地的"辉县人民干得好"的可贵精神，却永远被人们传颂着。当地人们将这种精神凝聚成"人民永和"四个大字，镌刻在位于辉县市拍石头乡太行山麓的巨石之上。它既反映出郑永和与人民息息相关、血脉相连，也成为当代共产党人的一座高高的丰碑。

五　"太行赤子"张荣锁

张荣锁，1956 年生，河南辉县人，第十届、十一届全国人大代表，中共河南省辉县市回龙村总支书记，2002 年 CCTV"感动中国"人物。张荣锁的个人经历无疑是令人赞叹的，非常值得我们细细梳理和讲述。

（一）致富·架电·筑路

1975 年 1 月，高中毕业的张荣锁，走出了大山，进入了军营。之后五年的军旅生活，让他了解到大山之外精彩的世界，增长了见识。1980

年，已经光荣入党并获得多次嘉奖的张荣锁复员，又回到了他的家乡回龙村。此时的张荣锁，已经不同往日了。他在部队开过车，又去过全国很多地方，可谓见多识广。他早早就有了自己的致富梦想。为了实现自己的梦想，他曾进煤矿当采煤工，还卖过药材。1983 年以来，张荣锁利用在部队学过开车技术的优势，购买了卡车，跑起了运输。1993 年，他又开办了石材加工厂，生意蒸蒸日上。他不仅成为镇里有名的百万富翁，还在镇政府所在地建起了新居。

1993 年秋天，正当张荣锁生意一片大好之时，辉县市村"两委"换届，上级党委以及回龙村的父老乡亲们，不约而同地将信任的目光投向了张荣锁，希望他能够担任回龙村党支部书记，带领全村人一起发家致富，过上好日子。面对回龙村乡亲们一双双渴盼且信任的眼睛，张荣锁毅然抛下自家正红红火火的生意，毫不犹豫地应承下来，选择了勇挑重担。

张荣锁在上任伊始的演说中掷地有声："不怕自家经济收入上受损失，不为当支书手中有权力，不图当官借机捞好处。我放着'百万富翁'的日子不过，自讨苦吃，图的是借一个舞台，实现走出大山时的梦想，带领村民把'极贫部落'变成'小康群体'！"他的一番肺腑之言，博得了村民们热烈的掌声。①

张荣锁是这样说的，也是这样做的。他一上任，便取消了村中干部以前的一切"特权"。之前当干部可以免除义务工，也可以不交电费。张荣锁身体力行，他带头在工地干活，带头交电费。张荣锁说："共产党员就应该区别于普通老百姓，在生死面前有冒险权、苦难面前有先上权、享受面前有退却权、工作面前有吃苦权、金钱面前有奉献权。"② 朴实的话语，道出了他对于"特权"的独特认知和解释。

张荣锁的家乡回龙村，地处豫西北与山西交界海拔 800 米至 1725 米的太行山腹地，面积 20 平方公里。全村被一道 15 公里长、200 米高的悬崖绝壁一分为二，分为崖上和崖下两大居住区，共有 17 个自然村，960 多口人。尽管回龙村奇峰峻岭，风景秀丽，但住在崖上的村民们却常年受困于交通问题，生活异常艰难。崖上 5 个自然村 380 多口人的唯一出路仅

---

① 张希梅：《太行赤子——张荣锁》，《文明与宣传》2002 年第 4 期。

② 刘万胜、李昌斌：《共产党员应该享受这样的"特权"》，《中国民兵》2002 年第 6 期。

仅是一条绵延在峭壁之上的两尺多宽羊肠小道。小道不仅难行，而且特别险峻。村中的山货很难运出来，严重阻碍了回龙村的进一步发展。不仅如此，仅近二十年来，就先后有 18 人不慎摔下悬崖而丧命。千百年来，当地交通道路问题成为困扰当地村民的头等难题。

在当代流传着这样一个民谣："住在深山沟，守着光石头。穷得叮当响，鬼见都发愁。小伙打光棍，闺女往外走。"在当地海拔 1200 米的石板河自然村、张沟自然村、老君庵自然村、后背和对臼站自然村，共有 400 名崖上的村民当时仍点着煤油灯，攀着绝壁路，过着日出而作、日落而息的穷困生活。村民们的贫穷问题成为张荣锁上任后面临的首要难题。

1993 年 10 月，张荣锁上任伊始，便不顾辛劳，在回龙村崇山峻岭之间开展起实地调研工作。同时，为了促进工作的科学开展，增进同志们的信心，他还带领村里党员同志，一起到与回龙村情况类似的山西省陵川县锡崖沟村，开展考察学习。锡崖沟村党支部带领群众，在绝壁上凿山修路并发展生产的精神，令参观的党员们大受鼓舞。此次考察之后，在回龙村党支部会上，张荣锁在发言中谈道："与天斗，与地斗，坚决不搞窝里斗，就没有扳不倒的穷山、挖不掉的穷。"这样坚定的誓言，让大家统一了认识，坚定了脱贫致富的信念。①

张荣锁经过认真思考，反复与党支部成员们商量，作出了"根据山区实际，带领乡亲大搞小流域治理，绿化荒山，发展林果业"的决策。趁热打铁，1993 年 11 月，张荣锁带领回龙村 430 名村民上山，会战大栗园山坡。他们垒石造田，绿化荒山，掀起小流域治理高潮。

经过一冬天的会战，全村共完成小流域治理梯田 130 多公顷，在山上山下新栽果树 20 多万株。此后连续 3 年，张荣锁接连带领乡亲们共治理了 8 座荒坡，造梯田 1500 亩，栽种果树近 4 万棵。为了弥补林业技术的短板，1994 年，回龙村投资 5 万元，在村中选择 3 名高中生，到河南职业技术师范学院学习果木栽培相关技术。待 3 名林果专业大学生学成之后，再将技术传授给回龙村民。就这样使村中一批林果技术员脱颖而出，为回龙村的林果业发展注入了新的活力，也让祖祖辈辈受穷的回龙村人看到了致富的希望。村中成立了"回龙村林果公司"，并与高校联合建立了

---

① 张希梅：《太行赤子——张荣锁》，《文明与宣传》2002 年第 4 期。

林果实习基地，在产前、产中、产后等细节中下功夫，取得了良好的收益。现如今桃树、梨树、苹果树、李子树、花椒树布满回龙村的沟沟坎坎。仅果树一项，当时回龙村的人均收入净增长 150 元。

林果经济的迅速发展，令回龙村人从中尝到了甜头，也给了张荣锁极大的震撼。他认识到，回龙村要想真正走上富裕之路，就必须走科技兴农道路。1994 年年底，张荣锁又一次赴外地考察学习。通过考察，又从栾川县引进了香菇种植技术。凭借村中槲树资源丰富的优势，成立了香菇公司，发展香菇等食用菌栽培。之后，又利用村里花岗石蕴含丰富的优势，开办了石材加工厂，搞石材开发加工。村中集体经济得以迅速壮大，老百姓富了，村里的条件有了翻天覆地的变化，住上了一栋栋漂亮的农村公寓。

同时，贫穷落后的回龙村，还面临着通电和修路这两个"拦路虎"。因此，张荣锁下定决心，要带领回龙村村民搬开这两个"拦路虎"。

1993 年冬天，张荣锁下决心要首先解决村中崖上村民用电的心愿。说干就干，他首先带领村中 3 名党员背着干粮翻山越岭，勘察通电线路。一路艰辛，他们饿了啃凉馍，渴了就喝山泉。险峻的山路上树枝和乱石刮得他们的衣服开花、遍体鳞伤，但他们毫不在意，一心只想将送电路线勘察精确。

随后，更为重要的任务便是运送线杆上山了。这几乎是不可能完成的任务。回龙村崖上崖下落差几百米，直线距离 5 公里，中间还要穿过 13 道沟，翻过 14 架岭。想要将 500 多公斤重的水泥电线杆树立其中，其难度可想而知。过去，市镇供电部门曾经多次进行勘测，但最终都因当地地势险要，电线杆难以运送上山而未能成功。

然而，张荣锁却迎难而上。他下定决心要解决这一难题，让回龙村崖上人结束黑灯瞎火的历史。他同村民们一起，精诚合作，12 个人抬一根电线杆。张荣锁身先士卒，自己抬线杆的最末节，承受最大的压力，面对最大的风险。到了险要之处，没有办法抬，他们就用绳子绑着，硬是一尺尺地将 500 多公斤重的线杆，一寸寸地拽上了海拔 1300 多米的高山。

就这样，众人共奋斗了两个半月的时间，实现了不可能完成的任务，78 根高压电线杆耸立在 6 座险峰、24 道山岭和 5 挂绝壁上。1994 年 2 月 5 日，成功完成了此次"送电战役"。待张荣锁亲手启动电闸那一刻，久处黑暗当中的回龙村，顿时变成了光明的世界。村中崖上的百姓们，望着明亮的电灯，激动不已，一夜无眠。

完成了通电难题之后，张荣锁却显得异常冷静。他心里面还是沉甸甸的，因为回龙村还有一个更大的"拦路虎"在等着他，就是修路。如前文所言，回龙村几百年来受道路不通的苦久矣，甚至付出了十几条生命的代价。张荣锁很早就提出了"出路在山，致富在人"的口号。回龙村要想真正兴盛起来，不将崖上与崖下的道路打通，山区的特产就难以运送出去，山上优美的旅游资源就难以开发，发展只能是天方夜谭。张荣锁暗暗下定决心，一定要开辟一条能走出大山的康庄大道。当时村里道路的实际情况是，早在1993年已经开通了回龙到暖窑、张沟到山西陵川县锡崖沟的高山路，只剩下施工难度最大的暖窑到青峰关、老爷顶的关键要道一直没有打通。

1997年11月，张荣锁亲自担任筑路总指挥。他带领着由回龙村父老乡亲们组成的筑路大军，浩浩荡荡地开进深山峡谷之中。当时的条件非常艰苦，住宿饮食等一切必须从简。他们在工地旁的山坡上搭起了草棚，在草棚外的石头上支起了大锅。早上和晚上吃的是咸菜馒头，中午吃的是始终不变的煮干面条。

这次修路目标是把路修达老爷顶，需要沿悬崖峭壁修长达8公里的盘山路。筑路工程在一点一点地推进，但当路修至峭壁时，遇到了难题。经过反复思量，他们需要在峭壁中打一条长达1000米的"S"形隧洞。但因为条件所限，当时缺乏技术与经验，也没有应有的相关测量仪器设备。想要实现打通这条隧道的目标，需要精准把握它的弯度与坡度。一旦稍有偏差，就无法贯通隧道，无法实现目标。当时如果他们向有关技术部门求助，请相关技术人员进行测算，仅设计测量相关费用就需要16万元。而在当时，村里的全部家当也只剩30万元，根本付不起测量费用。为了节省资金，张荣锁专门将邻村曾经在部队学习过三年测绘技术的李长杰请了过来。李长杰了解山中路不通所面临的难处，很痛快地应承下来了。

张荣锁和副指挥长张荣平等村里干部，以身作则，先后30多次冒着生命危险，上下悬崖。他们在崖面上，用塑料水管测量隧洞的坡度，用绳子测量隧洞的高低。他们甚至还抓着悬崖边沿的树木，攀至半崖处，开展目测定位，并系着绳子吊到半山腰，放置炸药开山。在山间穿行，他们身上经常被岩石和遍野的荆棘划得遍体鳞伤。经过一个多月的辛苦测量，他们终于确定了上下 8 个洞口的具体位置，拿出了丝毫不亚于专业设计团队水平的设计方案。

设计方案出炉了，隧洞也在一点点地掘进。为了修路，村里面的积蓄已经花光。为了不中断修路工程，张荣锁就把自己经商多年的积蓄 74 万元，义无反顾地投入到修路工程上。

2000 年春天，筑路工程已经到了最紧要的时刻，但是此刻修路所需要的资金也到了最困难的关头。不仅村里的积蓄、张荣锁的资金，而且修路的 300 多万贷款，都已经花费殆尽了。此时的张荣锁把能借的亲戚、朋友、熟人都借遍了，把能贷款的单位都跑完了，但是修路所需费用却依然没有着落。全村其他的党员干部们也把该想的法都想了，实在是一筹莫展。

在此紧要关头，张荣锁已经没有了其他的办法，他选择廉价卖掉自己的轿车、门面房以及石材加工厂等固定资产，最终筹集资金 26 万元，全部用于修路上。他丝毫没有考虑自己家中还有要上学的孩子、年迈的母亲和残疾的哥哥。家中的重担都落在了他的妻子身上。他的妻子当时是依靠上山挖山药、割荆条维持全家生计的。

人心是杆秤。张荣锁时刻想着群众。看着张荣锁为了修路如此尽心尽力，全村男女老少没有不心疼的。在张荣锁身体力行之下，960 口回龙人几乎把全部精力都投到了修路上。乡亲们有力出力，有钱出钱，都争先恐后地为修路贡献自己的一份力量。村民张荣秀把自己家修路积攒的几万元存款取出来，交到张荣锁手里用于修路。同村张树祥老人更是将自己的养老钱都拿了出来。

在修路过程中，还涌现出很多感人的事迹。共产党员董勉祥在清理塌方排险现场时，不幸被砸成重伤，最后遗憾地离开了人世，未能亲眼见到路竣工的那一天。临死之前，他拉着哥哥的手，动情地说道："你一定要替我把路修成。"60 岁的哥哥董勉良办完弟弟的后事，没有来得及悲伤，抹去泪水后，就带领全家人重新去了工地。回龙村副书记张荣亮把自己家中的全部积蓄都用在了修路上。辉县市人大常委会副主任、专业军人李家喜利用自家房子抵押贷款共 8 万余元，再加上自己女婿因公牺牲的 3.5 万抚恤金，也全部用于支援回龙村人修路上。回龙村中年龄已经六七十岁的老党员、老干部王青山、赵保运、董忠义、刘必成等纷纷自带干粮，进入工地，为修路贡献了自己的一份力量。

2001年1月10日，经过两年四个月的奋战，投工共计15万个，动用土石30多万立方米，回龙人用鲜血和生命最终筑起的挂壁路、脱贫路、致富路，以全长1000米，宽6米，高5米的青峰关隧道全线贯通为标志，全线通车。村民们奔走相告，比过节还要热闹。小孩们蹦着、跳着来了，老人们拄着拐杖或是让儿孙们挽扶着也来了。82岁的赵玉森拄着拐杖沿着山路步行来到青峰关隧道，久久不肯离去，70岁的老党员谢兰英热泪盈眶："俺村出了个张荣锁，真是给我们造福啊！"

（二）公益·爱心·奉献

上述就是一心为了乡亲们的张荣锁的所作所为。他为人们捧出一颗真心，毫无保留。他觉得，只要心里有群众，把群众的力量拧成一股绳，干事就能干一件成一件。张荣锁不仅为村子致富架电修路操碎了心，他也异常热心公益事业，乐于助人。

在日常生活中，张荣锁是个"热心肠"汉子。常年担任回龙村党支部书记，张荣锁接济帮扶相亲的钱物有多少，为乡亲排过多少忧难，谁也说不清。可村中父老相亲，把张荣锁帮助他们的一桩桩、一件件事情都看在眼里，夸在口上，并且记在心中。

当地石板河自然村村民孙小军本来已经找好了对象，但女方此时却提出，男方没有新房，便不会结婚。当时业已28岁的孙小军，已经有过两次因为没有新房而婚姻告吹的经历。张荣锁听说此事后，便回家和爱人商量。最终张荣锁夫妻就把自己在大栗园的新房，让给了孙小军做结婚新房用。此外，还送上了1000元钱，作为孙小军结婚的花销。孙小军对此充满了感激之情，举行婚礼当天，他们夫妻拜完高堂之后，还非要加上一项——"拜恩人"，以此来表达自己的感激之情。而今，已经娶妻生子的孙小军，生活圆满，小两口日子也越过越滋润。①

类似孙小军的事情还有很多。当地村民党政武因为家贫，找对象也成了家中老大难的问题。后来党政武好不容易在外出打工期间交了一个女朋友。但当女方来其家中没住几天，就因其家穷，便和一个做生意的外地人

① 张希梅：《太行赤子——张荣锁》，《文明与宣传》2002年第4期。

跑了。党政武本来热了的心又一下子陷入冰冷。张荣锁得知党政武的困难后，就先给他送去 4000 元现金，解决家中一时的困难。后来张荣锁还当起红娘，亲自为党政武介绍对象，帮助其成了家。如今，党政武一家幸福美满。每当谈及他家的幸福生活，党政武总是忍不住感叹道："荣锁就像亲人一样待我，要是没有他，我就不可能活到今天，不会有这个温暖的家！"①

居住在海拔 1200 米的老君庵自然村，有位 82 岁的赵玉森老人，因为女儿远嫁他乡，他常年无人照顾。张荣锁闻讯后，便主动承担了照顾老人的任务。他经常为老人送米送面送钱，提水拾柴。外出办事时，张荣锁还不忘委托别人去照顾老人。张荣锁把赵玉森老人视为自己的亲人一般，而赵玉森老人也把张荣锁当作自己的儿子。这件事在当地一时传为佳话，引得人们交口赞叹。

回龙村在张荣锁的带领下，有能力、有本领的村民都富裕了起来，但是村中还有一些年龄偏大、身体不好的村民并没有致富。对此，张荣锁也没有视而不见，而是郑重表态："决不能让回龙村任何一个人感觉到不幸福。"在他的提议之下，回龙村专门成立了老年协会。老年协会职责就是负责村中 60 岁以上老人的饮食生活起居等各种问题，并且还定期为老人们检查身体，定期为他们发放米、面、油等生活必需品，此外，还定期为他们发放生活津贴。其中，有疾病的老人，村中有专人照顾；生活特别困难的老人，村里还备有大额补贴。不仅如此，对于村中身体有残疾、没有致富门路的村民，村中便将他们统一安排到村里的基建队或物业公司中，给他们免费提供伙食，并按月发放工资，让他们共享回龙村发展的果实。

除了关心村民们的个人生活问题，张荣锁还集思广益兴建了回龙新社区。如前所言，在张荣锁的带领下，回龙村架设电线，通电了；修筑道路，通路了，但是当地村民分散居住，还是有很多生活上的不便。这在很大程度上降低了村民们的幸福指数。张荣锁经过与村"两委"班子的认真研讨，在深思熟虑之后，一致决定在山脚下开辟一片平地，兴建回龙新村，让 13 个自然村的村民们搬到一起，统一居住，统一生活。如今，回龙新社区已经建设完毕。社区里，不仅有一栋栋设施齐全、宽敞明亮的乡

---

① 刘万胜、李昌斌：《心里装着群众，才能代表群众》，《中国民兵》2002 年第 8 期。

村别墅，还有条件完善的幼儿园、学校、文化大院、卫生所等配套设施。另外，社区还建设有大型超市、洗浴中心、宾馆等，以满足村民们的各方面需求。

这就是张荣锁，一心为了群众，一心想着群众。榜样的力量是无穷的，在张荣锁的身体力行之下，回龙村当地也形成了"一方有难，八方支援"的良好风气，邻里和睦、干群和谐，成为远近闻名的"文明富裕村"，多次受到省市各级政府和相关部门的表彰。

自张荣锁担任回龙村支部书记之后，村里百姓通过不断奋斗拼搏，甩掉了贫困的帽子，走上了富裕道路，日子蒸蒸日上，呈现出一片欣欣向荣的景象。如今昂扬向上的回龙人，并没有满足现状，又结合实际情况，不断地求新求变，创新发展。

前文中提到，回龙村依靠建立香菇厂、石材加工厂等发家致富了。但张荣锁经过认真思考认为，新时期农村建设和发展，不能够依靠毁坏环境而发展，必须走一条与当地环境和谐发展的道路。张荣锁曾经深情地谈道："保护山清水秀的自然资源，是造福子孙后代的好事。我们可不能鼠目寸光，只顾自己富，而让后代受穷啊！"①

结合回龙村实际情况，在与村"两委"班子的多次研讨后，他们最终将回龙村今后的发展定位到发展旅游业上来。回龙村旅游资源丰富，既有丰富的自然旅游资源，当地有挺拔陡峭的太行峻岭、碧波荡漾的石门水库、云雾渺渺的幽幽峡谷，还有难得的人文旅游资源，当地有恢宏壮观的道教圣地真武观。可以说，回龙村发展旅游资源有着得天独厚的优势。在当地发展旅游业，成为回龙村可持续发展的不二之选。为此，张荣锁带领村民修建停车场，在老爷顶上建索道，架缆车，兴建度假村和农家乐。重新打造之后的回龙景区，与百泉、八里沟等景区相连，形成一个景区群，每年都吸引了大量游客前来休闲度假旅游。回龙村村民们纷纷从事农家乐、土特产经营以及运送游客等与旅游相关产业。纷至沓来的游客，为回龙村带来了丰厚的旅游收入，回龙村百姓因此捧起了"铁饭碗"，收入有了进一步的提高。

鉴于张荣锁做出的成绩，他本人也获得了极大的殊荣。2002年2月4

---

① 刘万胜、李昌斌：《站在山巅上才能看得远》，《中国民兵》2002年第5期。

日，中共河南省委做出《关于开展向张荣锁同志学习活动的决定》，号召全省基层党组织和党员们向张荣锁同志学习。2002 年 2 月 8 日，中共中央组织部、中共中央宣传部、全国农村"三个代表"重要思想学习教育活动联系会议领导小组联合作出决定：开展向自觉实践"三个代表"重要思想的典范、新时期农村党支部书记的优秀代表张荣锁同志学习活动，号召广大党员学习张荣锁克己奉公、无私奉献的思想品质，学习他艰苦奋斗、锐意进取的拼搏意识，学习他心系群众、服务群众的奉献精神，学习他求真务实、扎实求进的工作作风。①

张荣锁是又一位太行英模的杰出代表。他本可以自己独自过上优渥的富裕生活，但他却毅然选择了一条艰辛且操劳的道路。他克服"小我"，选择"大我"，带领回龙村百姓架设电线，为全村送来光明。之后，他又率领全村父老乡亲，历尽千辛万苦，修筑公路，为全村打通了致富之路。张荣锁"太行赤子"的称号实至名归。

六 "最美奋斗者"裴春亮

裴春亮，1970 年生，中共党员，曾任河南省辉县市张村乡裴寨村村委会主任，辉县市七届政协委员，新乡市十届人大代表。现任河南省辉县市张村乡裴寨村党支部书记，连续当选为党的十九大、二十大代表，第十二、十三、十四届全国人大代表。

（一）幼年经历

裴春亮所在的乡名叫张村乡，是省级扶贫重点乡。而裴春亮幼年所生活的裴寨村，当时又是全乡最穷的村。裴寨村位于豫北南太行山区丘陵地带，十年九旱，生存条件异常恶劣。全村人口不足 600 口，田地 600 余亩，大部分村民都住着土坯房。干旱成了困扰全村发展的最大"拦路虎"。据说当地流传着这样一句顺口溜："二十七去赶集，二十八门神贴，二十九一个扭，三十才能蜕蜕皮儿（指洗澡）。"这句俗语形象地道出了当地缺水的情况。村子中经常是一盆水先是女孩洗，然后老人洗，最后还舍不得倒掉，还要用来喂牲口喝。裴寨村村民起名字最多的是包含"清""龙""泉""雨""泽""海"等字，由此可见村民们对水的渴望。

---

① 张希梅：《太行赤子——张荣锁》，《文明与宣传》2002 年第 4 期。

而裴春亮幼年时的家是裴寨村最穷的一户，一家七口拥挤在又窄又浅的三间西屋（不朝阳）当中。他幼年时期是一个饱受磨难的苦命娃，他和他的家人们受尽了生活的艰辛。他在 10 岁之前，几乎没有穿过鞋子，身上的衣服也是哥哥们轮穿下来的。13 岁那年，裴春亮 17 岁的三哥因为煤矿事故而永远离开了他。就在这一年，因为家穷，他不得不辍学回家打工。

之后短短的三年里，裴春亮那贫穷的家中，接二连三又连续遭受打击。先是他的二哥在拉白灰的路上，遭遇车祸，最终车毁人亡。没过多久，他的大哥因为伤心过度，突发脑溢血，又瘫痪在床。就在此时，裴春亮的大嫂因不堪家庭的重负，选择了离家出走，为裴家留下了年幼的两个女孩。而裴春亮的二嫂，则改嫁他乡，又为裴家留下了一个三岁的男孩。欲哭无泪的裴春亮母亲，也忧郁成疾，不幸患上了食道癌。而裴春亮的父亲因为家中生活艰辛，常年劳累，染上重病，生活不能自理。家中一时陷入绝境。

家中的重担都落在了年幼的裴春亮身上。他既要照顾三个年幼的侄女、侄儿，同时还要照顾重病的父母。在 16 岁时，裴春亮久病卧床四年的父亲去世了。当时家中一贫如洗，连父亲的棺材都置办不起。就在裴春亮欲哭无泪、求告无门时，是村支书和乡亲们在此时无私地帮助了他。村支书裴清泽领人砍掉了村中两颗梧桐树，让匠人连夜赶制了一副棺材。而乡亲们又通过一块、两块地凑钱，买了寿衣等物品，最终帮助他安葬了父亲。

幼年时期的裴春亮是不幸的，但他又是幸运的。在他处于困境时，都是依靠村里的父老乡亲的帮衬，渡过每一个难关的。乡亲们对他的恩情，他永远难以忘记。滴水之恩，当涌泉相报。这是裴春亮的信念，也成为他之后践行的格言。

（二）艰辛创业

穷人的孩子早当家。如上文所述，13 岁那年，年幼的裴春亮就挑起了家中的重担，辍学后开始在砖厂打工，赚钱养家。但裴春亮清楚，要想挑起全家的重担，打工只是暂时的，他需要学一门技术，通过技术安身立命，进而让家人的日子好过起来。为此，裴春亮拿出自己打工的一点积蓄，又在乡亲们的帮助下，筹够了学费，去安阳一家技校学习机械维修相关技术。在安阳学习期间，裴春亮克服了重重困难。经过两年的刻苦学习，他终于完成了学业，学成归来。

回到家乡后，裴春亮在裴寨村租赁了两间门面房，开起了以修理电机和电气焊为主的电器修理铺，开始了自己的艰苦创业之路。而就在裴春亮创业之初，他遇到了自己后来的妻子张晓红。与张晓红结婚后，他们夫妻两人一起，开始共同创业。

裴春亮在修理电器之余，敏锐地发现当地的一些企业老板常常因为无处购买小五金电料而苦恼。因此，他又在艰难地筹措资金之后，临街开办了一家五金电料商店。因为裴春亮勤快，干活又快又好，而且价格也公道，所以附近企业只要有修理上的事情，无论是修理电器，还是用料，都会去他的店铺。他的生意日渐红火起来。

之后的裴春亮眼光日渐敏锐，他还开办过理发店和照相馆。这些店面，虽然规模小，但获利却较为丰厚。改革开放后裴寨村所在的张村乡因为煤炭储量丰富，当地小煤矿应运而生。裴春亮又一次抓住商机，做起了为周边煤矿企业供应钢丝绳、道轨、煤柱等大型设备和原材料的生意。生意又一次扩大，再次让他获利颇多。

至此之后，裴春亮的生意越做越大，范围也越来越广。他发现裴寨村地处张村乡的咽喉，地理位置较为重要，但附近却甚少有上档次的饭店，导致过往司机常常为吃饭问题发愁。司机们经常饥肠辘辘，回到家后才能吃上饭。裴春亮经过认真调研，决定开设一家设施完善的饭店。他就在自己的五金电料铺面旁边，兴建了一座五间门面的饭店，起名为"得帝德"。这一次的选择，再次证明是正确的。饭店开业之后，顾客络绎不绝，生意异常红火。

就这样，裴春亮的生意多点开花，越做越好。他成了当地远近闻名的"能人""名人"。富裕起来的裴春亮，在全乡第一个装上了私人电话，购买了18寸的大彩电，骑上了长江250摩托车。然而，裴春亮并没有满足现状，他力图抓住每一个机会和机遇，谋求进一步发展。20世纪90年代中期，裴春亮发现辉县当地山上盛产的大理石，在中国大城市中是极为紧俏的商品。于是他又以此为契机，远赴北京做起了大理石销售的生意。这次选择，又一次为他带来了丰厚的收益。

20世纪90年代末，裴春亮听说本村唯一一家煤矿因为当时煤炭行业不景气，已经到了停产倒闭的境地。此时的裴春亮坚信煤炭行业并不会一直不景气，煤炭行业的春天一定会很快到来的。他再一次凭借自己的敏锐眼光，认为这对他而言是一次不可多得的机会。接下来裴春亮大胆地筹措了 45 万元的资金作为押金，接手了这家煤矿。当时煤矿的条件十分艰苦，但他克服了重重的困难，继续坚持着。在经营了大半年之后，国内煤炭行业行情果然好转。裴春亮的煤矿效益也蒸蒸日上，呈现一派生机勃勃的景象。裴春亮的事业至此，又上了一个新的台阶。

裴春亮真正富了。经过十多年的拼搏，他成为集饭店经营、机械铸造、矿业开采于一体的农民企业家。但他始终认为自己一家富，并不是真正的富。2007 年 4 月，为了改变裴寨村全村的贫穷落后面貌，让全村村民走上共同富裕的道路，裴春亮通过多方引资以及村民自愿入股的形式筹资 4 亿多元，兴建以生产水泥为主的春江水泥有限公司。2008 年 5 月，一期工程日产 4500 吨的水泥熟料生产线正式建成投产，年产熟料 140 多万吨。一期生产线实现年销售收入 3.5 亿元，利税超过 3000 万元。

2008 年 9 月，二期熟料生产线开工建设。2009 年 7 月 8 日，二期生产线开始进入试生产阶段。现在春江水泥有限公司已经成为春江集团。集团两条生产线可实现年销售收入 7 亿多元，利税达到 6000 余万元。2009 年 7 月 14 日，集团余热发电项目经过细致全面论证，正式开工建设。余热发电项目是在国家保护生态环境的大背景下提出并进行论证的。该项目的建设，预示着春江集团在节能减耗、实现可持续发展和循环经济方面，迈出了极为重要的一步。与此相配套的是，公司投资 1.3 亿元兴建的粉磨系统也正式开工建设。

春江集团的生产实践，创造了四个行业奇迹：第一，水泥熟料质量创全省同行业之首，畅销豫东、豫南等地。第二，公司生产线是全国首条规模最大的单系列（预热器）生产线。第三，河南省首家在窑头、窑尾全部采用袋式除尘器的企业，除尘效果非常明显。第四，春江集团神奇的建设速度，被同行誉为"春江速度"。[①] 春江集团是裴春亮的二次创业，春江集团的诞生，一方面解决了裴寨村村民的就业难题；另一方面还让村民成为企业的股东，实现了脱贫致富。

---

① 裴寨文：《全国十大杰出青年——裴春亮》，《新闻爱好者》2009 年第 23 期。

（三）奉献社会

裴春亮创业成功，富裕起来了，可是他并没有忘记自己当初的承诺。他始终不能忘记自己母亲临终时对他的谆谆教诲："人，不能没有良心……"他一直以来都用自己的切实行动，践行着自己奉献社会的诺言。

富起来的裴春亮先后为村中购买了收割机、旋耕机等设备，供全村村民免费使用。同时，他还拿出专门资金为全村拓宽了涵洞，铺路架桥，为村中的道路安装了路灯，改造了多年的危房校舍，并为村民购买了健身器材等。此外，每逢中秋、重阳、春节等节日，裴春亮还经常带着礼品、现金等，去看望村中的老党员和生活困难的村民。裴春亮的一系列善举赢得了村民的交口称赞。

更令村民们称赞的是，裴春亮对贫困家庭失学儿童和大学生的资助。他曾先后资助过 28 位贫困家庭中的失学儿童以及 13 位贫困山区的大学生。

在一个偶然的情况下，裴春亮获知在自己煤矿打工的工人中，竟然有一位名牌大学在读的大学生。通过详细了解，裴春亮得知，这位大学生名叫白永亮，就读于中国人民大学。他的母亲得了癌症，家里一时陷入困境之中。为了减轻家中负担，他不得不暂时休学打工。在得知这一情况后，裴春亮感同身受，当即决定由自己资助白永亮一家。他拿出 2 万元现金，送到了白永亮手中，让他用于家中的开销。这样，没有后顾之忧的白永亮得以重返学校，继续自己的学业。之后，裴春亮又安排白永亮的父亲到煤矿工作，从而使这个有着沉重负担的家庭看到了希望。2015 年，白永亮的弟弟又以优异的成绩考上了中国传媒大学。裴春亮获悉后，再一次拿出 1 万元资助他的弟弟，使其也能够顺利入学，完成自己的大学学业。

如前所述，类似这样的资助，裴春亮还做过许多。同村郭现妞家中有三个孩子，家中生活困难，家庭负担较重，从而影响了孩子们上学。裴春亮知晓后，先后共拿出 4 万多元用于孩子们的学业。

2005 年 4 月，裴寨村举行第五届村委会换届选举。200 多位乡亲们不约而同地将脱贫致富的希望寄托在裴春亮身上，他们相信只有裴春亮能够带领他们实现这个愿望。虽然这时的裴春亮已在县城买了房子，很少回村居住。但选民们一致将票投给了裴春亮。而裴春亮自己也暗下决心，要为乡亲们多办好事、办实事，并尽力拓宽致富门路，一定要将裴寨村建设成为小康村、文明村、模范村。

从 2005 年上任之后，裴春亮不负众望，先后投资 400 余万元为村里建学校、装路灯、修道路、打水井。他还每年拿出 2000 元至 1 万元的资金，作为裴寨村考上高中、大学学生的奖励。此外，虽然村里基础设施在裴春亮的支持下有了改善，但全村一半以上的村民还居住在土坯房中。2005 年 5 月 19 日，裴寨村召开了群众大会。在会上，村支书向村民们宣布了一个重大决定，经过深思熟虑，裴春亮决定个人出资 3000 万元，无偿为全村村民建造新居，修建裴寨新村。听闻这个喜讯后，当时参加会议的群众们按捺不住他们的喜悦之情，纷纷跑上主席台，将裴春亮高高举起，并一次次抛向空中。

2008 年年底，裴寨新村建成。新建成的裴寨新村包括二层公寓住宅楼 160 套，并配有超市、幼儿园、敬老院、体育场等，可谓功能齐全、整洁美观。新村建成之后，全村共有 153 户群众喜迁新居。新村的建立，是将荒山挖平作为社区建设用地，并没有占用现有耕地。在建立裴寨新村的过程中，还坚持了同步规划，同步建设产业聚集区。如此，最大的好处是在建设新村的同时，带动了产业发展，可谓一举两得。一个人出资 3000 万元，建设一个农民新村。做出这一惊人之举的，就是裴春亮。面对别人猜疑的目光，他的话掷地有声："我富起来了，不能忘记生我养我的裴寨村，不能忘记对我恩重如山的裴寨人。"①

同时，为了村民们的健康和防止大气污染，裴春亮还出资在裴寨新村安装了天然气。2014 年，天然气在新村正式接通了，改变了千百年来裴寨村做饭用柴火的历史。裴寨新村正式步入了新能源时代。裴寨村成了太行山区第一个使用天然气的农村。

2010 年，裴春亮又被委以重任，他担任了新成立的裴寨社区党总支书记。裴寨社区以裴寨新村为主体，还另外整合了张村乡的 23 个行政村，共计 1.3 万多人口。裴寨社区的兴建，同样是没有占用耕地资源，完全是依靠平整荒地建立的。在裴春亮的带领下，村民们一共平整了 1192 亩荒山坡地。在建设裴寨社区的过程中，裴春亮为了减轻群众购房负担，积极采取各种措施，谋求当地各级政府部门对社区建设提供支持和帮助。他自

① 高阳：《裴春亮：吃水不忘挖井人》，《农村·农业·农民》2016 年第 6 期。

已还额外出资，为每户村民购买了水泥等物资。

此外，为了提高裴寨村的商业竞争力，同时让村中上了年纪、进入工厂工作不便的村民也有致富的机会，裴春亮还以商户筹资的形式，在裴寨村兴建了南北约 500 米的商业一条街。之所以修建商业一条街，是因为裴寨村地理位置较为优越，既是辉县至卫辉的公路枢纽，同时也是张村乡通往辉县市的必经之地，堪称是天然的商品集散地。裴春亮很好地利用了这个优势，将原来只有 7 米宽的狭窄街道拓宽，新修的商业街宽为 25 米，建筑全部采用框架结构，统一规划，便于村民们从事各种商业经营活动。商业一条街的兴建，让社区 450 多名居民在家门口实现了就业，成为裴寨村民致富的又一条好门路。

如前文所言，裴寨村常年缺水，为了解决裴寨村农田灌溉问题，裴春亮决定修建水利设施。他个人投资 860 多万元，与裴寨父老乡亲一起，修建了 8 公里长的引水渠，并铺设了 11 公里的地埋管道，直通田间地头，实现了自流灌溉，彻底解决了本村及附近 10 多个村 2500 多亩小麦的灌溉问题。

2011 年 3 月，裴春亮又有了新的规划。因为裴寨老村具有天然深沟的地理环境，他带领村民们很好地利用了这一环境优势，计划投资建设裴寨社区的拦洪蓄水水库。该工程共投资 6300 万元，其中政府支持 1100 万元，社区村民以及各界捐款 100 万元，剩余资金缺口全部由裴春亮承担。他个人出资达 5100 万元。裴寨水库全长 2300 米，平均宽 50 米、深 7 米，容水 80 万立方米，北干渠到水库修建了 3000 米的引水干渠，水库下游修建有溢洪渠道。该工程的完工，意义重大，一方面彻底解决了长期困扰裴寨以及附近村民干旱缺水的大难题；另一方面还有效地涵养了当地的地下水资源，改变了当地的生态环境，使得当地生态更加宜居。

除了解决用水难题之外，裴春亮还改变传统耕作模式，带领当地群众发展高效设施农业。2010 年 3 月，由裴寨社区党员干部带头，将老村的破旧土房全部拆除，复垦土地 600 余亩，用以建设玻璃日光温室和钢架地温温室。他们在新乡市科技局的指导下，联合河南科技学院等高校，聘请专业技术人员带动社区群众种植无公害蔬菜和鲜花。除此之外，裴寨社区还通过党员干部和种植户结对帮扶的形式，并专门成立裴寨社区蔬菜花卉种植专业合作社，倾力为菜农们解决资金、技术销路等难题。如今，裴寨社区，围绕"需求导向"和"供给质量"，以推进农业供给侧结构性改革为目标，取得了巨大成果。裴寨社区的高效农业已经发展至1500余亩，共建成各类温室750多座，共有350多户1250多名村民从事高效农业种植。裴寨社区村民从最初种植蔬菜、鲜花，发展到如今尝试各种瓜果种植，每亩田地的收益也从最初的两万元增加到了七八万元。

裴春亮曾说："一个人富了不算富，一个村富了不算富，把邻村都带富才是真正的富。"2015年，为响应党"脱贫攻坚"政策的号召，作为优秀村官和民营企业家，裴春亮主动对接了距离裴寨60公里、生产生活非常贫困的西部太行山革命老区的4个贫困村（"三山一滩"全省精准扶贫重点）。为彻底解决山区群众住房难、就医难、上学难等困境，他个人出资8000万元，捐建辉县市百泉花园社区，同时大力发展旅游业。该项目旨在彻底改变地处海拔800—1200米辉县深山区平甸、潭头、东寨、西沟四个行政村，18个自然村，共计1790余口村民的居住环境。项目总规划用地共计达608亩，共建设18栋配套设施齐备的现代化居民楼，并配套有商业街、学校、卫生所及绿化美化基础设施，让山上村民搬下山，住上楼，有项目，能致富，从而实现当地村民"住得下、能就业、有钱赚"的致富梦想。这是裴春亮为当地"扶贫攻坚"事业做出的实实在在的贡献，真正让当地人民共享了改革开放的成果，获得了更多的幸福感。①

2008年以来，裴春亮先后当选为十一届、十二届、十三届、十四届全国人大代表，党的十九大、二十大代表。担任人大代表之后，裴春亮在进行认真细致的社会调研之后，多次就美丽乡村建设、精准扶贫、农村基础设施建设、生态环境治理等，提交自己的议案，将这些议案带到人民大会堂，尽心尽责履行自己人大代表职责。

谈及未来的规划，裴春亮也是胸有成竹。他常说："作为村里面的领头雁，要走一步看两步，心中想着三步四步五步。"②结合着全国的"十三五"规划，裴寨社区也制定了自己的发展规划。未来的裴寨社区，不仅要发展生态农业，还要发展跨境电商，发展农家乐以及红色旅游。可以想

①　潘慧琳：《优化农业生产结构、实现工业强村、文化兴村、旅游富村——访河南省人大代表、裴寨社区党总支部书记裴春亮》，《决策探索》2016年第2期。

②　胡周萌：《裴寨星火，点亮太行》，《中国报道》2017年第2期。

见，未来的裴寨社区，在裴春亮的带领下，必定会有更加辉煌的明天。

裴春亮的事迹受到了社会各界的广泛好评。2007 年 11 月，中共河南省委、省政府做出了《关于在全省开展向裴春亮同志学习的决定》，在全省开展向裴春亮同志学习活动。2006 年 12 月，裴春亮先被授予"中国十大杰出青年农民"称号。2007 年 1 月，荣获"中华慈善事业突出贡献奖"称号。此外，裴春亮还先后荣获"全国道德模范""全国创先争优优秀共产党员""全国最美村官""全国劳动模范""最美奋斗者"等荣誉称号，并入选中国好人榜。

裴春亮的所作所为，无愧于优秀共产党员的称号。裴春亮是幸运的，他受到了同村村民亲人般的关怀。之后，他又通过自己的不懈努力，通过艰苦创业，实现了勤劳致富。富裕后的裴春亮并没有忘记帮助他的善良的村民们，以"滴水之恩，涌泉相报"的情怀，用自己全部的力量，去报答村民们，让裴寨的村民，甚至邻村村民，乃至大半个辉县的居民都能够从中受益，实现致富的目的。这样的情怀，这样的精神，令人叹服，令人赞叹！

七　清正廉洁许福卿

许福卿，1939 年生，1966 年 1 月加入中国共产党。1971 年以来，先后担任获嘉县照镜镇楼村党委书记、楼村实业公司总经理、照镜镇党委副书记、获嘉县人大常委会副主任。许福卿曾是河南省第五届至第十一届人大代表。2000 年许福卿被评为"全国劳动模范"。2006 年，他被中共中央组织部评为"全国优秀党务工作者"。许福卿还曾获得"全国乡镇企业家""河南省优秀思想政治工作者""河南省劳动模范"等荣誉称号。

（一）扎根楼村，发展楼村

许福卿是 20 世纪 60 年代的一名大学生。因三年困难时期学校停办，许福卿从新乡工业专科学校返回家乡楼村务农。当地村民知道消息后，议论纷纷，村民们认为许福卿不会在农村待长久，认为他待在农村不仅屈才，也没奔头。当时的获嘉县照镜镇楼村是当地远近闻名的穷村，全村满是盐碱地、茅草坡，粮食亩产只有几十公斤，人均月口粮不足 7.5 公斤，棉花则不足 10 公斤。

许福卿在公社上班的哥哥当时曾积极地给他安排工作。但这时，许福卿所在生产队的队长找到了他，想让他当生产队会计。许福卿心中颇为犹豫：不知该不该接下这个安排。面对村中一眼望去的荒草坡、盐碱地，自己是否有能力改变这一切呢？正在他犹豫不决时，村里的老支书张清林听说了此事，便找到了他。老支书语重心长地对许福卿说："福卿，你是一名大学生，有文化，按理说，现在你完全可以摆脱穷苦的命运，去外面干体面的工作。可是，你看看咱村，看看咱的家人，你不心酸？你真忍心让大家就这样一辈一辈穷下去？"

老支书一番肺腑之言，深深触动了许福卿那颗赤子之心。他想起了自己所目睹的旱涝灾害，想起了自己小时候曾经和叔叔逃到山西要饭，也想起了楼村村民一双双苦苦期盼的眼神……楼村虽穷，但毕竟这里是养育自己的家乡。难道自己家乡的父老乡亲们永远都只能是吃苦受穷的命运？难道我们就不能用自己的双手改变这命运？这时许福卿内心深处已暗下决心，一定不辜负老支书的信任，一定要扎根家乡，通过自己勤劳的双手，带领乡亲们改变家乡贫穷落后的面貌，让老百姓都过上好日子。从此之后，许福卿就将自己的命运与楼村的命运、发展紧紧地联系在了一起，再也没有分开。

创业初期的许福卿，总是起早贪黑，同村民们一起改土造田。20 世纪六七十年代，在许福卿的带领下，经过将近十年的共同努力，全村将近3000 亩田地均被深耕过一遍，村里原来的风沙、盐碱地变成了旱涝保收、高产稳产的农田。除此之外，他们还修建了两条总长达到 4000 米的地上支渠，使得原来只能靠天收获的田地全部变成喜人的水浇田地。楼村的亩产小麦达到了 400 公斤，使全村 2800 多口人的温饱问题得到了解决。

进入 20 世纪 90 年代后，楼村在许福卿的带领下，又有了一系列大动作。2002 年，为了提升粮食产量与品质，楼村又投资 100 多万元，打下72 眼机井，并且还配套了水泵、电缆等设备，当地的水利条件得到了很大的提高，为粮食的进一步增长打下了基础。

许福卿明白，农村要想文明富裕，村民要想奔小康，单单依靠农业是行不通的，还必须要发展工业，发展高科技企业。他是这样想的，也是这样做的。早在 1967 年 2 月，在许福卿的倡议之下，楼村通过多方面努力，共筹集到 8000 元资金，在村里开办了村里乃至获嘉县的第一家面粉厂。楼村迈出了工业兴村的第一步。

　　面粉厂等低加工值村办企业只是许福卿振兴楼村的第一步。许福卿深深懂得，高科技企业才能够让楼村始终立于不败之地，才能带给老百姓更大的实惠。他曾经形象地说道："科技是财神，谁拜谁受益。"① 1992 年，在多方调研基础上，楼村又兴办了铝粉厂。铝粉厂主要生产高科技产品氢氧化铝。产品在现代社会应用十分广泛。铝粉厂是楼村兴办的第一个高科技含量的工厂，当时不仅生产技术先进，填补了省内空白，而且效益惊人。产品投产当年就盈利 80 万元，两年之后，盈利达到了 400 万元。这在当时而言，不能不说是个"奇迹"。

　　尝到高科技甜头的楼村人，自此一发而不可收拾。许福卿又寻觅到良机，同天津大学化工研究所有机化学博士陈立功合作，于 1997 年成立了又一个高科技企业——新乡市巨晶化工有限责任公司。该企业主要生产替代进口产品"无水哌嗪"。1998 年 5 月，"无水哌嗪"在楼村试产成功，并且一次性通过了国家相关部门鉴定。产品正式投入生产后，取得了良好的效益，每天盈利达到 3 万元。2006 年，该企业产值达到 1.6 亿元，实现利税 5200 万元。目前，该企业被定为河南省成长型高技术企业。

　　之后，楼村在高科技发展的道路上，继续高歌猛进。2003 年，楼村又有了大的收获。天津大学在楼村设立了国内首个农村科研机构——天津大学楼村精细化工研究所。近年来，该研究所共开发出 8 项高科技产品，其中 5 项产品打入了国际市场，2 项产品填补了国内空白。②

　　21 世纪初期，全村共建有各类企业达 28 家，其中高科技产品在全村效益中的贡献率达到 80% 以上。楼村企业共实现产值 5.1 亿元，利税 7200 多万元，村集体收入 800 多万元。2007 年、2008 年，楼村先后被市纪委、省纪委确定为新乡市党风廉政建设示范教育基地、河南省党风廉政教育基地。2009 年，楼村被评为"全国文明村"。

　　（二）工作勤勉，廉政榜样

　　许福卿在工作上认真勤勉，办事谨慎细心。为带领全村人发家致富奔小康，他可谓殚精竭虑。多少年来，他干工作有一个习惯，坚持每晚把自己当天所办之事前后左右、认认真真地回顾、考虑一遍。他说这样才能保

---

① 张倩：《许福卿：当干部要走正路不怕吃亏》，《农村·农业·农民》2016 年第 6 期。
② 张倩：《许福卿：当干部要走正路不怕吃亏》，《农村·农业·农民》2016 年第 6 期。

证自己在言行上少出差错，在决策上减少失误。

许福卿工作勤谨，给楼村发展带来的好处是显而易见的。1993年深秋的一天，当时的铝粉厂厂长向许福卿汇报了厂里目前急需购买设备的问题。按照厂里计划，设备每台30万元，共需7台设备，设备款总计达到210万元。当天夜里，许福卿在床上翻来覆去睡不着，一直在思考这个问题。秉承着对企业、对楼村认真负责的态度，他认为购买设备一定要货比三家，然后再决定。在第二天的村"两委"会上，许福卿便让厂长以及相关工程技术人员充分发表意见，大家一起讨论。经过认真研讨，他们针对几个地方的设备，进行了仔细分析比较。最后大家一致决定，最为稳妥的方式是：先用8万元购一台沈阳产的更新换代产品进行试用。经过试用之后，技术人员认定该产品并无质量问题，可以投入生产。之后，企业又接连购买6台同类产品，满足了企业生产的需要。这样一来，不仅为村办企业节省资金100多万元，同时避免了一次性大批量进货所带来的风险，一举两得。

许福卿除了在业务工作上深思熟虑，在用人上也非常谨慎，一直坚持德才兼备的原则。他曾说道："有德有才我去请，有德无才我培养，有才无德我不用。"① 在楼村，任用厂长是有一套严格程序的。楼村任用厂长，需要在民主推荐基础上，经楼村"两委"班子会议集体研究，然后才能够决定。决议下来之后，还需要全体村民对所任用厂长进行民主监督。一旦确定任用后，许福卿又能做到"用人不疑"，会给予厂长充分自主权，除了涉及厂中的重大决策以及大型资产购置外，其他的财务权、人事权、经营权等，都统统交予厂长，令其能够充分发挥自己的主观能动性，尽情施展自己的才华。村里会给厂长各项便利政策，鼓励其所在工厂发展壮大，由小变大，并实现以厂建厂。多年来，楼村就是依靠这样的经营管理策略，使得最初弱小的村办工厂不断地起步、发展、壮大，并连续建设新厂。

许福卿担任楼村党支部书记以来，深感自己官虽小但责任重大。全村一盘棋，村子虽然不大，但事情却很多。村里但凡有事处理不好，村民就

---

① 李国征：《弹奏楼村和谐新曲的模范带头人——河南省新乡市获嘉县楼村党委书记许福卿带领村民致富奔小康工作纪实》，《决策探索》2006年第7期。

会有意见。事情得不到解决，就会寒了老百姓的心。因此，许福卿一上任给自己和村"两委"定下了规矩：任何时候，任何情况下，村上每个干部必须做到"身不能懒、嘴不能馋、心不能偏、财不能贪"。① 多年来，以许福卿为代表的村"两委"班子一直秉承着这个规矩。

当全社会商品经济大潮蓬勃兴起之时，面对社会上出现的种种不正之风，许福卿全村党员大会上曾经向全村党员们呼吁："党员的骨头不能变软，党组织的堡垒不能被锈蚀，每个党员干部都要有高尚的品德，纯洁的灵魂，坚强的意志，拒诱的本领，勤廉的毅力！"铿锵有力的话语，让每一位与会党员为之动容。

许福卿要求党员干部严格，他要求自己和家人更为严格。楼村的老百姓都说，老许当村干部几十年，从来没拿过集体的一草一木，一砖一瓦，清廉如水，一尘不染。

发生在许福卿身上的廉政故事数不胜数。如前文所述，楼村企业在许福卿的带领下，效益蒸蒸日上。但许福卿本人却依然坚持其原来的本色。当全村 700 多户都搬进一座座独院向阳双层楼房之后，他和村"两委"的干部仍坚持在旧民房里办公。在全村已经拥有十几辆"桑塔纳""尼桑""蓝鸟"等品牌轿车之后，许福卿仍坚持骑着自己那辆旧自行车上下班。即使到县里或者省里开会，他也只是让村干部共同使用村中的昌河面包车接送一次。

许福卿从不搞特殊化。他曾经说道："只想自己富，不能当干部，要想当干部，吃亏走正路。"② 有时候许福卿在此问题上的"固执"，甚至到了"不近人情"的地步。多年来，他没有吃过群众家一顿饭，没有收过群众家一次礼，也没有占过集体一点便宜。他家里修房子，是自己到村砖窑场买砖，并按照正常价格付款。他的父亲为集体看果园。有一次，父亲捡到了地上的几枚杏果，许福卿知道后，主动交给集体 5 角钱。他的大儿子结婚用车时，也是按照相关规定，缴纳了 60 元的车费。他家的水桶坏了，拿到村办工厂修，需要用半米左右钢筋。许福卿也会按照规定付 8 角钱的原料费。有一次，许福卿家里建房子，曾到村预制厂购水泥 10 吨。

---

① 张倩：《许福卿：当干部要走正路不怕吃亏》，《农村·农业·农民》2016 年第 6 期。
② 张倩：《许福卿：当干部要走正路不怕吃亏》，《农村·农业·农民》2016 年第 6 期。

他的儿媳妇去结账时，厂里按照优惠价，少收了200元钱。许福卿得知此事后说："人心是秤，人眼是镜，一分钱也不能少交！"第二天，他硬是把钱亲自补交到厂里。

还有这样一件事情：楼村每年春节前都会给村里农业人口发放福利。2004年春节前，许福卿回家时听儿媳在饭桌上随意说了一句，今年发福利也有许福卿的孙子一份。许福卿听后，觉得不大对劲。因为自己孙子是非农业户口，按照规定，他不应在村里福利发放范围内。当看到自己家中确实多领到了一份福利时，他当即放下手中的碗筷，给相关人员打电话，详细询问此事缘由。详细了解整桩事情来龙去脉之后，许福卿马上通知召开村"两委"会。会上，经过核实，他发现除了自己的孙子不该分得福利外，村中还有两人也不符合要求。许福卿当即在会上要求将这三人从花名册上去除，并带头将分得的福利折合成现金，交到村里。村中另外两户村民看到书记家都这样做了，便也用现金的形式退回了所发福利。

许福卿常说，作为领导干部，自己和亲属的一举一动都应倍加警惕，稍不留心就会被别人"照顾"，享受特殊待遇，这样就脱离了群众，脱离群众的事坚决做不得。正是因为许福卿要求大家做到的，自己模范带头，因此，从村干部到村民，对许福卿都是心服口服。领导干部如此身正垂范，楼村的廉政工作便容易开展了。

曾经有一年春节前夕，一位曾在楼村参与办企业的外地商人，为感谢许福卿对他的支持，便专程登门去"拜访"许福卿。见到许福卿后，该客商就将早已准备好的一沓百元大钞塞给他，以此来表达自己的感谢之情。见此情景，许福卿当即婉言谢绝道："咱楼村不兴这个。凡是生活在楼村的人，谁也不能坏了村民们商定的规矩。"几天后，这位客商又用许福卿拒收的1000元钱买了一车苹果送到村委会，又被村委会主任张洪飞谢绝。这件事情发生后，让这位客商深受触动，他感动地说："我算看清了，楼村的干部个个都和许书记一样重人格、轻钱财！"

近些年来，社会上盛传着"工程上马，干部下马"之类的顺口溜。但这些话却始终没能在楼村应验。解决温饱问题之后，为使村民尽快富裕起来，楼村干部许福卿、张洪飞曾多次带领相关人员远赴京津、湖广等地，合作洽谈，招聘人才。楼村曾经先后创办十多家企业，共建起近20万平方米的厂房，购买过上亿元的生产设备和公共设施。难能可贵的是，省、市、县没有接到一件楼村干部贪污犯罪的举报，纪检、监察部门也没有发现一起职务犯罪。

在许福卿言传身教之下，楼村"两委"班子精诚团结、清正廉洁，楼村出现了一批廉洁奉公、谦虚谨慎、淡泊名利的好干部。在2003年，获嘉县农业局审计事务所到楼村审计账目。当时的审计人员将村里账本打开，并敞开大门，想要倾听村民的心声。但奇怪的是，与之前在别的地方遇到的不同，在楼村，几天下来，竟然没有一个干部、没有一个村民来办公地点反映村里的问题。而审计人员自己查了几天，没有发现一分钱的违纪支出；相反，他们却发现了许多楼村的"特殊账目"。楼村招待客人用过的酒瓶子，办公剩下的废纸以及纸箱，甚至村中欢庆节日放烟花时散落地上的废纸屑等，都被收起来集中作为废品卖掉，而此笔钱也作为现金当作集体的收入。

如今的楼村，已经成为小康社会示范村、全国文明村。村民们无不自豪地说，在楼村没有暴发户，也没有贫困户。楼村村民在村子里享受着多种福利政策。楼村还实行了种田"六统一"，即统一耕、耙、播种、灌溉、收割以及统一实行秸秆还田。村里60岁以上老人，按照不同的年龄规定每年都可以享受数量不等的养老金。凡是在楼村学校工作的老师，也会享受到优惠政策。楼村老师们每年都可以额外得到1000元的补助款，楼村中小学学生的学杂费等则全部免除。[①] 而得益于以许福卿为代表村"两委"领导班子的清正廉洁，楼村当之无愧地被确定为省、市纪委勤政、廉政教育基地，成为河南省干部、党员受教育的活课堂。

自从许福卿担任村党支部书记以后，几十年如一日，坚持为楼村谋发展，为楼村村民谋福利。他带领干部群众改良土壤，兴修水利，不仅解决了全村人的温饱问题，还兴办企业，特别是高科技企业，使楼村成为远近闻名的文明富裕村。同时，许福卿在先后担任楼村党支部书记、照镜镇党委副书记等领导岗位上，身正垂范，清正廉洁，严格要求自己、干部和家人，闯过了权力关、名利关、金钱关、人情关、苦乐关，不愧是一位真正的共产党员，一位群众信赖的好书记。

---

① 李国征：《弹奏楼村和谐新曲的模范带头人——河南省新乡市获嘉县楼村党委书记许福卿带领村民致富奔小康工作纪实》，《决策探索》2006年第7期。

八 巾帼女杰刘志华

刘志华，女，汉族，1942 年 2 月出生于河南省新乡县小冀镇中街村一个农民家庭。1983 年 7 月，刘志华加入中国共产党。刘志华曾担任京华村党委书记、村委会主任、河南省京华实业公司董事长兼总经理、新乡市人大常委会副主任等职，是第八届、九届、十届、十一届全国人大代表。刘志华本人也分别荣获了全国劳动模范、全国十大女杰、全国优秀女企业家标兵、全国"三八"红旗手、全国"五一"劳动奖章、"全国优秀党务工作者""中国农村改革 30 周年百名优秀村官""中国十大有为村官"等众多荣誉称号和奖励。

（一）漫漫创业路

刘志华高中毕业后就回乡当了农民，但她却始终未放弃自己的理想，坚信自己能做出一番事业。1972 年，小冀镇东街村第五生产小队老队长因无力改变队内又穷又乱局面而撂挑不干了，而队中其他男队员也都作为队长轮换了一遍，但都没有带领全队村民摆脱贫困。此时，刘志华毛遂自荐，勇敢地接下了这一位置，担任了第五生产小队队长。当时队里留给她的全部家当，仅有三间破草房、四头瘦牛、一辆破马车，另外还有 8000元的外债，更为不利的是队中人心涣散，一盘散沙，大家没有了干活、干事的劲头。

担任队长之后，刘志华立志要"为农民争口气，为农村争口气，为妇女争口气"！她组成了新的队委，7 名成员全是女性，甚至连记功员和饲养员也是女的，当时村民形象地称她们为"巾帼班"。刘志华首先要解决的就是队内村民的吃饭问题，这可以说是对她的第一个考验。

要想解决温饱问题，就要增加粮食产量，而增加粮食产量，就需要为耕地施肥。但队里根本没有余钱购置化肥。面对一穷二白的队里现状，刘志华不等不靠，毅然带领 7 名队内女委员，冒着严寒，踏雪到附近化肥厂外去拉免费的氨水浇灌麦苗。此外，她们还将旧式的厕所挖地三尺，用于积肥。通过精耕细作，刘志华带领的生产小队来年终于取得了粮食的丰收，小麦亩产达到 400 公斤，棉花亩产籽棉也达到 90 公斤。到了 1974年，第五生产队开始向国家缴纳公粮。通过自己的努力，在她担任队长的三年内，小队内粮食亩产达到 800 公斤以上，从而使队内百姓吃上了饱饭，第五生产小队也成功地摘掉了"穷队"的帽子。但刘志华不满足于取得的小小成绩，小富即安不是她的目标，她还有更高远的追求。

根据当时的实际情况，刘志华认识到要想真正摆脱贫困，仅仅靠粮食的增产还远远不够，还必须带领村民发展手工副业。经过认真分析考察，结合当时第五生产队的实际情况，刘志华决定发展草绳加工业。因为加工草绳，原料就是稻草，田中到处都是，投资较少，见效快，同时技术门槛也较低。由于手中一点资金也没有，刘志华想尽办法，从信用社贷了500元的资金，买了5部草绳机，开始了生产草绳的手工业。刘志华身兼数职，不仅是厂长，也是技术员，还是业务员。第一批草绳卖出了700元，这在当时可谓一笔"巨款"。大家看到了自己辛苦后的果实，都欣慰地笑了，也越来越有干劲。慢慢地纺绳厂也不断发展壮大起来，纺绳机由原来的5台发展成15台，产值也越来越高。原来队中的8000元欠款终于还清了。

20世纪80年代，改革开放的春风吹遍了中国大地。刘志华借助着改革的春风，也在谋求着进一步的创新发展。经过调研，她敏锐地发现腐竹这种食品很受群众们的欢迎，而且原料是黄豆，当地黄豆资源丰富，不难获得。于是刘志华决定创办一个腐竹厂。但当时资金短缺问题仍然是困扰发展的大问题。要寻求发展，就必须借贷，但当时有人不同意贷款。刘志华毅然决然向大家保证，"赚了是集体的，赔了是我的"。① 掷地有声的话语，打消了大家的疑虑。刘志华带领大家兴建厂房，购买设备，又从广西柳州高价请来制作腐竹的师傅。功夫不负有心人，第一批腐竹终于生产出来了。刘志华又为销路发愁。她将首批腐竹的销路瞄准首都北京，并亲自拿着产品去北京推销。凭借优质的产品，第一批腐竹在北京一炮打响，被人预定一空。从此以后，一箱箱腐竹源源不断地销往了北京，销量一度占了京城腐竹市场的80%，且至今不衰。刘志华腐竹厂生产的腐竹，甚至还上了中南海的宴席以及人民大会堂的礼品柜。

为了满足市场的需求，刘志华适时扩大了企业的产能。1983年，企业在日产腐竹300公斤的基础上，兴建了日产1吨的新厂。腐竹厂的成功，让刘志华信心大增。她将多元经营的理念进一步发展起来，又相继创

---

① 邢亚平主编：《牧野风·新乡人物卷》，河南美术出版社2007年版，第189页。

建了罐头厂、纸箱厂、豆浆精厂、日化厂等，直至最后创建形成了一个综合性工业集团——河南省京华实业总公司（以下简称为京华公司）。创立短短五年间，公司的产值就达到了 1250 万元，创造利税 120 万元。公司由小到大，由劳动密集型向技术密集型转化，并且有了更为广阔的市场阵地。京华公司成为河南省一级企业，新乡市明星企业。

京华公司取得了成功，但刘志华保持着清醒的头脑，并没有因此而沾沾自喜，公司的发展也没有停止不前。经过认真分析，刘志华敏锐地发现，随着人们生活水平的提高，人们的物质需求得到满足后，精神需求将会变得越来越重要和紧迫，未来旅游休闲娱乐产业会有更为广阔的前景。因此，她又将目光投向了以旅游娱乐产业为主的第三产业。这在当时是极有前瞻眼光和远见卓识的。

20 世纪 90 年代初期，经过深思熟虑，刘志华决定在小冀兴建综合旅游娱乐景区——京华园。为了能够更好地兴建京华园，刘志华率队整整考察了四年。她先后走访了多位专家学者，理清了建设思路，对京华园的建设做了最为周密和详尽的准备。针对资金短缺问题，刘志华解放思想，独辟蹊径，与省内农业银行合作，面向新乡市发行了 1500 万元的"京华债券"。债券一经发售，整个新乡市轰动了，认购的群众络绎不绝，很多人甚至排着长队购买。仅仅两天半的时间，债券就全部销售一空。

有了 1500 万元的资金，刘志华又自筹资金 500 万，仅仅用时 8 个月，就建成了一个集各民族风情于一体的人文旅游景点——京华园景区。景区包括配套设施京华园宾馆、京华矿泉疗养院，投资共 2000 多万元，占地 270 亩，各类建筑 82 座，总建筑面积 3 万平方米，开辟水面 37 亩，植树 3 万株，形成了集旅游、矿泉疗养、宾馆服务为一体的新型度假旅游模式。

京华园景区以人文景观为特色，有别于传统的宫殿、古寺、禅院等单一的文化模式，主题鲜明，融儒学、佛学、道学为一体，集知识、休闲、疗养为一园，着力呈现中国上下五千年的优秀历史文化以及全国各民族民俗风情的优美画卷。而其配套的京华热带矿泉疗养院，建筑艺术典雅壮观，是河南规模较大的水疗保健、休闲娱乐胜地，配套有 30 多种水疗服务项目。景区一与世人见面，游客便纷至沓来，年创收达 500 多万元。2005 年，京华园景区被国家评定为 4A 级景区。

投资旅游业取得成功后，刘志华紧接着又进军商贸流通业，力图在小冀镇原来的三、六、九集会的基础上，勾勒出一种新型农村集镇商贸大流通的格局。为此，刘志华在 2000 年前后，相继投资近千万元，建成了京华综合集贸市场。市场占地 100 多亩，建筑面积达 3.5 万平方米，分为家具、灯具、家电、摩托、汽配、成衣、百货、超市、农产品九个营业区，内设摊位 7000 个，日交易额达 200 多万元。

京华综合集贸市场的建成与发展，将当地的旅游娱乐休闲与购物等有机结合起来，也带动了小冀商贸重镇的兴盛与繁荣，不仅有利于京华公司的发展，也带动了当地农民增产增收，是一个多赢的局面。京华集贸市场连续多年被评为市级文明市场称号。

2002 年，刘志华敏锐地发现镁粉在军工业和航天工业等科技领域具有很大的需求，特别是镁粉在炼钢业和有色金属铸造业中被广泛用作净化剂和脱硫粉，此外，在稀有金属生产当中还被用作还原剂，可谓用处广泛，需求甚大，其中蕴含着巨大的商机。因此，刘志华决定进军冶金化工业，建立镁粉厂。2003 年，京华镁粉厂正式投产。如今京华镁粉厂在国内球型精细钝化镁粉行业中独占鳌头，并且获得了自主经营出口权。

目前，京华实业公司经过 30 多年的发展，已经拥有京华园景区、京华度假村、京华疗养院、京华宾馆、京华幼儿园、京华小学、京华实验中学、京华市场、京华镁粉厂等 13 个经济实体，成为集食品加工、服务、商贸等于一体的现代化企业集团，2009 年固定资产 8.5 亿元。京华村民免费享受集体的粮油、住房、供水、供暖、养老、学生上学等 30 多项福利待遇，走上了共同富裕的道路。

(二) 企业发展，文化素质先行

京华公司要发展，员工的文化素质的提高是重中之重。对此，刘志华更是有着清醒的认识。刘志华曾说过："没有一定的物质基础，提高农民素质是句空话，农民没有一定的文化知识，经济发展就会受到极大的制约。要想真正富裕，必须提高农民的素质。只有高素质的人，才能干出高层次的事业。"[①]

刘志华本人虽然是高中毕业，但她却从未停止学习，没有停止对文化

---

① 张京：《"乡村都市"领头人刘志华》，《决策与信息》2004 年第 3 期。

知识的追求。她在管理企业、谋求企业发展的同时，总会抽出时间，坚持读书学习。她阅读书籍的范围也很广泛，包括政治、经济、哲学、历史等。在她的书房，藏书已经达到近万册。如今，她获得了美国佐治亚理工学院的结业证书，成为高级经济师、大学兼职教授，还是全国政治思想学科专业委员会特邀研究员。

除了自己专心学习、提高文化素质外，刘志华对公司员工文化素质的提高也格外重视。她把全方位提高员工文化素质作为公司发展的宏观战略任务。为了提高京华人的文化素质，刘志华大力推动建立了农民文化宫，使京华民众可以在此看电影、看戏、唱歌、跳舞。为丰富民众文体生活，她还建立阅览室、舞厅，专门组建管弦乐队、艺术团、体操队、乒乓球队、篮球队等。在她的倡导下，公司的厂区以及办公场所等，均挂着名言警句。为体现对高素质人才的重视，公司专门建造一栋专家育人楼，横向引进师资与人才。公司为村民建的公寓中都配有书房，公司还为每户村民订有报纸。此外公司还与平原大学等高校联合开设经济管理专业大专班，让员工们系统学习管理学、哲学、心理学、经济学等学科知识，为公司培养高素质的员工。这些举措，为京华人文化素质和身体素质的提高打下了坚实基础，展现出新时代农民的风采。

在提高京华人文化素质的道路上，刘志华不仅注重对员工当前素质的提高，更注重对其未来文化素质的提高。刘志华异常重视京华下一代人的教育培养，坚持从娃娃抓起，加大对智力的投入力度。在京华没有办教育之前，京华人全部子弟均被送到新乡市内重点学校就读，学费也由京华公司统一支付。京华公司每天还专门委派三部专车负责接送子弟上学，中午配有专职炊事员供餐。公司还聘请优秀退休教师，在课后为上学的京华学子们辅导功课。为提高学生学习的积极性，公司还规定，凡学习成绩优秀的学生，不仅会奖励学生本人，而且还要奖励学生的家长。

刘志华在京华公司的决策会议上专门提出："培养下一代是百年大计，现在的投入，十年后必见成效。只有文化，才是农民从经济到精神彻底解放的根本出路！"① 为此，刘志华在教育上不惜投入巨资。京华公司

---

① 王霞、刘承武：《"乡村都市"之路——当代女杰刘志华创业记》，《党史纵横》1997年第3期。

投入 2500 万元办起了高质量的幼儿园、小学、中学。公司每年在教育上的投资达到几十万元。

1991 年 2 月 6 日，是京华人难忘的一天。时任中共中央总书记江泽民同志来到了京华园参观。总书记不仅被富有异国情调的建筑物吸引，更对京华人文化素质的提高赞赏有嘉。参观之后，江泽民欣然题词：努力提高农民素质，建设社会主义新农村。① 题词既是对京华人提高文化素质的肯定，也是对京华人继续努力的鞭策与希冀。

（三）心内无私天地宽

除了创业和重视文化素质之外，刘志华在个人品质上也令人赞叹不已。她胸怀宽广，廉洁奉公，乐于助人，热心公益，获得了人们的一致称颂。

刘志华胸怀宽广。在她创业早期刚当队长时，下台的老队长因与她父亲结怨而迁怒于她。刘志华就请老队长为自己当顾问，甚至不惜"三顾茅庐"。最初，她一次一次吃闭门羹，没有得到对方的谅解。但她并不气馁，终于凭借自己的诚心，感化了对方，化解了矛盾。在公司的管理过程中，因为刘志华坚持原则，得罪了一个农户。对方一家因此曾将她打伤。但刘志华并没有计较，在对方面临困难时，反而大度地将自家的粮食借给对方。

刘志华廉洁奉公。她将自己所有的一切都献给了公司发展，自己却丝毫不计较个人利益。她只领自己总经理的一份工资，还四次放弃了"农转非"的机会。在公司会议中，她行使最多的否决权就是对公司给予自己合理的补贴。她说："要让大家齐心走集体道路，首先我得廉正，因为我是这个集体的带头人。集体富裕了，我也随着富裕了。"②

她曾经几十次获得全国、省市各级奖励。回到公司后，她就将奖品又奖励给为公司作出贡献的职工和干部，奖金也为儿童和老人购置衣服等。她曾动情地说："功劳是党的，也是大家的，把奖品奖给了他们，我的心才安。"③

---

① 邢亚平主编：《牧野风·新乡人物卷》，河南美术出版社 2007 年版，第 191 页。

② 黄岩：《无私铸辉煌——记河南省京华实业公司总经理刘志华》，《农村工作通讯》1998 年第 4 期。

③ 张京：《"乡村都市"领头人刘志华》，《决策与信息》2004 年第 3 期。

刘志华乐于助人，是一位善良的、有爱心的新时代女性楷模。京华村民刘志全从小患有小儿麻痹症，走路需要用拐杖。因为身体的原因，他到了结婚年龄，却难以成家。刘志华闻讯后，为他提供了帮助。刘志华帮助他成了家，在他母亲去世后，又帮助他料理了他母亲的后事。之后刘志华又安排他在京华园度假村上班。刘志全常对人说："古代包公有个嫂娘，志华姐就是我的姐娘。"村民王晓民曾遭遇车祸，生命危在旦夕。刘志华得知后马上赶到医院，帮忙安排医生实施抢救，最终保住了他的性命。事后王晓民感激地说："是刘总经理给了我第二次生命。"① 类似的事情，不胜枚举，其中无处不浸透着刘志华的爱心。

她异常关心老年人的生活。村中 80 岁老人杨观景，无儿无女。刘志华便主动承担责任，一直照顾着他。一次，杨观景胃出血，一时昏死过去。刘志华在第一时间放下手头工作，在病床前照顾他。刘志华组织人为他献血，并为他煎汤熬药。经过刘志华没日没夜的精心护理，最终老人病情得以好转，然而刘志华本人却累倒在医院。

在京华，真正做到了老有所养。村中 60 岁以上的老人，公司每月均发放零花钱，每年为老年人准备 4 套衣服。每年公司还专门组织老年人到全国各地免费旅游。公司还专门请医院的医生，为老年人检查身体。逢年过节，还专门给老年人准备礼物，并召开茶话会，关心老年人的精神生活。

刘志华不愧为新时代的"巾帼英豪"。在事业上，她勇于承担责任，敢想敢干，永不停止创新发展的脚步；在企业管理上，她不仅重视自己文化素质提高，也不断为公司员工及其子弟文化素质提高创造好的条件；在个人品质方面，她又心内无私，富有爱心，热心助人。刘志华堪称巾帼中的楷模。

九　"中国的阿信"买世蕊

买世蕊，女，回族，1963 年 3 月生，中共党员，河南省新乡市糖业烟酒有限责任公司党委书记、董事长兼总经理。2011 年 9 月 20 日，获得

---

① 黄岩：《无私铸辉煌——记河南省京华实业公司总经理刘志华》，《农村工作通讯》1998年第 4 期。

第三届全国道德模范提名奖。买世蕊荣获全国劳动模范、全国拥军模范、全国"三八"红旗手、全国"孝亲敬老之星"、首届"中国企业诚信建设十佳先进个人""中国公益事业荣誉奖章"、河南省"十大女杰"、河南省"十大杰出青年新闻人物"等荣誉称号，入选中国文明网"中国好人榜"，连续当选为第十一、十二、十三、十四届全国人大代表。人民日报、新华社、中央电视台、河南电视台等 20 多家新闻媒体曾先后报道买世蕊的先进事迹。

（一）诚信做事业

1981 年，不到 18 周岁的买世蕊刚走上工作岗位，便被公司临危受命，担任一个连年亏损、濒临倒闭的食品店经理。当时的她可谓既无经验，又无资金。但她却并不气馁，而是充满信心，勇挑重担。她依靠诚信经营，紧抓三个环节：一是优质服务，二是进货环节，三是文明经商，使这个门市部得以起死回生。她将门市部办成了顾客之家，一切以顾客的利益为主，提供独特的"三心服务"，即让顾客走进来"放心"，买到商品"称心"，离开时"舒心"。① 这样贴心的服务，赢得了顾客的信任，门市部很快就扭亏为盈，提前四个月完成了全年的利润指标。

四年后，公司党委又调买世蕊到另一个连年亏损的门市部——新乡孟姜女路食品店任经理。买世蕊又一次没有辜负领导的重托，上任仅仅两个月时间，就改变了该门市部商品积压过多、账目混乱、人心不稳的局面，不仅开始盈利，还步入了公司先进门市部的行列。

1987 年，公司新组建的一个门市部，因为经营不善，濒临倒闭。买世蕊再一次从零开始，又一次面临无资金、陌生环境的困难，而且此时的她还要克服怀孕带来的严重反应。她到处奔波，四处筹措资金，为门市部的发展寻找商机，甚至还经常拖着怀孕的身体，蹬三轮车为顾客送货。困难重重，但买世蕊都克服过来了。在她付出了巨大心血后，功夫不负有心人，新的门市部年年超额完成公司下达的各项任务，年年被公司树立为榜样和标杆。

1994 年，当时全国商业环境普遍不景气，步入低谷。这时，买世蕊又是第一个站了出来，逆风而行，率先走出了探索国有民营之路的第一

---

① 邢亚平主编：《牧野风·新乡人物卷》，河南美术出版社 2007 年版，第 226 页。

步。她自筹资金，带领员工承包了新乡解南批零商店，担任商店经理一职。经过诚信、用心的经营，该商店焕发了新的生机，成为全系统效益最好的零售门市部之一。

2001年，买世蕊的事业又上了一个新的台阶。她自己筹措资金10万余元，成立了解南批发超市。批发超市开办后，她依然以"三心"为经营理念，为顾客提供质优价廉商品，提供贴心服务。批发超市每年向国家和公司上缴利税较承包前多10倍，职工当时年收入达到了8000余元，取得了良好的经济效益和社会效益。

在买世蕊的经营理念中，诚信为本始终占据重要位置。在假冒伪劣商品一度充斥于市场中时，买世蕊抵御住了诱惑，始终坚持诚信，坚持为顾客提供质优价廉的商品。买世蕊经营的解南批发超市率先向社会公开承诺：坚持"卖真货、标实价、服务优"的原则。买世蕊还主动与当地工商技术监督部门联系，自觉接受他们的检查监督。

买世蕊真正将顾客视为上帝。为了便于和身体有缺陷的顾客交流，买世蕊和超市员工一起学习了哑语。现在在批发超市中，员工们已经能用哑语熟练地和聋哑顾客交流了。此外，为了能和外国顾客交流，买世蕊还要求员工们学习一些基本的日常英语。

买世蕊的用心经营没有白费，解南批发超市在当地名气越来越大。大部分到过超市的顾客，都成了回头客。买世蕊的店开到哪里，顾客就走到哪里。有许多顾客经常为了购买几瓶放心的酒、放心的烟，不惜驱车上百里到超市来。解南批发超市无疑成了商品质量信得过的保证，这是非常难能可贵的事情。在买世蕊用心地经营之下，解南批发超市就像一个温暖而幸福的家，被命名为"河南省巾帼文明示范岗"，荣获"首届中国企业诚信建设示范单位"荣誉称号，连年被评为公司和市先进单位。

2006年2月14日，买世蕊获得了新乡市糖业烟酒总公司千余名员工的"青睐"。在员工们衷心拥戴之下，新乡市市委、市政府和市商业局党委经过组织考察，任命买世蕊担任新乡市糖业烟酒总公司党委书记兼总经理。这充分体现了公司员工们的意愿和呼声。

（二）爱心满人间

除了事业上取得成功之外，在生活中，买世蕊还是一位充满爱心的女企业家，曾经荣获河南省"十大爱心援助功臣"等荣誉称号。买世蕊

"爱心满人间",这与她本人的家庭以及幼年经历有着密切的关系。

买世蕊是回族的女儿,她的祖父买化宝是一位伊斯兰教中享有盛誉的大阿訇。她的祖父为人和善,乐于助人。祖父善良的为人、优良的品德深深影响了买世蕊。在童年时期,买世蕊曾经受到过他人无私的关爱。这对买世蕊而言,影响深远。买世蕊童年时,突然生了重病。但因为家中贫困,没有钱请医生医治,她被迫辍学回家休养。这时在农村插队的姐姐,将她接到农村休养。在村子中,好心的大娘、大爷们为她寻找治病偏方,为她熬药。为了给买世蕊补身子,善良的村民们还给她送来了在那个年代特别珍贵的细粮和鸡蛋。村中医务所还免费给她治病。就这样,在村中人们精心呵护和治疗下,买世蕊的病情好转,身体慢慢地好了起来。这些点滴的爱心行为,慢慢汇集成汪洋大海,在买世蕊幼小的心灵中埋下了爱心的种子。这颗爱心的种子,随着她的逐渐成长,也慢慢成长起来。买世蕊发自内心地愿意将爱心传播开去,直至洒满人间。

三十多年来,买世蕊坚持投身公益事业。她曾经说道:"我是一名共产党员,是党和人民给了我今天的一切,我更应该无怨无悔、竭尽全力地去帮助那些需要帮助的人。"[①]

买世蕊对孤寡病弱的老人群体尤为关心。她曾经用心照顾了八位孤寡老人,还与二十多位老人结成帮扶对子。她曾说到,谁都会老,谁家都有老人,都会遇到难处,都需要帮助。早在20世纪80年代初,买世蕊刚刚参加工作时,她就开始了帮助老人的行动。当时的五保户张友莲老人就曾得到买世蕊无微不至的关怀。买世蕊在繁忙工作之余,经常利用下班后和节假日时间,去老人家中做家务。她为老人买煤买面,为老人拆洗衣服和被褥,还拿出自己微薄的工资为老人看病。难能可贵的是,买世蕊持续照顾老人长达八年时间,直至老人过世。老人逝世后,买世蕊还为老人举行丧礼殡葬送终。

在解放战争时期就参加革命的李彦斌老人,也成为买世蕊牵挂和帮助的对象。因为一些历史原因,政府的一些政策没有落实,造成了老人生活一时困难。老人因为年老,体弱多病,行动不便,再加上她的几个孩子都在当地困难企业工作,家庭出现了困难局面。买世蕊得知老人的生活情况

---

① 邢亚平主编:《牧野风·新乡人物卷》,河南美术出版社2007年版,第227页。

后，立刻去看望老人，为老人送钱送药，并承担了老人生活的大部分费用。如此十几年从未间断。

老人魏河英是当地的特困户。她的丈夫去世早，孩子们又下岗在家待业，她自己腿还有残疾，并且患有严重皮肤病，生活异常困苦。因为怕传染，没有人愿意接触她。买世蕊得知后，不仅上门帮助料理家务，提供资助，每月送给老人几百元钱用来看病，并为老人买来米油等生活用品，还四处奔波、多方协调，为魏大娘恢复工作和生活待遇。就这样，买世蕊一直坚持了十几年，直到这个原本陷于困境的家庭逐渐走出困境。现在这个家庭和睦，儿孙满堂，其乐融融。

时年 72 岁的王继荣老人，生活也是非常苦难。她本人身患癌症，家中还有两个痴呆儿子。买世蕊得知情况后，连忙捐款捐物，竭力帮助她。买世蕊用心照顾孤寡老人的感人事迹，被《新乡晚报》、河南电视台等媒体多次报道，还被中央电视台《夕阳红》栏目专门报道过，在社会上引起良好的反响。

除了老人外，其他困难群体也是买世蕊关怀的对象。王凤岭是一名退伍军人，但他同时还是一名下岗职工，且罹患咽癌晚期。他的妻子在困境中离家出走，女儿王璐被迫辍学。买世蕊获知他家情况后，多次带着营养品前去探望他，并且送去几千元的治病资金。之后王凤岭不幸去世，买世蕊就把他的女儿王璐当作自己的女儿，精心照顾。买世蕊承担了孩子的生活学习所有费用。王璐在买世蕊妈妈的关心与资助下，有了稳定的生活与学习环境，后来考入了军校。

由于家庭困难，父母和叔叔都是残疾人，新乡市人民路小学当时正在上五年级的小学生张燕芳，被迫辍学。买世蕊得知这一情况时，正值春节来临之时。她买来了米、面、油等生活用品并带着 500 元现金到张燕芳家中，去看望她。了解到张燕芳家中的困难情况后，买世蕊决定通过自己的帮助，让这个辍学的孩子重新走进校园。此后，买世蕊承担了小燕芳的上学开销，一直到小燕芳读完中学，后又考上焦作艺术学校。最终在她的资助下，使得小燕芳完成了学业。

资助王璐、张燕芳的事情并非个案，买世蕊还先后资助数十名特困家庭辍学子女，帮助 40 名失学女童重返课堂。买世蕊特别关心山区失学儿童。2004 年儿童节前夕，卫辉市后河镇学校内热闹非凡，一片欢腾局面。

原来，由买世蕊个人资助的"世蕊春蕾女童班"在学校里正式举行揭牌仪式，宣告成立。这是河南省第一个由个人名义资助的女童班。买世蕊带着价值5000元的电脑以及共计6400元的助学金，再一次去看望由她资助的40名女童。这些从特困山村走出的孩子们将被买世蕊一直资助到小学毕业。买世蕊的照片就挂在这个春蕾班里。孩子们很形象地将她比作妈妈。她们都说，要好好学习，长大后要做像买世蕊一样的好妈妈。除此之外，买世蕊还先后帮助47名下岗职工和大学生顺利就业，并多次为困难下岗职工捐资救助。

在拥军方面，买世蕊更是身体力行，堪为表率。30多年来，买世蕊倾注大量心血，帮扶老红军、老荣军、革命伤残军人，义务为100名老荣军提供帮助。买世蕊常年帮助已经80多岁高龄老红军李祖传老伴料理家务。她还用自己的工资为老人买米买面。就这样一直照料着老人，直到老人去世。

买世蕊还经常去荣军休养院照顾老荣军们。她经常动情地说："他们都是人民的功臣，应该享受到更多的亲情。"她不仅每周为休养院的军人们送货上门，还帮助他们打扫卫生、洗衣服、做饭、送医送药等。只要买世蕊一来到这里，老荣军们就会兴奋地相互转告："咱闺女来了。"每年建军节来临之际，买世蕊必定会带着慰问品、慰问金等，赴当地部队慰问人民子弟兵。她倾心帮助战士们缝补衣服、做饭，并做思想工作。她曾经持续资助过20多位家庭困难的战士，并帮助19名军嫂找到工作。当地的战士们都亲切地称呼买世蕊是"知心姐姐""爱心妈妈"。2001年，原青海省玉树军分区骑兵连战士、退伍军人吴文波，在其退伍一个月后不幸罹患骨癌。他的父母为他治病花去了数万元，家庭一时陷入困境。买世蕊知道后，驱车几十公里到他家中慰问，并第一个为其捐款6000余元，用于治病。买世蕊还积极同吴文波原服役部队联系，并向新乡市相关部门反映吴文波的情况，寻求帮助。在买世蕊的倡议下，社会各界向吴文波捐款达6万余元。虽然最终吴文波还是不幸去世，但买世蕊的付出感动了社会各界。

买世蕊用实际行动树立起共产党员的良好形象，用无私奉献感动了中原大地，被评为了全国"双拥"先进个人。2004年，买世蕊作为全国"双拥"模范，还光荣地被新乡市高炮团任命为中校政治部副主任。

买世蕊还热心于其他公益事业。汶川地震后，买世蕊立刻行动起来，她个人捐款 10 万元，并组织单位和社会捐款近 50 万元，起到了表率作用。玉树地震后，她又带头组织社会捐款近 30 万元。

（三）履职人大代表

买世蕊自 1998 年以来先后当选为新乡市、河南省人大代表。2008 年 3 月，她更是荣幸地当选为第十一届全国人大代表。当选人大代表后，买世蕊更是积极承担社会责任，很好地履行了人大代表的职责。谈及人大代表的职责，买世蕊经常说："百姓关心的，就应当是代表关注的。我是从百姓中走出来的，我应当多为百姓办实事，办好事。"[1] 她是这样说的，也是这样践行的。

为了能够准确、真实地反映民众的意愿，买世蕊经常深入基层，到老百姓中间去体察民情，倾听民声。十几年来，买世蕊倾注了大量心血在人大代表工作当中，先后撰写出共计 20 多万字百余件反映民声和民情的建议和议案，诸如《关于对下岗职工再就业工作的看法和建议》《关于如何抑制分配的不平衡，让发展的成果惠及全体人民的议案》《关于在城市中建造一批经济实惠房和解困房的议案》《关于在企业改制中防止国有资产流失的议案》等。这些议案均是买世蕊在广泛调查研究的基础上，经过深思熟虑写出来的，可谓件件高质量，件件有回音，受到各级领导的充分重视和肯定。由于买世蕊的提案质量过硬，新华社、《河南日报》以及河南电视台等多家新闻媒体都曾对她进行过采访，受到了社会各界的好评。

由于买世蕊全心全意为人民服务的态度和敢于为民做主的高度责任感，她还先后被聘为新乡市公、检、法、工商、国税、地税、劳教、质检八个部门的执法廉政监督员。她多次通过参加座谈会、视察咨询、检查评议等形式，开展执法检查。在检查过程中，针对群众普遍反映的热点问题，买世蕊都尽心尽责、实事求是地向相关执法部门进行反馈，有力地促进了执法部门在综合管理和行政执法职能的提高与改进，从而有效地推进了执法部门廉政执法的进程，规范了执法部门中执法人员的执法行为，密切了党与人民群众的联系，同时也促进了新乡市社会经济的

---

① 何庆国：《带着人民的深厚感情履职——记十一届全国人大代表买世蕊》，《人大建设》2008 年第 8 期。

健康发展。

买世蕊还积极投身到"五城"创建中去。她自愿担任"五城"创建监督员，并被推举当选为"五城"创建名义大队长。她多次参加媒体相关节目，与百姓沟通对话，积极宣传"五城"创建的意义和作用。她曾撰写题为《关注五城建设，市民义不容辞》的文章，被刊登到了《新乡日报》上。她还通过走访调查，多次向负责"五城"建设相关部门提出书面建议，受到了市委、市政府相关部门的重视。为了美化环境，净化市容市貌，买世蕊还个人出资 5000 元，购买刷子、塑料桶、涂料等相关设备，同义务监督员一起，共同投身到清理小广告等"城市牛皮癣"中来。买世蕊为提升新乡市经济建设环境和城市品位，作出了大量的贡献，受到了市政府、市民和各界的好评。

买世蕊作为新时代的女性，堪称新时代女性的楷模。《中国商报》曾经以《中国的阿信》为题，报道过买世蕊的先进事迹。买世蕊真的就如阿信一样，不仅通过自己的努力，在事业上作出了成就，更为重要的是有一颗比金子还珍贵的爱心。她就像细雨一样，不断滋润着大地，润物无声。

第二节　文体名士

一　乒乓冠军刘国梁

刘国梁，1976 年 1 月 10 日出生，河南新乡市封丘县留光乡北侯村人，奥运冠军，原中国乒乓球队著名运动员。刘国梁是世界上第一个荣获团体、单打、双打、混双项目全部金牌的男子乒乓球运动员，也是中国乒乓球历史上第一个世界大赛上"大满贯"金牌选手。刘国梁曾任中国乒乓球队总教练，带领中国乒乓球队继续取得辉煌，现任国际乒乓球联合会执行副主席、中国乒乓球协会主席。

刘国梁出身于乒乓家庭。他的父亲刘占胜是新乡业余体校的乒乓球教练，是当地乒乓球运动的行家里手，还曾获得过河南省业余乒乓球比赛的男单冠军。刘国梁的哥哥也是乒坛名将，曾经夺取过河南省六运会的乒乓球团体、单打冠军。刘国梁自幼便被其父寄予厚望，希望他能获得乒乓球世界冠军，圆自己未曾实现的一个梦想。

在刘国梁长得还没有球台高的时候，他的父亲刘占胜便在家中用木板搭起一个不高的乒乓球台，用心教他打球。当时刘国梁的家比较小，家里搭建的乒乓球台也比较小，但是刘国梁练起球来却一丝不苟，总能准确地把球精准地打上球台。故此，后来刘国梁成名之后，被人们善意地称他是"木板上培养起来的冠军"。他的父亲当时担任新乡业余体校的教练，经常带着刘国梁和他的哥哥一起去乒乓球馆，和人切磋，接受熏陶。

在刘国梁 6 岁多时，他父亲特地带着他，去北京拜访了从新乡走出的前世界女子乒乓球冠军张立。一进入张立家门，年幼的刘国梁便看到一个金光闪闪的玻璃窗，里面摆放着张立获得的各项乒乓球大赛的奖牌和奖杯。他的目光马上就被各种各样的奖牌奖杯吸引住了。当天，父亲和张立对他讲了许多乒乓球以及世界冠军的故事。这对刘国梁今后的成长影响很大，使他幼小心灵萌发了自己也要当乒乓球世界冠军的梦想。

刘国梁 10 岁时，被解放军"八一"体工大队特招入伍。父亲将他送到了北京。1989 年，刘国梁又被中国青年队破格录取，成为中国青年乒乓球队中的一员。就是在中国青年队中，刘国梁结识了之后的对手兼亲密朋友孔令辉。1991 年，刘国梁破格进入了国家乒乓球队。

1992 年 6 月，在中国成都举行中国国际乒乓球公开赛。当时年仅 16 岁的刘国梁接连战胜姜熙灿、金泽洙、李根相、林德等世界名将，特别是还一举击败了当时世界乒坛的第一号高手瓦尔德内尔，从而一举成名。

在 1995 年天津举办的第 43 届世乒赛中，刘国梁又迈上了一个新的台阶，获得了韦思林杯男团冠军、男单亚军、男双第三名的好成绩。更值得一提的是，在 1996 年 7 月 19 日至 8 月 4 日美国亚特兰大奥运会上，刘国梁一举获得了乒乓球男子单打冠军，还同时与孔令辉合作获得了男子双打冠军。1997 年 4 月，在英国曼切斯特举行的第 44 届世乒赛中，刘国梁不负众望，在男子团体、双打和混双比赛中，获得冠军，为中国队接连夺得了韦思林杯、伊朗杯、赫·杜赛克杯。之后他又在第 46 届世乒赛和世界杯中，分别获得了男团冠军和男单冠军。

在 1996 年到 1999 年间，刘国梁在各项赛事中赢得的冠军多达 6 项。刘国梁成为中国第一位世乒赛、世界杯和奥运会"大满贯"获得者，世界杯后在国际乒联排名榜上跃居首位，达到了他乒乓球运动员事业的巅峰。

2002 年，刘国梁正式退役。退役后，他担任中国国家乒乓球队男队教练，从而开始了他国家队教练的生涯。

2003 年 6 月 23 日，刘国梁出任中国国家乒乓球队男队教研组组长兼男队总教练。在他的带领下，中国乒乓球队分别取得了 2008 年北京奥运会、2012 年伦敦奥运会以及 2016 年里约奥运会的男团和男单金牌。在其他赛事，诸如世乒赛、亚洲杯、亚运会等，更是鲜有败绩，获得金牌无数。作为教练员，刘国梁带领中国乒乓球队获得了三十多项国际赛事冠军。

2017 年 4 月，刘国梁任中国乒乓球队总教练，不再兼任男队主教练。2017 年 6 月，任中国乒乓球协会副主席，不再担任总教练。2018 年 1 月 10 日，刘国梁宣布教练生涯退役。2018 年 12 月 1 日，刘国梁担任了新一届中国乒乓球协会主席。

纵观刘国梁的乒乓球球员生涯和教练生涯，可以用一个字来总结概括，就是"智"。刘国梁在作为乒乓球球员时期，打球就以智慧著称。他是一位聪明的球员，爱动脑筋，善于分析，针对不同的对手，会有不同的应对，从而最大程度地发挥自己的优势，同时限制对手的发挥。而作为中国乒乓球队的教练，他被他的恩师蔡振华称为"智多星"。刘国梁的好友也是著名的乒乓球运动员孔令辉在刘国梁初任教练时曾经这样评价刘国梁："刘国梁是我的队友，昔日他是我的好搭档，这一次他第一次在世界大赛上做我的场外指导。他沉稳而到位的指导，给我们带来很大的帮助。而我想，这也是他能够成为一个出色教练最主要的原因。"① 一语道出了刘国梁教练生涯的成功。此外，刘国梁还被称为"激情少帅"。他是一位富有激情的性情中人，开朗外向，诙谐幽默。蔡振华对刘国梁的评价是，他为中国乒乓球男队带来了激情与活力。因此，他受到了乒乓球运动员、媒体和广大球迷的喜爱和一致称赞。

二　著名作家刘震云

刘震云，1958 年 5 月生，河南新乡市延津县人，当代著名作家，中国作协第九届全委会委员，第八届茅盾文学奖得主，有多部作品被改编成

---

① 高宇：《激情少帅刘国梁》，《中国体育教练员》2005 年第 2 期。

电影，中国人民大学文学院教授。

（一）刘震云生平经历

1958年5月，刘震云出生于河南新乡市延津县。1973年，刘震云15岁，申请参军当兵。1978年，刘震云复员。在军营生涯中，给了他深刻的人生体验和人性洞察。这对于将来从事写作生涯的他而言，也是个不可多得的经历。

刘震云从部队复员之后，便在家乡成为一名中学教师。1978年7月，全国恢复高考。20岁的刘震云和他弟弟一起参加高考。刘震云以当年河南文科第一名的成绩，被北京大学中文系录取，他的弟弟则考入了西南政法大学。一时他们弟兄两个成为全家乃至全村甚至全县城的荣耀。

1982年，刘震云毕业，面临分配问题。在他毕业分配时，他有两个选择，一个是去中共中央书记处农村政策研究室任职；另一个则是去《农民日报》任职。刘震云老家的父母主张他去中共中央书记处农村政策研究室工作，但刘震云本人则坚持要去《农民日报》。

参加工作之后，刘震云开始了自己漫长的写作道路。最初创作的日子，他非常辛苦，经常写到凌晨两三点，白天还要上班，整个人黑瘦黑瘦的。他的妻子郭建梅多次劝他，劝他放弃写作之路。但刘震云却很有信心。刘震云曾这样评价过自己："我是一个比较笨的人。但笨人有笨办法，笨鸟先飞。当对一个看法出现自我分歧的时候，可能有三种写法比较好，聪明人可能一下子知道哪一种是最好的，但我不知道，仨都要试，都写出来，可能试出一个好的，也可能发现第四种。自我表扬的说法是勤奋。"

从这样艰苦的日子一路走来，刘震云也收获甚丰。从1982年开始创作以来，他连续在《人民文学》等刊物发表了若干作品，包括《塔铺》《新兵连》《头人》《单位》《官场》《一地鸡毛》《官人》《温故一九四二》等。他成为国内知名作家。其间，刘震云还于1988年至1991年，在北京师范大学及鲁迅文学院攻读研究生。

刘震云的作品，关注的是现实生活中的小人物，很好地把握住了时代发展的脉搏。因此，他的作品不断地被拍成电视剧和电影。大家所熟知的是他和导演冯小刚的多次合作。在作家王朔的引荐下，冯小刚和刘震云成为朋友，从此开始了他们多年的合作之旅。他们合作拍摄了多部电影，有

《一地鸡毛》《手机》《温故一九四二》《我不是潘金莲》等。2009年，刘震云的长篇小说《一句顶一万句》正式出版；2011年8月，该书获第八届茅盾文学奖。2016年，由刘震云编剧，其女儿刘雨霖执导，联手创作同名电影《一句顶一万句》上映。

（二）刘震云主要作品

1987年，刘震云在《人民文学》发表了《塔铺》和《新兵连》，这成了刘震云最早期的代表作品，使其在文坛中崭露头角。其中，小说《塔铺》还获得了1987—1988年全国优秀短篇小说奖，获得了1987年《小说选刊》优秀短篇小说奖以及1987年《人民文学》优秀短篇小说奖。这两篇小说描写的都是出身农村的年轻人。《新兵连》获得了第三届（1987—1988年）《小说月报》优秀中篇小说"百花奖"以及获第三届（1984—1988年）青年文学创作奖。

紧接着刘震云又连续发表了《单位》和《一地鸡毛》等作品。不同于《塔铺》和《新兵连》的是，这两部作品将视角转向了刚从大学校园走出、步入工作单位的小知识分子，描写的是小知识分子琐碎的生活，关注的是他们当下的生存状态。小说《单位》获得了1988—1989年《中篇小说选刊》优秀作品奖以及北京市建国四十周年优秀文学作品奖。

刘震云的另一部小说《一地鸡毛》获得了1990—1991年《中篇小说选刊》优秀作品奖以及第五届（1991—1992年）《小说月报》优秀中篇小说"百花奖"。

刘震云分别于1991年发表了长篇小说《故乡天下黄花》，1993年发表了其"故乡"系列第二部长篇小说《故乡到处流传》。在这两部小说中，他开始追求新的创作境界。他也被看作新历史主义小说代表作家之一。这两部长篇小说都是直接描写乡村风云的"史书"，刘震云想通过此来表达权势对历史、现实以及人的不可抗拒的影响。

1998年，在历经五六年之后，刘震云又推出了另一部近两百万言的长篇小说《故乡面和花朵》。进入21世纪后，2003年和2007年，刘震云又分别推出了力作《手机》和《我叫刘跃进》。小说《手机》的推出，被评论家们视为一部刘震云在精神世界巡游后重新关注现实生活的返璞归真之作，受到了学界广泛好评。同时，如前所述，《手机》还被冯小刚搬上了大荧幕，获得了高票房，获得市场的广泛认可。《我叫刘跃进》也被导演马俪文改编成电影，获得了票房和口碑的双丰收。

不同于刘震云的早期小说《塔铺》和《新兵连》主要描写乡村，也不同于刘震云中期小说《单位》和《一地鸡毛》主要描写城市，小说《手机》和《我叫刘跃进》将描述的场景扩展至城市与农村，很好地将二者有机地联系起来，从而将小说描述的视角与范围大大地扩展开来，较为形象地展现出在全球化以及高科技化大背景之下，人与人之间出现的各种不可思议的变化。

2009 年，刘震云酝酿三年的长篇小说《一句顶一万句》出版，引起各界的关注与肯定。如前所述，2011 年，小说《一句顶一万句》获得了第八届茅盾文学奖。这部小说如同小说《手机》一样，也是一部关于人与人"说话"的小说，但比《手机》更为深刻，多了些哲学上的探讨。小说的叙事风格类似明清的野稗日记，语句洗练，情节简洁，叙事直接，充满着冷幽默，却又总能画龙点睛、一语中的。

2012 年 8 月，刘震云出版了另一部小说《我不是潘金莲》。这部小说借用刘震云自己的话来说，是《一句顶一万句》的兄妹篇，刘震云认为这部小说也可以叫另一个名字《一万句顶一句》，也是探讨"说话"的小说。这部小说是刘震云第一次以女性为主人公来探讨现今社会生活的小说。

总而言之，刘震云最擅长描写的是中国各色的"小人物"，他善于用幽默冷峻的笔调，描写这些"小人物"的生活状态、追求的目标以及他们的所思所想。刘震云小说中的叙事，逻辑严密，环环相扣，引人入胜，还不时引起读者共鸣，让人会心一笑。

三　人民艺术家关牧村

关牧村，1953 年生于河南新乡，著名女中音歌唱家，国家一级演员，历任中国音乐家协会会员、天津市音乐家协会理事、天津市青联副主席、全国青联常委、第七、八届全国青年联合会副主席、第六届至第十一届全国政协委员，中国音乐家协会副主席。

（一）个人经历

1953 年 11 月 6 日，关牧村出生于河南新乡卫水之畔牧村一个富有文化气息的家庭。提起"关牧村"这个名字，还和新乡牧野大地颇有一段渊源呢。关牧村自己曾谈道："当时母亲在银行工作，父亲在平原省日报工作。新乡卫河，是古代著名的牧野之战战场，所以这个地名就叫牧野，当地人俗称叫牧村，所以我叫牧村，我弟弟叫牧野，我哥哥叫牧原，3个人加起来是原、野、村。而且他们非常喜欢大自然，我们的名字就是大自然的名字。我很喜欢这个名字，不但有纪念意义，还有很好的意境。"①

关牧村的父亲关绍甄，曾经担任新乡《平原日报》记者编辑。她的母亲曾经在银行工作。关牧村自小热爱音乐、喜欢唱歌，她的母亲期望关牧村能够走上音乐的道路，能够"唱出来"。当时经常举办家庭音乐会，母亲总是带着她一起参加，母亲为了锻炼她，要她在众人面前演唱，在很大程度上锻炼了她歌唱的能力。关牧村的母亲应该说是她的第一位启蒙老师。

据关牧村后来回忆，她在小学二年级的时候，就第一次登上舞台演唱。她当时参加的是天津市小红花合唱团，当时唱的歌曲是《我们是共产主义的接班人》《我们的祖国是花园》等儿童歌曲。当时刚上小学二年级的关牧村，怀着对音乐矢志不渝的热爱，报名参加了天津市小红花合唱团的声乐辅导和训练。在合唱团里，她受到苏勇、王苹等指导老师细致精心的声乐启蒙与指导。当时两位老师敏锐地发现关牧村音域较为宽厚，与众不同，是难得的歌唱苗子。老师们对其加以悉心指导，这为以后关牧村专业水平的提高打下了较为坚实的基础。关牧村自己也非常刻苦，每天都坚持早起到河岸边练声，风雨无阻。她对自己要求十分严格，认真演唱每一首歌曲，并努力找到自己演唱的缺点和不足，虚心向他人求教学习。

1966年夏，她的父亲因为工作原因，要离开天津，远赴山西支援"三线"建设。她的哥哥也到农村插队了。这就意味着，她的父母全不在自己身边，年仅13岁的关牧村还要照顾11岁的弟弟，在很长的一段时间里面，他们姐弟俩需要相依为命。在这一段时间里，关牧村逐渐变得成熟与坚强起来。

刚刚初中毕业17岁的关牧村成为天津市钢锉厂的一名工人。从此，她每个月有了固定的收入。尽管最初只有17元工资，但也给了他们姐弟两个极大的鼓励与希望。

七年工厂的工作与体验，关牧村收获了很多。她的思想更加成熟，同时对歌唱艺术有了更为透彻的理解。她更加懂得了工人群众最质朴的情感

---

① 兀抗抗：《关牧村：如歌似泣悲亦喜》，《职业技术月刊》2005年第23期。

需求，学会了感恩，从而使她的歌唱有了更加深刻的根基。她树立了为人民群众而唱的信念，而她的歌唱也更加情系人民、心系人民。

1977 年，在天津市委市政府的支持下，关牧村被调入天津歌舞团工作，担任独唱演员。从 1978 年开始，凭借着她的歌唱实力，开始了自己的全国巡回演出，相继演唱了《吐鲁番的葡萄熟了》《祝酒歌》《假如你要认识我》等现今我们耳熟能详的歌曲。这些歌曲也逐渐地在祖国大江南北流传，受到全国听众的喜爱。1980 年，她还获得天津市青年声乐比赛的一等奖，并且在南京、武汉、上海、深圳、青岛、大连等地举办了个人独唱音乐会。她多次获得全国新长征突击手标兵、天津市"三八"红旗手以及市文化局先进工作者等荣誉称号。

1983 年，音乐故事片《海上生明月》由上海电影厂拍摄上映。该影片以著名音乐家施光南的声乐套曲《海的恋歌》为背景。而关牧村则在该片中成功地扮演了一名渔家姑娘李燕，第一次走上大荧幕。这对于关牧村而言，无疑是一次巨大的考验。她不仅需要有很高的演唱技巧和才能，还需要具备表演能力，能够很好地把握人物的性格与心理。关牧村通过自己的努力，通过了这个考验。在影片中，她演唱了很多优秀并且高难度的歌曲，比如《渔歌》《练声歌》《爱的浪花》《海风轻轻吹》《小贝壳》等。这些歌曲曲风各有不同，有的欢快活泼、有的雄壮威严、有的则温柔抒情。这些关牧村都轻松驾驭。此外，她的表演也十分到位，荧幕上她塑造的可爱、执着的人物形象也深入人心，受到了行业内以及观众们的一致好评。关牧村的音乐艺术才华再次得到了体现和跨越。1984 年，中国大型音乐舞蹈史诗《中国革命之歌》上演。她也参与演出，并成功地扮演了"四一二大屠杀"戏中坚强母亲的形象。1990 年，她参加了大型古典电视艺术片《唐宋风韵》的演出。同年，她还参加了歌剧《屈原》音乐会，在剧中饰演南后一角。

在 20 世纪 80 年代，关牧村的音乐才华不断获得肯定。她出版了首张个人专辑《关牧村唱片、音带歌曲选》。她演唱的《金风吹来的时候》获得了农村歌曲演唱一等奖，同时在全国青年歌唱电视大赛中，她演唱的该歌曲还获得了专业组二等奖。1985 年，她荣获全国听众最喜爱的歌唱演员"濠江杯"奖。由她演唱的电视剧《磋砣岁月》主题歌《一只难忘的歌》得票数第一名，获得了全国优秀影视歌曲奖。1989 年，关牧村参加了全国首届艺术节，获首届中国金唱片奖。同年，她还在朝鲜参加了第十三届世界青年联欢节，并喜获最高国际艺术奖。

（二）关牧村成功因素分析

1. 自身的不懈努力，不断深造提高自己

面对众多荣誉，关牧村保持着清醒的头脑，她并没有满足于现状，而是不断地学习，寻求机会突破自我，提高自己。在她 30 岁的时候，她通过自己的努力考入了中央音乐学院，开始系统全面地学习歌唱艺术以及声乐知识。通过拜大家为师，深造提升，她不仅歌唱技艺日益精湛，而且艺术修养获得全面的提高，从而使她的歌唱艺术迈上了更高层次。在中央音乐学院学习艺术的同时，她还充分利用学校资源和教学条件，先后学习了多种外国语言，诸如意大利语、法语、德语等。外国语言的掌握与学习，让她有机会演唱外国音乐作品。她在演唱和学习外国音乐作品的时候，也掌握了更多的发声技巧和美声唱法。这些好的做法，让她获益良多。她的演唱风格更加成熟，音质与音域也都获得了突破，变得更加宽阔和稳定，声音更具有穿透力，音色更加饱满，演唱也更加稳定成熟。

艺术的道路上永无止境。关牧村始终在追求艺术的道路上不断前行着。为了进一步提升自己的艺术素养，她又成功考上了南开大学音乐硕士研究生。在研究生学习阶段，她主攻明清时期民间曲调方面研究。通过不断地深入认识与研究，她对明清时期民间曲调有了独特的认识，取得了一定的研究成果。这无疑使她对中国民族音乐有了更加深入的认识与了解，令她在歌唱艺术、艺术修养以及精神境界方面都有了极大地提升。关牧村开始成为一名真正的人民歌唱家和艺术家。

2. "贵人"的相助

关牧村的成功还离不开在她成长各个阶段遇到的"贵人"支持和帮助。除了前文提到的，关牧村的母亲以及她上中小学遇到的良师之外，还有两位是她人生和艺术道路上的指路明灯。这两位"贵人"都是我国著名的音乐家，一位是施光南先生，一位是沈湘先生。

施光南是我国著名的作曲家，被誉为音乐界有名的才子，"时代歌手""人民的音乐家"，一生创作了众多优秀的音乐作品。他又是一位品德高尚、正直善良的艺术大家，堪称"德艺双馨"。

1972 年，施光南创作了知名歌曲《打起手鼓唱起歌》。这首歌旋律轻松活泼，歌词简单易学，故一经发行，很短时间便全国范围内流行起来。但当时令施光南苦恼的是，他还没有找到一位与这首歌曲非常契合，能够将这首歌曲很好地演绎出来的歌手。后来经作词家韩伟的引荐，施光南见到了关牧村。关牧村在得到这个消息后，也是非常兴奋和激动。这首歌曲经过关牧村的演绎之后，得到了施光南的肯定与称赞。施光南认为，关牧村的演唱非常的准确、到位，准确地表达了这首歌曲想要向听众传达的内容与深刻蕴意。

自此之后，二人之间的合作愈加多了起来。施光南认为关牧村不仅嗓子非常好，而且人也十分刻苦、好学，对自己的作品有着独特而准确的理解，因此演绎起来具有很强的感染力。而关牧村也一直以自己是施光南的学生为荣，多次称其是自己的伯乐，把她带入了更高的音乐殿堂。在后来长期合作过程中，关牧村又成功演唱了多首施光南为其创作的通俗、民族歌曲以及美声唱法歌曲，包括《吐鲁番的葡萄熟了》《月光下的凤尾竹》《家乡有棵相思柳》《孔雀向往的地方》《阿妹的心》《假如你要认识我》等。施光南也被关牧村称为艺术宝库，让她一生都受益匪浅。

另一位对关牧村艺术道路有重大影响的是著名音乐家沈湘老师。沈湘是我国著名的音乐家、声乐教育家，被称作中国声乐教育界的泰斗。他桃李满天下，培养出一大批著名歌唱家。关牧村在中央音乐学院求学期间，幸运地师从当时中国的声乐大家——沈湘老师，学习声乐。据称当时沈湘老师在收徒方面非常严格。经过他对关牧村的多方了解，他认为关牧村人品好、又非常地刻苦，对艺术不懈的追求。这些品质感动了他，故此，才破例收下关牧村，并将她作为关门弟子来培养。

沈湘老师教学注重因材施教，尊重个性发展。他为关牧村量身打造了一整套适合关牧村自身特色的教学体系。沈湘老师尊重关牧村的特色，在她现有的基础之上，尽量发挥她演唱歌曲上感情真挚、情感丰富、自然大方的艺术个性与特色，然后再进一步的提高和完善。在沈湘老师悉心的教导之下，关牧村系统地学习了声乐知识和理论，完善了演唱技巧，开拓了艺术视野，提高了艺术修养，各方面都实现了进一步突破。关牧村成功改正了自己在美声唱法中发声稍显生硬的缺点，很好地将西洋美声唱法和中国民族唱法融合在一起，使她的音域更加的宽广和柔美，从而形成了自己独树一帜的发音演唱特色。此外，沈湘老师除了在专业上对关牧村言传身教外，还在艺德和做人方面对她进行谆谆教诲。

可以说，在关牧村艺术成长的道路上，正是有了这么多"贵人"的悉心教导，她才成为当时全国最受欢迎艺术家之一，获得了如上文所述的诸多荣誉。

3. 腹有诗书气自华

关牧村喜爱读书，有着深厚的文学修养。她曾经谈到，她之所以取得了今天的艺术成就，是和她喜爱读书密不可分的，读书给了她更多的才华与力量。阅读书籍不仅使她拥有了更多的知识，同时也让她对艺术和人生都有了更高的认识和领悟能力。读书还赋予了她宽广的胸怀、坚强的意志，升华了她的精神境界，令她在歌唱时情感更加真挚、纯净，更加能够打动、温暖人心。

4. 高尚的人品让人钦佩

关牧村不仅自身刻苦，热爱读书，更拥有高尚的品格，让人钦佩不已，为她增添了动人的光辉。在人民网采访关牧村的文章中，关牧村曾经谈到，面对着人民群众热切期盼的目光和渴望文艺下基层的真诚心愿，常常会激动得热血沸腾；歌喉长在文艺家的身上，可是文艺家的艺术生命却植根于人民群众之中——因为只有人民承认你，你才有价值。

关牧村高尚的人品首先体现在她拥有一颗淡泊名利的心。在 20 世纪 80 年代，歌手"走穴"成为风潮。许多歌手都靠"走穴"获得了不菲的金钱收入。但关牧村却始终不为名利所动，一直甘守寂寞，坚持自己的艺术道路。

关牧村还致力于宣传中华传统文化，为中西文化的交流也做出了很大的贡献。担任文化大使的关牧村，通过她动人歌声和精湛表演，把中华民族音乐传播到了世界各地，获得了世界各国人民的称赞。通过这样的交流，让全世界人民了解和认识了中华文明的博大精深，认识了中国民族艺术的魅力所在。

此外，关牧村还热衷于奉献爱心，尽自己所能去帮助需要帮助的人们。她曾多次将自己的演出收入捐献给社会福利事业和贫困山区的学校。她曾资助过北京郊区三叉沟村的三十多名孩子上学，也曾资助过很多贫困家庭的孩子上大学。

关牧村多年的爱心付出，受到了各界一致赞颂，也使她获得了很多社会上的肯定和荣誉。关牧村担任了中华慈善总会的"慈善大使"、中国红十字会的"博爱大使"以及中国环境文化协会的"环境使者"。1998年，关牧村被国家民委授予"民族团结进步模范"称号。2000年，她被评为全国先进工作者。2005年，荣获中华慈善总会颁发的首届"中华慈善奖"。关牧村还担任了很多社会职务。2008年11月7日，关牧村受聘为天津师范大学音乐与影视学院兼职教授。2012年，关牧村当选为党的十八大代表。2016年12月，她被列入中国文学艺术界联合会第十届全委会委员。

（三）关牧村和新乡的缘分

关牧村和她的出生地新乡有着不解之缘。除了上文中曾谈到她的名字和新乡的缘分之外。成名之后的关牧村也非常关心家乡新乡的发展，始终没有忘记自己的家乡。

1989年3月28日，父亲曾经带着关牧村来到新乡"认亲"。新乡市政府当天就在豫北大厦举行欢迎会。新乡父老乡亲将关牧村聘请为豫北大厦"名誉职工"和新乡市"名誉市民"。关牧村激动地说："新乡人民没有忘记我，我也没有忘记故乡人民。我要用歌声来歌唱我可爱的故乡。"

此后，她又多次来新乡参加各种活动。2009年5月7日，新乡市建市60周年文艺晚会在市政府广场举行。关牧村和众多演艺明星将精彩的演出奉献给观众。关牧村深情演唱《多情的黄土地》，以表达对家乡的爱。"我深深地爱着你，这片多情的土地。我捧起黝黑的家乡泥土，仿佛捧起理想和希冀。我深深地爱着你，这片多情的土地，多情的土地……"关牧村声情并茂的演唱，表达了对家乡浓浓的爱意和无限眷恋，赢得了家乡父老持续热情的掌声，歌迷们不断冲上舞台献上鲜花。

关牧村说，自己一到新乡，熟悉的感觉一下子扑面而来，像那个小时候常玩的"溜漓棒"还记忆深刻。她说，她始终记着位于劳动路的李家大院。李家大院的繁盛说明新乡的过去是那么辉煌，她相信也祝福新乡的未来更美好！演出结束，关牧村还专程来到她姥爷的家——李家大院，去看望乡亲们。

关牧村自己的坚持与不懈努力，以及成长道路上老师们的帮助，终于"破茧成蝶"，成为一名人民喜爱的音乐家。成名后的关牧村始终没有忘记"人民艺术家"的使命与担当，通过动人的歌声和精湛的表演，奉献爱心，服务社会，获得了人们的肯定与赞颂。

参考文献

一　著作类

《四库全书》，上海古籍出版社 1987 年版。

《二十四史》，中华书局 1999 年版。

司马光：《资治通鉴》，中华书局 2011 年版。

赵尔巽：《清史稿》，中华书局 1976 年版。

张显清：《孙奇逢集》，中州古籍出版社 2003 年版。

王锡彤：《抑斋自述》，河南大学出版社 2001 年版。

朱绍侯主编：《中原文化大典·人物典》，中州古籍出版社 2008 版。

邢亚平主编：《牧野风·新乡人物卷》，河南美术出版社 2007 年版。

邢亚平主编：《牧野风·文学艺术卷》，河南美术出版社 2007 年版。

邢亚平主编：《牧野风·旅游名胜卷》，河南美术出版社 2007 年版。

邢亚平主编：《牧野风·文物考古卷》，河南美术出版社 2007 年版。

邢亚平主编：《牧野风·科技教育卷》，河南美术出版社 2007 年版。

张轸：《话说古都群——寻找失落的古都文明》，吉林文史出版社 2009
　　年版。

原建国：《新乡手册》，中州古籍出版社 2003 年版。

张放涛、史广群：《新乡大观》，河南人民出版社 1989 年版。

杨作龙、邹文生：《中原文化景观》，中国三峡出版社 2000 年版。

杜彤华：《牧野文化论文集·上册》，内蒙古人民出版社 2005 年版。

杜彤华：《牧野文化论文集·下册》，内蒙古人民出版社 2005 年版。

张新斌：《牧野文化论文集》（上），内蒙古人民出版社 2008 年版。

张新斌：《牧野文化论文集》（下），内蒙古人民出版社 2008 年版。

李景旺：《河内文化通论》，中国广播电视出版社 2003 年版。

黄保信主编：《河南与黄河文化》，河南人民出版社 1997 年版。

张有新：《共城史话》，国际文化出版社 2001 年版。

张文彬主编：《简明河南史》，中州古籍出版社 1996 年版。

程有为、王天奖主编：《河南通史》，河南人民出版社 2005 年版。

王兴亚、马怀云：《河南历史名人籍里研究》，中州古籍出版社 2002
　　年版。

申畅，申少春：《河南文化史》，中州古籍出版社 2002 年版。

赵光岭：《原阳县历史文化系列丛书·文史研究篇》，河南人民出版社
　　2017 年版。

新乡市地方史志编纂委员会编：《新乡市志》，生活·读书·新知三联书
　　店 1994 年版。

新乡市地方史志编纂委员会编：《新乡市志（1986—2000）》，中州古籍
　　出版社 2008 年版。

卫辉市地方史志编纂委员会编：《卫辉市志》，生活·读书·新知三联书
　　店 1993 年版。

新乡县志编纂委员会编：《新乡县志》，生活·读书·新知三联书店 1991
　　年版。

获嘉县志编纂委员会编：《获嘉县志》，生活·读书·新知三联书店 1991
　　年版。

原阳县志编纂委员会编：《原阳县志》，生活·读书·新知三联书店 1991
　　年版。

延津县志编纂委员会编：《延津县志》，生活·读书·新知三联书店 1991
　　年版。

封丘县志编纂委员会编：《封丘县志》，中州古籍出版社 1994 年版。

长垣县地方史志编纂委员会编：《长垣县志》，中州古籍出版社 1991
　　年版。

辉县市史志编纂委员会编：《辉县市志》，中州古籍出版社 1992 年版。

二　论文类

赵国权：《略论百泉书院的学术文化活动及兴衰》，《河南大学学报》（社

会科学版）1995 年第 4 期。

康国政：《新乡名人略考》，《中州今古》2000 年第 5 期。

刘卫东：《论百泉书院的历史地位》，《河南职业技术师范学院学报》（职业教育版）2003 年第 6 期。

李景旺：《谈百泉书院与宋明理学的传播》，《教育与职业》2006 年第 21 期。

周红娥：《新乡建置及行政区划历史沿革小考》，《平原大学学报》2007 年第 5 期。

李帮儒：《"官渡之战"发生地考证》，《兰台世界》2008 年第 8 期。

叶宗宝：《近代河南名人资源的区域分布及旅游开发》，《信阳师范学院学报》（哲社版）2010 年第 2 期。

王彩琴：《河南名人文化与旅游开发》，《河南科技大学学报》（哲社版）2011 年第 3 期。

王玉德、范东升：《试论河南历史名人资源纠纷》，《黄河科技大学学报》2012 年第 3 期。

郭炳洁、李虎：《根文化视域中的河南历史名人》，《郑州大学学报》（哲社版）2013 年第 4 期。

张有智：《"新乡现象"产生的历史文化因素》，《新乡学院学报》2015 年第 7 期。

王仁磊：《中原家谱的主要内容及其史料价值管窥——以新乡家谱为中心的考察》，《河南科技学院学报》2015 年第 1 期。

王明科：《试论新乡先进群体的精神内涵与社会功能》，《中州学刊》2017 年第 1 期。

王仁磊：《当代中原家谱的新修及其时代特征》，《河南科技学院学报》2018 年第 5 期。

后　记

　　古之牧、野二字是分开的，据《尔雅》记载："邑外谓之郊，郊外谓之牧，牧外谓之野。"《说文解字》中讲到，"牧"乃"养牛人也"，意为放牧之地；"野"乃"郊外也"，意为荒野之地。"牧野"二字合称，应始于历史上有名的牧野之战。牧野是指朝歌城以南的宽阔原野，包括淇县南、卫辉、凤泉区、牧野区一带，在新乡市东北。本书中的牧野是广义的牧野，特指今新乡地区，包括今新乡市所辖区域。

　　牧野地区作为河南的重要组成部分，北依太行，南临黄河，人杰地灵，历史文化源远流长，其独特的地域文化亦是河南文化中不可或缺的重要成分。尤其是牧野地区人文荟萃，从古至今，这里独特的山川河流、人文地理氛围，造就了灿若星辰的历史文化名人，诸如邵雍、姚枢、孙奇逢等，不胜枚举。他们都在当地甚至全国范围创造出不朽的业绩，在历史中留下过浓墨重彩的一笔。本书就以牧野大地历史上名士为研究对象，开展详细的人物研究。通过对牧野大地名士的研究，不仅可以加大对牧野名人的宣传，而且可以提升新乡乃至河南的知名度，扩大河南作为中原文化大省在全国乃至全世界的影响力。

　　所谓名士，主要是指在某一方面、某一领域对国家、社会的发展起到较大作用，有着深远影响的那一类人。本书中所指的牧野名士是一个相对较为宽泛的概念，不仅包括历史名人，还包括远古人类和传说人物。此外，不仅包括在牧野地区出生即其籍贯是牧野地区的名士，也包括籍贯并非豫北地区但其曾在豫北地区生活过且在全国范围内产生过较大影响的历史名人。限于篇幅的原因，本研究不可能将牧野地区所有的名士"一网打尽"，只能将其中较为重要，尤其在全国范围有较大影响的名士先行讲述。

　　历时两年半的时间，《牧野名士》的撰写工作终于完成。两年多以来，为了撰写这部著作，我多方收集、阅读地方文献典籍，多次到新乡各区县开展田野考察工作，并与各地文化人士进行访谈，开阔了视野，获得了友谊，收获可谓异常丰厚。

　　在撰写过程中，随着撰写的逐步深入，我越来越认识到，牧野大地，可谓人杰地灵。在历经几千年的历史长河中，该地区的历史名士在各朝各代皆层出不穷，各自均在历史发展中扮演了重要的角色，在不同领域作出过卓越贡献，在历史的长河里留下了深深的印记。丰实文化知识的乳汁，膏腴山川的摇篮，培育一批不拘一格的历史人物——政治家、军事家、思想家、哲学家及诗人、文豪、艺术家，等等。他们在成就国家大事或科研成就或文学艺术业绩的同时，也成就了自己的千秋功名。为他们撰写传记，就像与无数先贤隔空对话，自己无疑是荣幸的，是幸运的，收获也是满满的。

　　在本书的撰写过程中，凝聚着众多学界同仁的关心与支持。本书能够顺利撰写出版，首先要感谢牧野文化研究丛书的主编李景旺教授以及副主编李金玉教授、聂好春教授。感谢他们对本书史料收集、研究框架等方面的具体指导，还有对我本人的关心与教导。同时也要感谢我的同事赵会莉老师、赫兴无老师对本书部分章节校对作出的无私帮助。最后感谢我的爱人王海利，她在生活和工作中给予了我莫大的照顾，同时对本书的撰写也付出甚多，她不仅参与到本书前期资料的收集和后期书稿的校对工作当中，还参与了本书六万多字书稿的撰写。

　　需要说明的是，自己在撰写当中虽然遍涉古籍，并通过各种途径，多方了解牧野名士的事迹，但仍有疏漏之处，或有名士未能涉及，或涉及名士事迹未能记录完整。此外，限于本人水平，本书难免有论述不妥之处。敬请方家批评指正。

作者

2022 年 6 月 28 日